IT-Entwicklungen im Gesundheitswesen: Herausforderungen und Chancen

Schriften zur Gesundheitspolitik
und zum Gesundheitsrecht

Schriftenreihe des Instituts
für Europäische Gesundheitspolitik und Sozialrecht
an der Johann Wolfgang Goethe-Universität Frankfurt

Herausgegeben von Ingwer Ebsen,
Thomas Gerlinger und Astrid Wallrabenstein

Band 21

PL ACADEMIC RESEARCH

Indra Spiecker genannt Döhmann / Astrid Wallrabenstein (Hrsg.)

# IT-Entwicklungen im Gesundheitswesen: Herausforderungen und Chancen

PL ACADEMIC RESEARCH

**Bibliografische Information der Deutschen Nationalbibliothek**
Die Deutsche Nationalbibliothek verzeichnet diese Publikation in der Deutschen Nationalbibliografie; detaillierte bibliografische Daten sind im Internet über http://dnb.d-nb.de abrufbar.

ISSN 2193-0465
ISBN 978-3-631-67564-9 (Print)
E-ISBN 978-3-653-07092-7 (E-Book)
DOI 10.3726/978-3-653-07092-7


PL Academic Research ist ein Imprint der Peter Lang GmbH.

Peter Lang – Frankfurt am Main · Bern · Bruxelles · New York · Oxford · Warszawa · Wien



Diese Publikation wurde begutachtet.

www.peterlang.com

# Inhaltsverzeichnis

Astrid Wallrabenstein

# Einleitung

Dass technische Innovationen, allen voran die moderne Datenverarbeitungstechnik, unsere Welt verändern, ist keine neue Erkenntnis. Konsequenterweise macht diese geradezu revolutionäre Veränderung auch vor dem Gesundheitswesen nicht halt. Und mehr noch: Da medizinischer Fortschritt untrennbar mit technischer Innovation verbunden ist und technische Innovation ihrerseits untrennbar mit moderner Informationstechnologie, treiben Veränderungen im Gesundheitswesen auch die IT-Innovationen an. Auf der anderen Seite ist Gegenstand des Gesundheitswesens doch immer der behandlungsbedürftige und zu behandelnde Mensch, so dass es in den Worten des Datenschutzes praktisch ausschließlich um personenbezogene und vor allen Dingen auch viele besonders persönlichkeitsrelevante Daten geht. Damit ist das Gesundheitswesen in doppelter Form ein exzellentes Feld zur Erforschung der Wechselbezüge zwischen IT-Innovation und den sich daraus ableitenden rechtlichen Fragen zum Schutz des Einzelnen, aber auch zur normativen und regulativen Steuerung dieses Feldes.

Deshalb hat sich das Institut für europäische Gesundheitspolitik und Sozialrecht im Frühjahr 2015 diesem Themenfeld gewidmet. Auffällig ist, dass genuin aus dem Bereich des Gesundheitswesens bisher eher nur institutionelle Fragen wie etwa die um die Gesundheitskarte intensiver diskutiert wurden. Umso fruchtbarer ist gerade in diesem Bereich eine nicht nur inter- sondern auch eine intradisziplinäre wissenschaftliche Herangehensweise. Zu diesem Zweck konnten für diesen Band nicht nur hochrangige Experten der Informationstechnik und Datenverarbeitung gewonnen werden. Ebenso haben namhafte Rechtswissenschaftler ihre oft aus dem Umweltrecht gewonnenen Perspektiven auf den Datenschutz sowie das Technikfolgenrecht eingebracht. Der vorliegende Band unternimmt damit den Versuch, verschiedene Informationstechnikzugänge auf das Gesundheitswesen zusammen zu führen. Sowohl die Telematik als auch die Robotik bieten für das Gesundheitswesen und die Gesundheitsversorgung Möglichkeiten, die noch in keiner Weise systematisch erfasst sind. Mit diesen beiden Stichworten ist zum einen die Informations- und Datenübermittlung über große Distanzen in mehr oder weniger Echtzeit und zugleich die Aggregation großer Datenmengen als Informationspool für die verschiedensten Anwendungen bei der Gesundheitsversorgung angesprochen. Dass auf diese Weise Versorgung von

Patienten auch ohne unmittelbaren Arztkontakt und dadurch auch ohne das Vorhalten von Praxen oder Krankenhäusern in der räumlichen Nähe zu den Versicherten zumindest denkbar ist, aber zugleich eine Therapiesteuerung und das Therapiemonitoring zahlreiche ethische, praktische und auch rechtliche Fragen aufwirft, ist der eine Aspekt. Ein anderer Aspekt ist, welche Chancen und Risiken der Einsatz intelligenter Systeme bei der Gesundheitsversorgung bietet. Etwa für den Pflegebereich stehen Autonomiegewinne für die Patienten und Risiken der Technizität einander gegenüber. Insbesondere in ethischer aber auch in rechtlicher Hinsicht sind Fragen des auch IT-gestützten Enhancements, also der Behandlung nicht aufgrund von Krankheit, sondern zur Verbesserung oder Optimierung medizinisch gesunder Menschen, erst gerade als Fragestellung entdeckt.

Dass sich unabhängig von der konkreten Veränderung, die die Informationstechnologie für Patienten hervorruft, auch die Forschungs- und Steuerungskapazitäten im Gesundheitswesen grundlegend dadurch verändern, dass Daten elektronisch erfasst und damit mehr oder weniger ubiquitär verfügbar und aggregierbar erscheinen, bietet ebenfalls sowohl Chancen als auch Risiken. Die bereits angesprochene Gesundheitskarte ist der Bereich, der gesundheitspolitisch am weitesten durchdrungen ist. Andere Fragen im Kontext von Big Data werden bisher eher im Ausland wahrgenommen, wie etwa in Großbritannien, das durch sein nationales Gesundheitssystem eine noch im Gegensatz zu Deutschland einfachere Möglichkeit zur Aggregation der Daten bietet. Dass dies Fragen des Datenschutzes und damit neben ethischen auch spezifisch rechtliche Aspekte auf den Plan ruft, ist konsequent. Hier lohnt die gesundheitswissenschaftliche und gesundheitsrechtliche Inspiration durch Erkenntnisse des Datenschutzes aus anderen Bereichen. Insbesondere das Umweltrecht, das besonders technikbeeinflusst ist, bietet hierfür wertvolle Ansatzpunkte. Diese zu übersetzen und für spezifische medizinische bzw. Gesundheitsversorgungsaspekte fruchtbar zu machen, ist Ziel und Wunsch dieses Bandes.

Den Herausgeberinnen dieses Bandes bleibt deshalb an dieser Stelle der Dank an die Mitwirkenden der Veranstaltung im März 2015. Ohne ihre inspirierenden Beiträge wäre der Anstoß dieser für das Gesundheitswesen so wichtigen Diskussion nicht möglich gewesen. Besonders freut uns, dass die Referenten ihre Beiträge teils auch in erweiterter Form als Schriftfassung vorgelegt haben und es so ermöglichen, den Diskussionsstand und die Erkenntnisse der Veranstaltung einem breiteren Leserpublikum zur Kenntnis zu bringen. Der Band wird zudem abgerundet durch einen ergänzenden Beitrag aus der Perspektive des Datenschutzes, der die angesprochenen Fragen eines noch neu zu konturierenden

Gesundheitsdatenschutzes innovativ vordenkt. Nicht zuletzt gebührt aber auch Dank den Mitarbeitern des Ineges sowohl für die hervorragende und reibungslose Organisation der Veranstaltung als auch die Unterstützung bei der Erstellung des vorgelegten Bandes.

Frankfurt, den 23.03.2016
Astrid Wallrabenstein

Thomas Althoff / Jubin Dejam / Indra Spiecker gen. Döhmann[1]

# Telematik im Gesundheitswesen

The transport of health data poses many problem for telematics in the German health system. The article illustrates some of them and indicates how problems can be solved in chosen examples.

## I. Einführung

Bei dem Begriff der Telematik handelt es um eine Wortneuschöpfung aus den Worten Telekommunikation und Informatik. Hierunter versteht man eine Technologie, die die Bereiche der Telekommunikation und Informatik verknüpft. Telematik ist damit das Mittel der Informationsverknüpfung von mindestens zwei Informationssystemen mit Hilfe eines Telekommunikationssystems sowie einer speziellen Datenverarbeitung. Der Begriff wurde im Rahmen einer Studie zur Informatisierung der Gesellschaft geprägt.

Telematik befasst sich mit dem Transport und der Erhaltung von – in unserem Fall – medizinischen Daten, nicht jedoch mit deren Entstehung. Die Datenerhebung ist kein Teil der Telematik, allein der Transport über gesicherte Wege fällt hierunter. Eine der gegenwärtig größten Schwierigkeiten der Telematik liegt darin, dass die maßgeblichen zugrundeliegenden Gesetze – in der Bundesrepublik Deutschland ebenso wie in der Europäischen Union – ihren Ursprung im analogen Zeitalter haben. Hierzu gehören u.a. das Fernmeldegeheimnis, der Beschlagnahmeschutz, das Schriftformerfordernis und das Urheberrecht. Immerhin muss man dem Urheberrecht zugutehalten, dass es als Ausnahme inmitten der anderen genannten Rechtsgebiete insoweit eine Sonderrolle einnimmt, als es eine besondere Dynamik der Digitalisierung aufweist und sich zunehmend mit den daraus resultierenden Problemlagen befasst. Demgegenüber bildet in den anderen Rechtsgebieten die analoge Papierform die zentrale Grundlage der rechtlichen Regelungen. Für einige der besonders aktuellen technologischen Neuerungen, einschließlich der in ihnen zum Ausdruck kommenden neuen Probleme wie etwa die elektronische Patientenakte, das Cloud Computing, die IT Telefonie und die Sozialen Netzwerke, scheint es keine spezifischen gesetzlichen Regelungen zu geben. Auf sie werden weiterhin auf analoge Verfahren zugeschnittene Regelungen des analogen Zeitalters angewendet. Dies führt zu

1 Die hier geäußerten Ansichten spiegeln die Privatansichten der Autoren wider.

Widersprüchen und Unzulänglichkeiten der Regelungen, soweit sie auf digitale Sachverhalte angewendet werden.

## II. Praktische Unterschiede zwischen analoger und digitaler Form

Die Praxis – und dies nicht nur im Gesundheitswesen – sieht sich daher mit erheblichen Problemen konfrontiert. Ursache hierfür ist, dass sich die analoge und digitale Welt in den tatsächlichen Gesetzmäßigkeiten ganz erheblich voneinander unterscheiden. Diese Unterschiede treten insbesondere bei der Vervielfältigung, Lagerung und Sicherung von Inhalten hervor. Man kann durchaus sagen, dass das größte Plus der elektronischen Datenverarbeitung gleichzeitig auch ihr größtes Minus ist.

### 1. Vervielfältigung und Speicherung

Das massenhafte Kopieren und Lagern analoger Dokumente ist sehr teuer und sehr aufwändig, man denke nur an die erforderlichen Mengen der benötigten analogen Speichermedien wie Papier, Filme, Tonbänder und Schallplatten, die erforderlich wären, um unser digital vorhandenes Wissen analog zu erfassen. Digitale Inhalte hingegen können mittels copy-and-paste mühelos, schnell und ohne allzu viele Ressourcen vervielfältigt werden. Ähnliches gilt auch für die Lagerung gespeicherter Daten: Sie ist digital ohne großen Aufwand möglich.

### 2. Schutz gegen unbefugten Zugriff

Ähnliches zeigt sich auch beim Schutz gegen unbefugten Zugriff. Analoge Dokumente können durch den Einschluss in verschließbaren Behältnissen dagegen gesichert und vor dem Zugriff Dritter bewahrt werden. Eine solche Möglichkeit besteht für digitale Inhalte, gerade wenn sie elektronisch transportiert werden sollen, allerdings nicht. Sie sind grundsätzlich jedermann zugänglich.

Diese einfache und bekannte Handhabung führt zu rechtlicher Klarheit im Umgang mit analogen Dokumenten. So ist es etwa Mitarbeitern[2] eines Postdienstleisters verboten, verschlossene Papierdokumente zu öffnen. Ob und wie dies für das Öffnen digitaler Inhalte gilt, also ob nur das Öffnen verschlüsselter Dateien ein ähnlich schweres, strafrechtlich relevantes Verhalten darstellt oder auch das Öffnen unverschlüsselter Dateien hierunter fällt, kann nicht mit der gleichen Sicherheit beantwortet werden. Es fehlt eine dem Briefgeheimnis in ihrer

---

2 Die Verwendung der männlichen Form schließt die weibliche Form mit ein.

Klarheit und Spezifität entsprechende Rechtsnorm; zudem erlaubt die Technik keine einfache Übertragbarkeit der analogen Vorstellungen. Wer Daten über das Internet verschickt, sieht sich einer ganz anderen Transportform mit ganz anderen Zugriffsmöglichkeiten und Beschränkungen gegenüber.

### 3. Lesbarkeit ohne technische Hilfsmittel

Ein weiteres, hiervon zu unterscheidendes Problem ist, dass digitale Daten nicht ohne technische Hilfsmittel inhaltlich erfassbar sind. Dies ist ein wesentlicher Unterschied zu analogen Daten, die für den Lesekundigen erreichbar sind. Öffnet man einen Briefumschlag, so steht einem auch der Zugang zum Inhalt des Briefes zumeist offen. Zum Auslesen digitaler Daten wird hingegen eine spezielle Infrastruktur benötigt, die ihrerseits erhebliche Anforderungen an den Nutzer stellt.

### 4. Zwischenergebnis

Somit ist der größte Vorteil der elektronischen Datenverarbeitung zugleich ihre größte Schwachstelle. Daten können massenhaft und automatisiert verarbeitet, kopiert und interpretiert werden; so entstehen Datensammlungen. Mit diesen Datensammlungen – insbesondere wenn mehrere Datensammlungen durch entsprechende Primärschlüssel zusammengeführt werden – wird die Profilbildung erheblich erleichtert.

Die Befürchtungen derjenigen, die man zuvor als Paranoide bezeichnet hat, werden heutzutage sogar übertroffen. Das kann man an den Vorkommnissen rund um die Herrn Assange, Snowden usw. erahnen. Wir wissen inzwischen, dass massenhaft automatisiert mitgelesen, kopiert, interpretiert und auch profiliert wird; beständig werden Daten zusammengefügt und rekombiniert. Dieses Vorgehen ist Gegenwart, nicht Zukunft; darüber haben wir inzwischen Gewissheit.

Nun sind Gesundheitsdaten besonders sensible Daten, denen im Datenschutzrecht auch ein entsprechend hoher Schutzbedarf zugeschrieben wird. Doch gerade derart sensible Daten wecken besondere Begehrlichkeiten. Zudem können Fehler in der Übermittlung, Darstellung und im Inhalt schwerwiegende Folgen für Betroffene haben. Sicherheit der Daten und Sicherheit im Umgang mit Gesundheitsdaten sind damit von großer Bedeutung und verlangen daher vom Gesundheitswesen besonders hohe Anforderungen, wie sie nicht in gleicher Weise von anderen Branchen zu gewährleisten sind.

Zudem sind diese Daten Grundlage für Entscheidungen von erheblicher Bedeutung für den Einzelnen und die Gesellschaft: Sie können genutzt werden, um Vorhersagen über die Entwicklung des Gesundheitswesens zu treffen und damit dazu beitragen, Kosten einzusparen und eine Effizienzsteigerung im Gesundheitssystem zu bewirken. Solche Daten können in erheblicher Weise auch die Verteilung von Gesundheitsgütern beeinflussen; genannt sei nur die Steuerung von Leistungen, deren Gewähr sich in Zeiten großer Knappheit der Ressourcen möglicherweise zukünftig auch daran orientieren wird, ob abhängig vom vorherigen und zu erwartenden Verhalten jemand es noch „wert" ist. Auch wenn eine gute und immerzu bessere Versorgung das hehre Ziel ist, werden Leistungsbeschränkungen doch nahezu zwangsläufig eintreten müssen. Dazu wird es aber eines gesellschaftlichen Konsenses bedürfen. Die Daten, auf deren Grundlage solche Entscheidungen getroffen werden können, sind allerdings schon jetzt erhältlich und werden schon jetzt zum Teil genutzt, man denke nur an die Telematik-Tarife und Fitness-Tarife auf der Basis von digitalisierten Messverfahren wie Fitness-Apps, die bereits von Krankenversicherern angeboten werden.

## III. Ziel der Telematik-Infrastruktur

Der vorliegende Beitrag befasst sich aber nicht allgemein mit den Verwendungsmöglichkeiten von Daten im Zeitalter der Digitalisierung, sondern blickt auf die Telematik-Infrastruktur, die den interoperablen Austausch und Transport von Daten im Gesundheitswesen erst möglich macht. Die skizzierten Problemlagen und ihre Konsequenzen müssen allerdings mitbedacht werden, weil die Telematik-Infrastruktur auch beeinflusst, welche Daten wie und von wem genutzt werden können.

Die Telematik-Infrastruktur soll die wesentlichen Akteure im Gesundheitswesen – also die Arztpraxen und sonstigen ambulanten Leistungserbringer, die Krankenhäuser, die Apotheken und die entsprechenden Körperschaften im Gesundheitswesen wie die Krankenkassen, aber auch die ärztlichen Körperschaften wie die kassenärztlichen Vereinigungen und die Ärztekammern miteinander verknüpfen. Ihr Ziel ist es, einen sicheren und geregelten Informationsaustausch zwischen den Beteiligten zu ermöglichen. Telematik-Infrastruktur will die sichere Kommunikation.

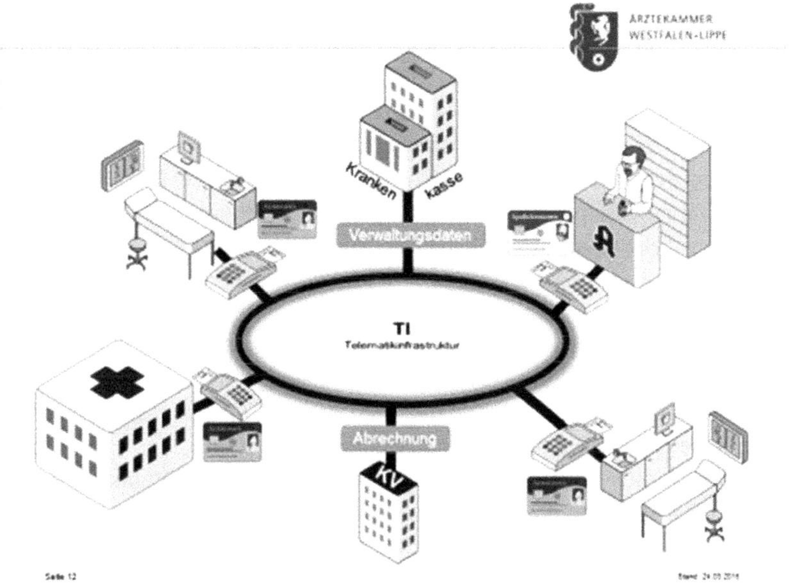


Diese Verbindung zwischen den verschiedenen Akteuren des Gesundheitswesens ist hoch kompliziert und hoch komplex, wie das Schaubild illustriert.

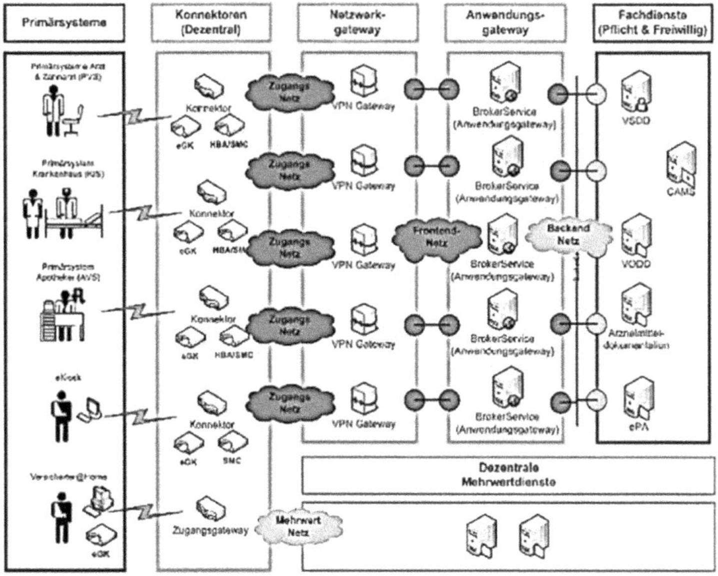

Gesetzliche Grundlage für die Einrichtung der Telematik-Infrastruktur ist § 291a SGB V. Dieses Vorhaben wirft-von der Interpretation und konkreten Ausfüllung der gesetzlichen Vorschriften abgesehen – einige weitere Fragen auf: Wie weit ist etwa ein Zwang zur elektronischen Vernetzung aller Teilnehmer geboten und sinnvoll? Was ist mit technologiebedingten Haftungsrisiken – d.h. Risiken, die durch die Verwendung der Technologie hervorgerufen werden: Wer haftet in diesen Fällen? Und kann Verantwortung innerhalb dieses technischen Bereiches delegiert werden? Kann also ein Leistungserbringer, der die Technologie nicht beherrscht, aus diesem Grund die Verantwortung ablehnen und diese in die Hände eines Fachmanns, also etwa eines IT Unternehmens, legen? Müssten dafür Auffangmechanismen bereitgestellt werden? Dahinter steht dann natürlich auch die Frage, ob es Verpflichtungen geben kann, die Technik zu beherrschen. Auch diese Fragen stellen sich bei der Einrichtung von Telematik-Infrastruktur, auch wenn der Gesetzgeber sie zunächst nicht in seine gesetzlichen Anforderungen aufgenommen hat.

Zum Teil werden sich rechtliche Antworten durch die Rückbeziehung auf die allgemeine Systematik finden lassen; zum Teil werden praktische (Fort-)bildungsanstrengungen und Anreize weiterhelfen. Möglicherweise werden die Verbände der Leistungserbringer auch ihrerseits tätig werden, um Absicherungen anzubieten. Gleichwohl bleiben die Grundfragen bestehen, wie eine sichere Telematik erreicht werden kann.

## IV. Beispiele für Telematik-Anwendungen

Welche Telematik-Anwendungen gibt es, die versuchen, diese zuvor angesprochenen Probleme zumindest zu berücksichtigen und die Schwierigkeiten so weit wie möglich zu eliminieren? Als Beispiele sollen der elektronische Arztbrief und der elektronische Medikationsplan dienen.

### 1. Arztbrief

Der „Ärztliche Beirat zum Aufbau einer Telematik-Infrastruktur im Gesundheitswesen in NRW" hat sich mit den Anforderungen an den elektronischen Arztbrief, so wie in § 291a III S.1 Nr.2 SGB V beschrieben und gefordert, befasst. So soll ein IT-gestützter Arztbrief einerseits besser und schneller, andererseits aber genauso verbindlich, zuverlässig und sicher sein wie der herkömmliche Arztbrief in Papierform. Er soll zur Verbesserung der Qualität der medizinischen Versorgung geeignet sein, soll dem Arzt Zeitersparnis im Behandlungsverlauf bringen und, wie vorhin schon angemerkt, den Arzt von technologieabhängigen Haftungsrisiken freistellen.

Der Arztbrief ist für eine elektronische Unterstützung besonders geeignet: Er ist ein zentrales Instrument der Kommunikation in einem komplexen, auf Spezialisierung und Arbeitsteilung ausgerichteten Gesundheitssystem. Die Nutzung der Vorteile der Digitalisierung und insbesondere der Telematik liegt auf der Hand: Kommunikation wird schneller, der Zugriff auf die Vielfalt an Daten leichter, die Speicherung und Sicherung einfacher.

### *a) Vorteil: Verbesserung der Qualität der medizinischen Versorgung*

Wie kann eine Verbesserung der Qualität der medizinischen Versorgung durch Nutzung des elektronischen Arztbriefs einschließlich der dahinterstehenden Telematik aussehen?

Der Arztbrief muss neben den Stammdaten des Patienten weitere Daten zu zum Teil komplexen Vorgängen beinhalten, nämlich die Anamnese, die Therapie, einen Therapieplan, eine Epikrise, medizinische Diagnosen, ggf. Abrechnungsdiagnosen und natürlich den Behandler – also die Bezeichnung des verantwortlichen Arztes. Die wichtigsten Informationen sind: Wer war weshalb wann bei wem. So müssen die aktuelle Symptomatik und differentialdiagnostische Überlegungen in nachvollziehbar begründeten Darstellungen vorliegen. Die Krankengeschichte, aktuelle medizinische Diagnosen und ggf. eine Abrechnungskodierung mit Kongruenzdarlegung müssen ebenso enthalten sein wie Nachweise zur bisherigen Diagnostik und Therapie sowie Vorschläge zum weiteren Vorgehen mit aktuellen Empfehlungen und aktuellen Warnhinweisen. Das bedeutet konkret, dass dem empfangenden Arzt die Vorgeschichte des Patienten mit Befunden und Therapieansätzen seitens des verschickenden Arztes eindeutig mitgeteilt werden muss. Der empfangende Arzt darf nicht gezwungen sein, die empfangenen (Roh-)Daten selbst interpretieren zu müssen.

Schon heute – im Zeitalter des analogen Arztbriefes – sind grundsätzlich all jene zuvor genannten Elemente enthalten; der papiergebundene Arztbrief ist ein strukturierter Arztbrief. Die Art und Weise, wie diese Strukturierung vorgenommen wird, ist jedoch uneinheitlich; jeder niedergelassene Arzt und jede Abteilung, zum Teil sogar jeder Arzt in den Kliniken bevorzugt ein eigenes Schema zur Führung der Krankenakte und zum Verfassen des Arztbriefes. Einen einheitlichen Standard für Form und Inhalt gibt es nicht. In der Praxis führt diese Uneinheitlichkeit oft zu Missverständnissen und Fehlinterpretationen bis hin zu doppelter Diagnostik und suboptimaler Ausgestaltung der Therapie; im günstigsten Falle zu Zeitverzögerungen durch Nachfragen und Abklärungen.

Der Fortschritt durch den elektronischen Arztbrief liegt im Zwang zur Kodierung und damit zur einheitlichen und eindeutigen Strukturierung. Die

Telematik zwingt also gleichzeitig zur inhaltlichen Standardisierung. Dies birgt – jenseits der Beschränkungen, die jeder Standardisierung zu eigen sind, zugleich jene Gefahren, die die Digitalisierung als Schattenseiten mit sich bringt: Die Möglichkeit, mit wenig Aufwand Informationen zu vervielfältigen und zu versenden, kann auch dazu führen, dass sich Ärzte ihrer Verantwortung entziehen. Dies kann in zweierlei Richtung geschehen: Zum einen ist vorstellbar, dass sich Ärzte darauf zurückziehen, von ihnen angefertigte Röntgenbilder, CT-Aufnahmen, Blutwerte und weitere Informationen als ausreichend anzusehen. In der Folge kann dies dazu führen, dass statt einer eigenen, fachkundigen, aber eben auch zeitaufwendigen Zusammenfassung und Auswertung eine reine Informationsvermittlung stattfindet. Ebenso ist aber auch vorstellbar, dass Ärzte sich vollständig auf die ihnen übermittelten Informationen verlassen und die vielfältigen, leicht zugänglichen Informationen als eigene Anamnese vollständig genügen lassen.

Daher ist bei der Einführung des elektronischen Arztbriefes darauf zu achten, den Zwang zur Kodierung für eine bessere Strukturierung des Arztbriefes zwar zu nutzen, diesen Vorteil aber nicht durch die benannten Risiken wieder einzubüßen.

Unter dieser Voraussetzung wäre mit dem elektronischen Arztbrief neben der Zeitersparnis – die in der elektronischen Welt schon zur Selbstverständlichkeit geworden ist – die Unmissverständlichkeit von Diagnosen, Therapien und Abrechnungskodierungen mit Versionsnummer der entsprechenden Kodierungskataloge als wesentlicher Vorteil der neuen Technologie zu nennen. Außerdem bietet die elektronische Form über die Verschlagwortung und Kodierung auch die Möglichkeit, den Arztbrief gezielt nach bestimmten Passagen zu durchsuchen und zugleich die Quellen der Befunde besser nachvollziehbar auszugestalten. Befunde können zeitlich und personell besser zugeordnet werden.

### *b) Systemische Anforderungen*

Der elektronische Arztbrief erfordert damit zwangsläufig systemische Anpassungen. Er muss in jedes informationstechnologische System integrierbar sein, das in Krankenhäusern, bei niedergelassenen Ärzten oder einem der vielfältigen sonstigen Akteure des Gesundheitssystems die Patientendaten verwaltet, verwendet wird. Ein Szenario, in dem manche Empfänger das Dokument auslesen können, andere jedoch nicht, oder in dem die Inkompatibilität der Systeme dazu zwingt, die Datei zunächst auszudrucken, Änderungen in Papierform durchzuführen und den geänderten Inhalt per Scan zum Versand wieder in die elektronische Form zu bringen, muss unbedingt vermieden werden. Eine

Verwendbarkeit innerhalb der unterschiedlichen Praxisverwaltungs- und Krankenhausinformationssysteme muss also gewährleistet sein. Dies setzt Anpassung, Standardisierung und Vereinheitlichung auch der technischen Formate und Schnittstellen voraus.

### *c) Haftungsrisiken*

Ein wichtiger Punkt, auch für die Akzeptanz des elektronischen Arztbriefs, ist die Ausgestaltung der technologieabhängigen Haftungsrisiken. Was ist damit gemeint? Geregelt und rechtssicher zugewiesen sein müssen die Verantwortlichkeiten und Haftungsregeln bei der Verwendung des elektronischen Arztbriefes oder anderer Formen der Telematik-Infrastruktur durch Ärzte, Leistungserbringer und Pflegepersonal. Vielfach wird es dabei auch um Haftungsfreistellung gehen.

#### *1) Nicht unmittelbar technologieabhängige Haftungsrisiken*

Um empfangende Ärzte von der Haftung freistellen zu können, darf – wie vorhin bereits kurz erläutert – der Arztbrief vom sendenden Arzt nicht dazu missbraucht werden, bloße Originalbefunde ohne fachliche Interpretation zu verschicken. Vielmehr muss der Arztbrief vom Empfänger ohne weitere Kontextkenntnis als semantische Einheit verstanden werden können. Fremdbefunde müssen mit Quellennachweis gekennzeichnet sein und trotzdem die Übernahme in die praxiseigene, elektronische Patientenakte ermöglichen. Andernfalls schafft der elektronische Arztbrief neben unmittelbar technologieabhängigen Risiken schwierige haftungsrechtliche Abgrenzungsfragen im Verhältnis der beteiligten Mediziner untereinander. Die Zuweisung der Inhalte einer elektronischen Patientenakte insgesamt durch die Zuweisung ihrer einzelnen Inhalte an einzelne Leistungserbringer ist dafür ein wichtiges faktisches Element, verhindert es doch eine Gesamtzuschreibung und damit eine Gesamthaftung.

Nur wenn solche, nicht unmittelbar technologieabhängigen, aber durch die Technologie geförderten Missbrauchspotentiale weitgehend minimiert werden können, können die Ärzte bzw. Leistungserbringer von den unmittelbar technologieabhängigen Risiken freigestellt werden, die sich aus der Verwendung der konkreten Telematik-Infrastruktur ergeben. Eine Trennung der medizinisch-inhaltlichen Haftung von der systemisch-technischen Haftung, die die Verwendung informationstechnischer Infrastruktur mit sich bringt, ist zwingend erforderlich, sind doch die Haftungsgründe jeweils unterschiedlich und können die Leistungserbringer auf die Verwirklichung eines Schadens unterschiedlich einwirken: Die Ausgestaltung der Inhalte obliegt den Leistungserbringern originär; hierfür sind sie kompetent und ausgebildet. Die Nutzung der Telematik ist dagegen für sie die Nutzung eines technischen Instruments zur Übermittlung dieser Inhalte; hierfür sind sie allenfalls angeleitet, aber nicht ausgebildet.

### *2) Technologieabhängige Haftungsrisiken*

Gleichwohl trifft die Leistungserbringer auch ein technologieabhängiges Haftungsrisiko, wenn sie sich die Technologie zunutze machen. Die folgenden Punkte sollen skizzieren, wie die technologieabhängigen Haftungsrisiken minimiert werden können.

Der Arztbrief muss unabhängig von Systemplattformen, Transportwegen und verarbeitenden Dienstleistern in Bezug auf seine Lesbarkeit und Rechtsverbindlichkeit eine hohe Verlässlichkeit und Authentizität bieten. Er muss – wie der papiergebundene Arztbrief – archivierbar sein und die Möglichkeit bieten, die ärztlichen Dokumentationspflichten zu erfüllen. Hierfür muss sichergestellt werden, dass die Befunde bei Weitergabe und Zugriff authentisch und transparent sind. Das bedeutet konkret, dass diese unverändert und unbeschädigt sind. Es muss klar ersichtlich sein, wer die Dokumente hergestellt hat, wer Zugriff auf diese Dokumente hatte und hat. Weiter muss sichergestellt sein, dass kein unberechtigter Zugriff stattfinden kann. Datenübertragung und -speicherung müssen systemkompatibel mit den Praxisverwaltungen und Krankenhausinformationssystem sein.

Damit grenzt man jedoch nur die technologieabhängigen Risiken ein, die die elektronische Übermittlung mit sich bringt, und minimiert die Risiken unerlaubten Zugriffs und missbräuchlicher Verwendung, sofern man entsprechende gesetzliche Regelungen schafft. Ganz ausschließen lassen sich technologieabhängige Risiken jedoch nicht, da jede Technik fehlerbehaftet sein kann. Auch völlig unabhängig von menschlichem Verhalten und völlig unabhängig auch von missbräuchlichem Vorgehen sind rein technologieabhängige Risiken denkbar. So kann die Verschlüsselung versagen und das Datum unverschlüsselt vom Sender zum Empfänger gelangen oder eine Übermittlungsleistung fehlerhaft zugestellt werden. Dadurch werden möglicherweise Informationen offenbar, die vertraulich waren oder gelangen Informationen nicht zu denjenigen, an die sie adressiert waren.

Ein besonderes technisches Risiko ist die Aufbewahrung von solchen Dokumenten, also die Archivierung. Eine zentrale Anforderung liegt darin, dass mindestens bis zum Ende der gesetzlichen Aufbewahrungsfristen die Lesbarkeit und die Konvertierbarkeit ohne Vertraulichkeits- und ohne Authentizitätsverlust erhalten bleiben müssen. Außerdem muss aber auch die Verkehrsfähigkeit der Dokumente gewährleistet sein. Dies erreicht man in der Regel durch eine Übersignierung: Wenn die Signaturverfahren schwach werden, zwingt einen die Übersignierung zu periodischer Aktivität. Um die Authentizität gewährleisten zu können – also insbesondere um zu erkennen, ob ein Dokument zwischenzeitlich verändert wurde -, muss man in regelmäßigen zeitlichen Abständen für eine sog. Übersignatur der signierten Dokumente sorgen. Anders als bei Papier, das man schlicht im Schrank oder im Tresor liegen lassen kann, kann man elektronische Dokumente unter dieser Bedingung eben nicht liegen lassen.

Für den elektronischen Arztbrief gibt es hierfür schon einheitliche Spezifikationen – den sog. BVITG Arztbrief. Und auch hinsichtlich der Signaturspezifikationen konnte durch die Ärztekammern Nordrhein und Westfalen-Lippe eine einheitliche Linie gefunden werden, die sich in speziellen technischen Vorschriften niederschlägt. Die von den zuvor genannten Ärztekammern ausgearbeiteten Vorschriften ermöglichen es, dass ein elektronischer Arztbrief plattform- und systemunabhängig von allen Empfängern auch gelesen werden kann. Es verbleibt jedoch das Problem des sicheren Transports. Günstig wäre es, wenn hierfür auf eine einheitliche Telematik-Infrastruktur zurückgegriffen werden könnte. Erste Schritte auf diesem Gebiet wurden bereits durch die Kassenärztlichen Vereinigungen getan, indem diese mit KVconnect ein elektronisches Kommunikationsmittel der vertragsärztlich tätigen Ärzte untereinander geschaffen haben. Über dieses System lässt sich etwa ein signierter elektronischer Arztbrief untereinander austauschen. Allerdings sollte die aus Anwendersicht einheitliche Telematik-Infrastruktur idealerweise auch die Möglichkeit der Integration solcher Bestandsnetze ermöglichen, damit bereits getätigte Investitionen gerade besonders IT-affiner Leistungserbringer nicht durch einheitliche Systeme entwertet werden. Gerade diese sind wesentlich für die Akzeptanz des Einsatzes neuer IT im Gesundheitswesen.

## 2. Medikationsplan

Das zweite Beispiel für eine Telematik-Anwendung im Gesundheitswesen und die daraus resultierenden Problemlagen ist der Medikationsplan.

### *a) Ziele des elektronischen Medikationsplanes*

Der Grundgedanke hinter der Entscheidung für die Einführung eines elektronischen Medikationsplans war das Ziel der Verbesserung der Arzneimitteltherapiesicherheit. Diese ist ein elementarer Baustein einer guten und sicheren gesundheitlichen Versorgung. Hauptziele des hier vorgestellten Medikationsplans

NRW sind die Erfassung und Dokumentation der Gesamtmedikation eines Patienten. Dieser Medikationsplan NRW weicht übrigens in einigen Punkten vom Medikationsplan der Arzneimittelkommission der deutschen Ärzteschaft ab. Der Medikationsplan soll im Endausbau eine medizinische Entscheidung über einen optimalen Einsatz der indizierten Arzneimittel ermöglichen, da durch die kodierte Erfassung mögliche Risiken aufgrund von Arzneimittel-Interaktionen und Co-Morbiditäten besser erfasst werden können. Vorrangig sollen aber Patienten und Angehörige über die aktuell eingesetzten Arzneimittel besser informiert werden können sowie eine passgenaue Dosierung und korrekte Anwendung der Medikation vor Ort möglich werden.

Drittes – zunächst untergeordnetes – Ziel ist die Information der verschiedenen an den Medikationsprozessen beteiligten Heilberufe. Insbesondere Arztpraxen, Krankenhäuser und Pflegeeinrichtungen sind auf eine lückenlose und verlässliche Dokumentation der Gesamtmedikation des Patienten – in Form des Medikationsplanes – angewiesen. Diese Abhängigkeit birgt mehrere Risiken. Diese können zum einen die Vollständigkeit des Medikationsplanes betreffen: Schon der Verdacht, dass Informationen über die Gesamtmedikation lückenhaft sein könnten, ist ein Grund dafür, sich insgesamt nicht auf den entsprechenden Medikationsplan zu verlassen. Das macht einen papiergestützten Plan zwangsläufig anfällig, da es hiervon auch noch mehrere durch verschiedene Leistungserbringer erstellte Pläne geben kann, so dass die einzelnen papiergestützten Pläne nur einen Ausschnitt der Gesamtmedikation darstellen können. Schon aus diesem Grund ergibt sich das dringende Bedürfnis einer Zusammenführung und Vereinheitlichung.

### *b) Anforderungen an den elektronischen Medikationsplan*

Schwierigkeiten auf diesem Weg zum elektronischen Medikationsplan bereitet insbesondere die zutreffende einheitliche und einverständliche Kodierung von Dosierungen. Als Beispiel sei eine Dosierung in Tropfen genannt: Es gibt sowohl große als auch kleine Tropfen. Da eine Dosierung in ml nicht angegeben werden kann, ergibt sich das Erfordernis für den elektronischen Medikationsplan, auch „unsaubere“ Dosierungsangaben verarbeiten und darstellen zu können.

**Medikationsplan**

DE09-31496C5248FF413BD622CF4B2FC55022-001

Seite 1 von 1

für: **Michaela Mustermann** geb. am: **13.12.1936**

erstellt von: Dr. Manfred Überall
Hauptstraße 55, 01234 Am Ort
Tel: 04562-12345
E-Mail: m.ueberall@mein-netz.de erstellt am: 09.10.2013

| Wirkstoff | Stärke | Darreichungs-Form | Dosierung Mo | Mi | AB | zNa | | Einnahmehinweise | Zeitraum | Behandlungsgrund | PZN8 | Arzneimittelname | Neu |
|---|---|---|---|---|---|---|---|---|---|---|---|---|---|
| **Ezetimib** | 10 mg | Tbl | 1 | 1 | 1 | 0 | Stk | nach Mahlzeit | dauernd | Fettwerte | 07758852 | INEGY | |
| Simvastatin | 10 mg | | | | | | | | | | | | |
| Mometson | 50 µg | Spray | 1 | 1 | 0 | 1 | Hübe | Kompl. Hub | bis 29.10.2013 | Schnupfen | 02193150 | Nasonex 50 | |
| Theophyllin | 600mg | Tbl | 0.5 | 0.5 | 0 | 0 | Stck | Nach Mahlzeit mit viel Wasser | dauernd | Atemwegs-Entzündung | 01462777 | Tromphyllin ret 600 | |
| Ibuprofen-Lysin | 648mg | Filmtab | 1 | 0 | 1 | 1 | Stck | alle 8 Stunden | Bis 26.09.2013 | Spannungs-schmerz | 06818552 | Ibu-Lysin Abz Migrän | |
| Polidocanol-600-Zinkschüttel-mixture 5 % | | Creme | Morgens und abends auf Handinnenflächen | | | | | | bis 15.10.2013 | Ausschlag | | Hautsalbe | |
| **Selbstmedikation:** | | | | | | | | | | | | | |
| Diphenhydramin | 43mg | Dragees | 0 | 0 | 0 | 0 | Stck | Bei Bedarf zur Nacht | | Schlafstörung | 04132508 | Vivinox | |
| | | | | | | | | | | | | | |

Version DE-NRW-0.9 - 09.10.2013

verordnet

Für den Medikationsplan selbst gibt es wichtige Vorgaben, die in NRW in enger Zusammenarbeit mit Ärzten herausgearbeitet worden sind. So soll ein Medikationsplan zwingend so benutzt werden können wie bisher in Papierform. Das bedeutet, dass er ohne zusätzliche Datenquelle und zusätzliche Infrastruktur lesbar sein muss; er darf also keine Kodierungen enthalten, die eine konkrete Anfrage an einen Verzeichnisdienst nötig machen, um sie zu dekodieren.

Die Papierform muss alle Inhalte, insbesondere diejenigen, die bereits im Barcode enthalten sind, wiedergeben, inklusive einer manuellen Unterschrift. Dazu muss es korrelierend eine elektronische Unterschrift geben. Nebenbei hat sich in Gesprächen mit Ärzten und Patienten zum elektronischen Medikationsplan ergeben, dass insgesamt eine größere Schrift für die Papierform gewünscht wird. Die weitere Entwicklung wird in einem ersten Schritt die Vereinheitlichung des papiergebundenen Medikationsplanes betreiben, um diese Erkenntnisse und Erfahrungen in einem nächsten Schritt für die Digitalisierung zu nutzen.

Welchen inhaltlichen Anforderungen muss der Medikationsplan gerecht werden? Natürlich müssen Wirkstoffe, Dosierung und Darreichungsform enthalten sein. Auf die Schwierigkeiten der Darstellung ist schon verwiesen worden. Darüber hinaus sind Unterschrift und Signatur wichtige Elemente für den Nachweis der Authentizität und Lückenlosigkeit des Dokumentes. Darüber hinaus muss ein Freitextfeld vorhanden sein, um dem Arzt die Möglichkeit zu geben, dem Patienten in verständlichem Deutsch individuelle Hinweise für die Anwendung zu geben und die Kondition des Patienten im Einzelfall würdigen zu können. Dieses Freitextfeld muss auch insoweit variabel sein, dass auch etwas längere Hinweise dargestellt werden können. Gleichzeitig müssen hier Verständnisschwierigkeiten möglichst beschränkt sein, so dass auch hier eine gewisse Standardisierung zu erwägen ist.

Die genannte Arbeitsgruppe in NRW hat eine Reihe von Rahmenbedingungen formuliert, die hier kurz zusammengefasst wiedergegeben werden sollen:

- Der Barcode muss inhaltlich 1:1 zum Ausdruck sein. Er wird aus einem Ursprungsformat in Form des bereits angesprochenen BVITG-Arztbriefes, eineindeutig in ein XML-Kurzformat transformiert und dann als 2D-Barcode kodiert auf das Dokument aufgebracht. Die Eineindeutigkeit bedeutet, dass bei Übersetzung in beide Richtungen – also vom Mutterformat in das Kurzformat und zurück – exakt dasselbe Ergebnis erzielt wird. Diese eineindeutige Transformation ist ein Problem, das der Medikationsplan der Arzneimittelkommission bisher nicht lösen konnte.
  Das XML Kurzformat soll in den Barcode passen, damit man es später wieder in das Langformat übersetzen und per Maschine weiterverarbeiten kann. Der Barcode soll außerdem neben diesem Kurzformat noch eine Versionsnummer des Medikationsplanes sowie dessen Seriennummer enthalten. Wenn es mehrseitige Medikationspläne gibt, muss es auch mehrere Barcodes geben. Das bedeutet, dass – ähnlich wie in der Papierwelt - die elektronische Version erst vollständig sein darf, wenn man beide Teile besitzt.
- Die Arbeitsgruppe sieht vor, dass eine Evaluation zur Akzeptanz des eigentlichen Medikationsplanes aber auch zur Verwendung der Technik stattfindet – d.h. eine Erhebung zur Akzeptanz sowohl bei Patienten, als auch bei Leistungserbringern (Ärzteschaft, Apotheker, Pflegedienste, ...). Hierdurch soll ermittelt werden, ob die Information, die transportiert wird, von diesen gebraucht werden kann und ob die Technik beherrscht wird, die Pläne gelesen und verstanden werden können, der Barcode funktionsfähig ist und ob das Dokument in Praxis- und Krankenhausinformationssystem in dem Format empfangen werden kann, in dem es empfangen werden sollte.
- Schließlich bedarf es einer Referenzimplementierung, an der man prüfen kann, ob richtig programmiert wurde und ob die Transformation vom Mutter- in das Kurzformat und umgekehrt so funktioniert wie vorgesehen, also insbesondere ob sie eineindeutig ist.

## Fazit

Die Herausforderungen an das Gesundheitssystem durch Telematik-Infrastrukturen und deren besondere Leistungsfähigkeit sind vielfältig. Das E-Health-Gesetz, das jüngst in Kraft getreten ist, sorgt darüber hinaus mit seinen Vorstellungen u.a. zu Interoperabilität und inhaltlichen Vorgaben für einen Schritt in die Richtung, eine sichere, verlässliche und effektive Versorgung der Patienten auch mit Hilfe der Telematik weiter voranzutreiben. Wie so häufig, sind es aber technische, juristische und ethische Detailfragen, die die Verwirklichung schwer machen. Hier müssen die vielen Beteiligten des Gesundheitswesens zum Wohle des Patienten weiter zusammenwirken.

Michael Decker

# Ersetzungsverhältnisse in der Robotik – Die Perspektive der Technikfolgenforschung

If one introduces autonomous ICT systems into human actions, the question of 'who decides what' arises. TA evaluates the replaceability of human beings in societal application contexts, e.g. smart grids and cars. Referring to smart aids for people with dementia, a demand-oriented approach is proposed.

## Einleitung

„Roboter als Mobbing-Opfer" so lautet der Titel eines Berichts in der Neuen Zürcher Zeitung im September 2015. Er beschreibt wie Kinder in einem japanischen Einkaufszentrum einen Roboter drangsalieren, dessen Aufgabe es ist, den Kunden des Einkaufszentrums Auskunft zu geben. Die Kinder stellten sich dem Roboter in den Weg und nahmen auch physisch „Kontakt" auf, in dem sie den Roboter stoßen, treten oder ihm den Arm verbiegen. Nomura (et al. 2015) haben dieses Verhalten durch semi-strukturierte Interviews mit Kindern untersucht und kommen zu dem Ergebnis, dass es noch nicht geklärt ist, ob ein stärker oder ein weniger starkes menschenähnliches Aussehen die Funktion des Roboters besser unterstützt. Denn das kann in jedem Falle konstatiert werden: Der Roboter war in diesem Falle nicht mehr in der Lage, seine Aufgabe zu erfüllen. Und auch die in der NZZ berichtete erste Maßnahme, um Abhilfe zu schaffen, nämlich „vor unbeaufsichtigten Kindergruppen davonzulaufen und die Nähe von Menschen mit über 1,40 m Körpergröße aufzusuchen", ist in Bezug auf die eigentliche Funktion nicht zweckdienlich im engeren Sinne. Aber zum Selbstschutz des Roboters ist sie erfolgreich, denn Kinder zeigen dieses Verhalten nicht, wenn Erwachsene in der Nähe sind. Die einführende Schilderung dieses Sachverhalts soll hier lediglich belegen, dass die Art und Weise wie die Nutzung (und Störung) von Technik in gesellschaftlichen Kontexten vonstatten geht, kaum in voller Tragweite vorher erfasst werden können. Vielmehr wird mit Technik in der Nutzung ideenreich umgegangen, sie wird zur Erreichung anderer Zwecke umgewidmet und damit gestaltet, und gleichzeitig ändert sich durch die Techniknutzung auch das gesellschaftliche Miteinander. Die Rede von „sozio-technischen" Systemen (Ropohl 1979; Trist 1981), bringt diese gleichzeitigen Veränderungen zum Ausdruck: Gesellschaft ändert sich mit der Nutzung von neuen Technologien und die Anforderungen der Gesellschaft verändern ihrerseits die technischen Innovationen. Mit der Entwicklung neuer

Technologien wird ein Veränderungsdruck aufgebaut, der auf eine bestimmte „Aufnahmebereitschaft“ in einem gesellschaftlichen Handlungskontext trifft (Dolata 2007), die wiederum auf die Technikentwicklung zurückwirkt. Das heißt in unserem einführenden Beispiel, dass der Betreiber des Roboters, vermutlich das Einkaufszentrum, in seinem Lastenheft für die Technikentwicklung ein robustes Verhalten des Roboters auch bei Attacken durch Kinder einfordern wird. Übertragen auf das Pflichtenheft der Roboterentwicklung kommt somit eine Aufgabe hinzu, die nicht unmittelbar mit der Kernaufgabe „Navigieren und Auskunft geben in einem Einkaufszentrum“ verbunden ist, die aber dennoch entscheidend für das Gelingen der technischen Innovation ist.

Informationstechnische (IT) Entwicklungen im Gesundheitswesen sind ebenfalls in ihren je unterschiedlichen Handlungskontexten zu beurteilen und auch hier werden technische Innovationen Veränderungen dieser Handlungskontexte mit sich bringen. Technische Unterstützungssysteme bei Operationen, wie sie beispielsweise in dem vom Bundesministerium für Bildung und Forschung (BMBF) geförderten Projekt „Kontextsensitive Assistenz im aufmerksamen OP“ (Konsens-OP) entwickelt werden, sollen im Operationssaal das Operationsteam durch die Bereitstellung von situationsspezifischen Informationen unterstützen. Gleichzeitig werden sie die Zusammenarbeit und die Organisations- und Entscheidungsstrukturen im Operationsteam verändern. IT Entwicklungen in der Pflege von kranken und alten Menschen werden ebenso zu weitreichenden Veränderungen im Pflegehandeln und den damit verbundenen Organisationsformen führen. Da es sich hier um einen – z. B. im Vergleich zu Operationssälen – noch sehr wenig durch technische Systeme durchdrungenen Bereich handelt, sind diese Veränderungen schwerer beurteilbar. Die gesellschaftliche Debatte darüber ist in vollem Gange und auch noch unentschieden. Jedenfalls kann die aktuelle Interpretation der Ergebnisse einer repräsentativen EMNID-Umfrage so gedeutet werden. Diese werden in „Die Welt“ im August 2015[1] unter der Überschrift „Deutsche freunden sich mit Pflegerobotern an“ als eine sich wandelnde Einschätzung beschrieben. So interpretiert das auch die Süddeutsche Zeitung „Umso mehr verwundert es, dass die Deutschen einer Technisierung der Pflege nach japanischem Vorbild gar nicht so kritisch gegenüberstehen wie es oft den Anschein hat“. Auf „ingenieur.de“ dagegen wird unter Bezug auf dieselbe Studie weniger optimistisch zusammengefasst[2]: „Techniken, die bereits zur Verfügung stehen wie Pflegeroboter, Telemedizin

1 http://www.welt.de/gesundheit/article145493211/Deutsche-freunden-sich-mit-den-Pflegerobotern-an.html (aufgerufen 14/09/2015).

2 http://www.ingenieur.de/Fachbereiche/Medizintechnik/Die-Deutschen-wuenschen-Gehirnimplantat (aufgerufen 14/09/2015).

und Fitness-Messgeräte finden wenig Zustimmung". Interessant in Bezug auf die Wahrnehmung durch die Medien ist weiterhin, dass sich die Studie[3] selbst mit technischen Entwicklungen im Gesundheitsbereich im Allgemeinen und nicht etwa mit Pflegerobotik befasst, diese jedoch in der Berichterstattung eine besondere Aufmerksamkeit erhält.

In diesem Beitrag werden IT-Innovationen als sozio-technische Systeme analysiert. Hierbei wird das Augenmerk zunächst kurz auf die Perspektive der Technikfolgenforschung im Allgemeinen und auf technikbedingte Ersetzungsverhältnisse gelegt. Anhand eines Fallbeispiels zur technischen Unterstützung von Menschen mit Demenz wird eine bedarfsorientierte Forschungsagenda vorgeschlagen, die das gesamte Pflegearrangement um den Mensch mit Demenz einbezieht. Schließlich werden erste Schlussfolgerungen gezogen.

## Die Perspektive der Technikfolgenforschung

Auch wenn der Begriff der Technikfolgenabschätzung gelegentlich in Bezug auf seine Außenwirkung kritisiert wird, so hat er doch zwei Vorteile. Zum ersten, hier weniger relevant, kann man zu ihm das gleiche Akronym wie zum englischen Begriff ‚Technology Assessment' bilden, nämlich TA. Zum zweiten benennt er klar, was der Forschungsgegenstand ist, nämlich die positiven und negativen Folgen von Technik. Diese kann man ganz unterschiedlich in den Blick nehmen, was schon die Unterscheidung positiv und negativ nahelegt, denn was für den einen eine positive Folge sein mag, empfindet ein anderer vielleicht gerade als negativ[4]. Die Unterscheidung intendierte versus nicht intendierte Folgen wird typischerweise aus der Sicht der Technikentwicklung verwendet. Oben kam die Sprache bereits auf ein Lastenheft, in dem expliziert wird, welche Intentionen, das heißt, welche Zwecke mit einer technischen Handlung verfolgt werden sollen. Wenn die Resultate des technischen Handelns intendiert waren, gelten die Zwecke des Handelns als erfüllt und man spricht davon, dass die Technik funktioniert. Ergebnisse anderer Art sind nicht intendierte Folgen.

Stellt man erwünschte und nicht erwünschte Folgen gegenüber, so werden diese typischerweise von Nutzern der Technik angeführt oder noch allgemeiner von Bürgerinnen und Bürgern. Sie empfinden sich als „‚Betroffene'" einer technischen Handlung und reden in diesem Zusammenhang von Nutzen und Schaden oder Chancen und Risiken, aus deren Abwägung dann eine (Un-)Erwünschtheit

3 https://www.zukunft-verstehen.de/download_file/129/224.

4 Die folgenden Ausführungen sind eine gekürzte und leicht modifizierte Darstellung von (Decker 2013).

resultiert. Eine Umgehungsstraße ist z. B. für die betroffenen Anwohner weniger wünschenswert, weil damit eine Lärmbelastung verbunden ist. Die sie nutzenden Pendler stufen dagegen den „Gewinn“ der täglichen Zeitersparnis als wünschenswert ein.

Auf eine methodische Herausforderung der TA zielt die Unterscheidung vorhersehbare versus unvorhersehbare Folgen. Sie beurteilt die Erkennbarkeit der Folgen ex ante und damit eine zentrale Bedingung der Möglichkeit, Technikfolgen wissenschaftlich prospektiv zu erfassen. Manchmal auch entlang der Unterscheidung erwartbar versus unerwartbar ausgeführt, ist sie insbesondere aus Beobachterperspektive für die Festlegung des Beobachtungsbereichs relevant. Die Herausforderung stellt sich dann so dar, dass es ist sein kann, dass sich *ex post* herausstellt, dass es *ex ante* Hinweise auf Folgen gab – diese also vorhersehbar waren – sie aber faktisch nicht gesehen wurden.

Schließlich soll noch auf den Unterschied von Haupt- und Nebenfolgen hingewiesen werden. Entscheidungsträger beziehen sich auf diese Unterscheidung und orientieren ihre Entscheidung dann an der von ihnen als Hauptfolge angesehenen Folge einer technischen Handlung. Sie unterstellen dabei gleichzeitig die Nebenfolgen als akzeptabel. Von anderen in der gleichen oder in ähnlichen Entscheidungssituationen kann dies auch anders eingeschätzt werden. Die Bewertung nach Haupt- oder Nebenfolge ist daher an die Teilnehmerperspektive in einer Entscheidungssituation gebunden.

In der Diskussion über Technikfolgen werden diese Begriffspaare nicht immer eindeutig, manchmal auch synonym – so werden gelegentlich nicht-intendierte und Nebenfolgen gleichgesetzt –, teils in unklaren Abgrenzungen voneinander verwendet. Die über die unterschiedlichen Sprecherrollen vermittelten Unterscheidungsabsichten sind weder trennscharf noch eindeutig aufeinander abbildbar. Aus der Perspektive der Technikentwicklung sind die intendierten Folgen sicherlich erwünscht, wobei im Sinne eines kleinsten Übels dieses „‚erwünscht‘“ auch ein „‚am wenigsten unerwünscht‘“ sein kann. Aber schon im Bereich der Techniknutzer ist nicht gesagt, dass alle dieselben Folgen als erwünscht oder nicht erwünscht ansehen. Dieser Konflikt aus Nutzerperspektive kann auch in Bezug auf gesellschaftliche und individuelle Folgen in Erscheinung treten. So ist beispielsweise in Deutschland nach den Ergebnissen des Bürgerdialogs zur Energiewende ein dezentrales Versorgungssystem erwünscht. Das heißt aber nicht, dass die Akzeptanz für ein damit verbundenes dichteres Stromnetz, das den Bau von Hochspannungsleitungen nötig macht, im Einzelfall gegeben ist: Es kommt dennoch zu Protesten in den Wohnbereichen, die vom Netzausbau betroffen sind. „Not in my backyard“ (NIMBY) beschreibt diese Diskrepanz prägnant.

Folgenunterscheidungen sind somit ihrerseits zu unterscheiden und sollten unterschiedlichen Perspektiven zugeordnet werden: Von verschiedenen Positionen aus fallen die Zuordnungen unterschiedlich aus. So ist auch die Unterscheidung zwischen Haupt- und Nebenfolgen keine ontologische Einteilung, sondern Resultat einer Zuschreibung. Folgen, die für Handelnde oder Entscheidungsträger Hauptfolgen sind, können für andere Nebenfolgen sein und umgekehrt. In diesen Unterscheidungen sind daher stets die jeweiligen Unterscheidungsabsichten und die sozialen Zusammenhänge zu beachten, unter denen sie erfolgen. Dieser Aufgabe widmet sich die Technikfolgenabschätzung (Renn 1993; Gloede 2007; Grunwald 2010). Die sozialen Zusammenhänge werden dabei in der TA oft als Problemstellung beschrieben, weswegen TA auch als problemorientierte Forschung bezeichnet wird (Bechmann, Frederichs 1996). Der Vorteil dieser problemorientierten Vorgehensweise ist, dass man damit auch andere – technische und nicht-technische – Lösungsalternativen in den Blick bekommt. Man beschreibt zunächst das Problem, z. B. Pendlerstau in der Innenstadt, und kann dann für dieses Problem unterschiedliche Alternativen entwickeln und diese auf Ihre Folgen hin beurteilen. Die oben erwähnte Umgehungsstraße, eine U- oder S-Bahn-Haltestelle, bessere Fahrradwege, usw. könnten entsprechende Alternativen sein. Eine nicht technische Lösung könnte sein, dass man die Anfangszeiten der Arbeitsschichten in den Produktionsbetrieben der Stadt zeitlich staffelt, sodass nicht mehr alle gleichzeitig ihre Arbeitszeit beginnen. Unmittelbar verbunden mit der problemorientierten Vorgehensweise der TA ist dann die interdisziplinäre Befassung mit den Technikfolgen, denn sowohl die Problembeschreibung als auch die Argumentation über die möglichen Folgen einer technischen Entwicklung rekurrieren auf technische, ökonomische, rechtliche, soziale und ethische Aspekte der Technikfolgenbeurteilung. Das wird im Folgenden ausgeführt.

## Ersetzungsverhältnisse der Robotik

Unterstellt man, dass Handeln und auch technisches Handeln in sehr vielen Handlungskontexten bereits vor der Entwicklung von Robotersystemen für diese Handlung stattfindet, dann kann man die Invention eines Roboters in diesen Handlungszusammenhang anhand der Handlungsanteile beurteilen, die nun durch den Roboter erbracht werden. Damit ist die Frage der Ersetzbarkeit des menschlichen Akteurs durch das Robotersystem gestellt. Im Folgenden werden diese Fragestellungen aus verschiedenen wissenschaftlich disziplinären Perspektiven anhand von Servicerobotern im privaten Umfeld dargestellt[5]

## Technische Ersetzbarkeit

Das erfolgreiche Erbringen einer Dienstleistung stellt bereits an sich eine große technische Herausforderung dar. Das kann man mit einer „Checkliste" vergleichen, die man sich für eine bestimmte Dienstleistung zusammenstellen kann. Die Dienstleistung „Staubsaugen" gilt beispielsweise als erfüllt, wenn der Boden sauber ist, wenn darüber hinaus keine Möbel beschädigt sind, nicht zu viel Lärm gemacht wurde, die Dienstleistung in akzeptabler Zeitdauer erbracht wurde etc. Hat der Staubsaugroboter diese Leistungsmerkmale erbracht, kann die Dienstleistung als technisch erfüllt gelten. Der Staubsaugroboter könnte dann den Mensch mit seinem von Hand geführten Staubsauger ersetzen. Im privaten Umfeld gehört grundlegend dazu, dass sich der Roboter „autonom" in einer für ihn bis dato unbekannten Umgebung zurechtfinden kann und dass er sich an ein Umfeld, in dem er die Dienstleistung erbringen soll, anpassen kann. Der Roboter muss lernen können. Eine humanoide Gestalt (Rumpf, Kopf, Arme und Beine, ...) wird dabei oftmals als ein Vorteil für das Lernen angesehen, weil es sowohl Menschen eher animiert, sich mit dem Roboter zu beschäftigen als auch den Roboter „körperlich" auf eine Umgebung anpasst, die für Menschen optimiert ist (Treppenstufen auf Beinlängen angepasst, Türdurchgänge, Hinweisschilder auf „Augenhöhe" etc.) (Behnke 2008, S. 5) und auch ein „Lernen durch Vormachen"[6] ermöglicht. Während für das letzte Argument „humanoid" nur heißt, dass der Körper über menschenähnliche Ausmaße und Bewegungsmöglichkeiten verfügt, kann es für die Unterstützung des Lernens und die Verbesserung der Interaktion mit dem Menschen an sich interessant sein, den Roboter noch menschenähnlicher bzw. auch „sociable" zu machen (Breazeal 2000). Noch menschenähnlichere Roboter ähneln in ihrer Erscheinung Menschen „zum Verwechseln" und sind dann auch von männlichem oder weiblichem Erscheinungsbild – android oder gynoid. Diese Menschenähnlichkeit kann auch relevant werden, wenn es darum geht, so genannte „soft skills" wie Freundlichkeit, Zuvorkommenheit etc., die man gemeinhin mit Dienstleistungen auch verbindet, technisch zu realisieren.

---

5 Diese Fragestellungen wurden für einen Projektantrag „Interdisziplinäre TA der Service-Robotik" erarbeitet und erheben keinen Anspruch auf Vollständigkeit. Sie sind hier beispielhaft und auch gekürzt dargestellt (Decker et al. 2011).

6 Dillmann, R. Programmieren durch Vormachen in der Robotik https://wwwipr.ira.uka.de/de/publications/download/id/43/d/article43. Aufgerufen 03.12.2015.

## Ökonomische Ersetzbarkeit

Dienstleistungen gelten in der Ökonomie als besondere Güter schon allein deswegen, weil sie überwiegend immateriell sind. Sie gelten als „Erfahrungsgüter", deren Qualität erst durch die Nutzung durch die Kunden eingeschätzt werden kann. Aufgrund der menschlichen Interaktion in der Leistungserstellung sind den Möglichkeiten zur Standardisierung enge Grenzen gesetzt. Bei Dienstleistungen erfolgt Produktion und Konsum gleichzeitig, weil die Dienstleistung am Kunden erbracht wird. Wie man sich am Beispiel „Haare schneiden lassen" veranschaulichen kann, sind Dienstleistungen nicht lagerfähig, und sie können nicht umgetauscht oder erneut verkauft werden. Innovationen im Dienstleistungssektor – also beispielsweise eine neue Frisur – sind nicht patentierbar und zugleich leicht zu imitieren. Beides erschwert es, die Innovationskosten vollständig zu amortisieren und stellt somit ein Innovationshemmnis dar. Mit der Einführung von Servicerobotern werden diese ökonomischen „Eigenschaften" von Dienstleistungen in Frage gestellt. Zum einen sind für den Einsatz eines Roboters standardisierte Abläufe eine unabdingbare Voraussetzung und zum anderen könnten dann über die Servicerobotik Dienstleistungen möglicherweise doch patentiert werden. Ein Roboter zum Haarewaschen wurde bereits von Panasonic entwickelt[7].

Die ökonomische Ersetzbarkeit würde in einem Privathaushalt nach einer Kosten-Nutzen-Analyse bewertet: Welche Anreize gibt es für einzelne Akteure, Serviceroboter einzusetzen (z. B. Knappheit von Pflegepersonal in einer „alternden Gesellschaft" und die daraus resultierenden Gewinnerzielungsmöglichkeiten)? Welche Kosten fallen beim Einsatz der Roboter an (Verfügbarkeit von qualifiziertem Personal, das den Roboter bedient und zu diesem „komplementär" ist; Umrüstungskosten von öffentlichen Räumen; Kosten für die Schaffung von Akzeptanz etc.)? Allgemeiner wird dann auch relevant: Wer trägt welche Kosten? Welche Erträge fallen an? Wer erhält sie? Sind diejenigen, die die Kosten tragen auch diejenigen, die von den Erträgen profitieren? Ist dem nicht der Fall, spricht man von Marktversagen, d.h. das Marktergebnis führt zu einem aus gesellschaftlicher Sicht nicht optimalen Ergebnis. Dann kann wirtschaftspolitisches Handeln geboten sein. Für eine umfassende TA ist auch die makroökonomische Perspektive entscheidend, in der eine Einschätzung der Bedeutung des Dienstleistungssektors für die gesamte Volkswirtschaft vorgenommen wird und relevante Märkte identifiziert werden. Eine aggregierte Analyse der Auswirkungen beispielsweise auf die Arbeitsmärkte umfasst nicht nur die möglicherweise durch Serviceroboter

7 http://www.ingenieur.de/Fachbereiche/Robotik/Japan-entwickelt-zunehmend-Roboter-fuer-alte-Menschen (aufgerufen am 11.10.2015).

entfallenen Arbeitsplätze, sondern rechnet jene gegen, welche im Zuge der Innovation neu entstehen.

## Rechtliche Perspektive[8]

Je nachdem in welchen Bereichen Serviceroboter eingesetzt werden, können zivilrechtliche Fragen (Verhältnis Bürger-Bürger) oder auch öffentlich rechtliche Fragen (Verhältnis Staat-Bürger) auftreten. Das Öffentliche Recht kann als Regulierungsrecht bestimmte, z. B. wirtschaftliche, Tätigkeiten beschränken, wenn beispielsweise die Gefahr besteht, dass die Tätigkeit das Gemeinwohl beeinträchtigt. Eine besondere Herausforderung besteht dann darin, dass diese Regulierung unter Bezugnahme auf unsicheres Wissen getroffen werden muss. Ob der Gesetzgeber einschreitet und wie er dies tut, ist abhängig von Zukunftsszenarien, deren Erfüllung in der Zukunft *ex ante* schwer zu beurteilen ist. Ob Dienstleistungsroboter in erheblichem Maße zu Schäden an Personen und Sachen führen werden, ist nicht absehbar. Offen ist auch, ob die bestehenden rechtlichen Grundlagen des privaten Haftungsrechts nicht ausreichen. Oder ist von einer grundsätzlich gefährlichen Tätigkeit auszugehen, so dass eine Gefährdungshaftung angebracht wäre? Offensichtlich wird hier, dass damit über die Regulierung die Grundlage für Innovationshandeln beeinflusst wird. Innovationsförderung beispielsweise kann nur gelingen, wenn Haftungsszenarien der unternehmerischen (und privaten) Entwicklung nicht so enge Grenzen setzen, dass sich Weiterentwicklungen wirtschaftlich nicht mehr lohnen. Auch aus dem Handlungskontext heraus werden unterschiedliche rechtliche Herausforderungen deutlich: So gibt es beispielsweise im Sozialrecht, das insbesondere für Dienstleistungen im Bereich der Pflege (Alter, Behinderung, Krankheit) einschlägig ist, eine Reihe von besonderen, zum Teil auch verfassungsrechtlich motivierten Vorgaben zu beachten. Diese unterscheiden sich erheblich von den rechtlichen Rahmenbedingungen, unter denen Dienstleistungsroboter beispielsweise in der Landwirtschaft eingesetzt werden können.

Aus zivilrechtlicher Sicht rücken die Fragen nach der Verantwortlichkeit derjenigen, die Serviceroboter planen, herstellen, vertreiben und schließlich benutzen, gegenüber der Integrität der rechtlich geschützten Güter der Personen, die mit den Servicerobotern in Berührung kommen, in das Zentrum der Betrachtung. Auch hier sollte zunächst untersucht werden, wie das bestehende gesetzliche Regelungsinstrumentarium auf die neue Gewährleistungs- und Gefährdungsproblematik

8 Da in diesem Band die rechtliche Perspektive in den anderen Beiträgen ausführlich behandelt wird, wird hier die rechtliche Perspektive nur skizziert, um die Ersetzbarkeitskategorie angeführt zu haben.

hin anwendbar gemacht werden kann. Das berührt Fragen der Vertragsgestaltung, insbesondere der Risikoverteilung in allgemeinen Geschäftsbedingungen (AGB) wie ganz generell Fragen der rechtlichen Haftung für eventuelle Schädigungen Dritter. Einen Kernbereich stellt hier die Formulierung von Sorgfaltspflichten und Haftungsmaßstäben dar, aus denen wiederum unterschiedliche Konsequenzen für Innovationshandeln resultieren. Werden die Anforderungen zu streng formuliert, wird dies Herstellung, Vertrieb und Einsatz von Servicerobotern behindern, wenn nicht gar unterbinden; sind die Anforderungen zu niedrig, so wird der Einsatz umso mehr mit Skepsis gesehen werden, als je „schadensgeneigter" sich die betreffenden Serviceroboter erweisen. Sofern Serviceroboter selbstständig lernfähig sind und auf eine im Einzelnen nicht mehr vorhersehbare Weise in der Umwelt zu agieren vermögen, stellt sich im Weiteren die bislang nur für Software-Agenten diskutierte Frage nach der Schaffung einer eigenständigen rechtlichen „Verantwortlichkeit" dieser lernfähigen Maschinen (Matthias 2004).

## Ethische Perspektive

Aus ethischer Sicht steht die Frage im Zentrum, ob sich das menschliche Handeln durch das Einbringen von Technik in den Handlungszusammenhang hinsichtlich einer gesellschaftlichen und individuellen Wünschbarkeit verändert. Diese Fragestellungen werden mit Blick auf das folgende Fallbeispiel in Zusammenhang mit Robotern in pflegenden/medizinischen Dienstleistungen erläutert.

Heute werden im Bereich der Pflege und auch allgemeiner im Bereich der medizinischen Versorgung Dienstleistungen typischerweise von Menschen erbracht. Statistiken gerade für die industriell entwickelten Staaten lassen sich unter dem Stichwort des demographischen Wandels so deuten, dass in absehbarer Zukunft eine steigende Anzahl Pflegebedürftiger auf eine gleichbleibende oder sinkende Anzahl Pflegender treffen wird. Vor diesem Hintergrund könnte es also durchaus gesellschaftlich wünschenswert sein, Serviceroboter für die Pflege zu entwickeln (Sparrow und Sparrow 2006). Deren Einsatz lässt sich nun in unterschiedlicher Eingriffstiefe planen, wobei das Spektrum von einfacher Pflegeunterstützung bis hin zur „echten" Pflegerobotik im engeren Sinne reichen kann. Im Bereich ärztlicher Behandlungen sind ähnliche Veränderungen angedacht, die durch robotische Systeme technisch umgesetzt werden: Zunächst sind einfache Unterstützungen etwa chirurgischer Eingriffe über Manipulatoren denkbar, wie sie als Weiterentwicklungen von Systemen im Bereich der Knochenchirurgie, der HNO-Chirurgie oder der Diagnostik vorstellbar sind. Durch Integration bildgebender Verfahren in Echtzeit in Kombination mit datenbankbasierten Expertensystemen sind schließlich auch netzbasierte Operationsprozesse vorstellbar (vgl. oben „KonsensOP"), die eine neue Organisation sowohl der ärztlichen Dienstleistung als auch der Krankenhausstruktur erforderten.

Die mit solchen Szenarien verbundenen ethischen Fragen nach der Wünschbarkeit berühren in der Regel die klassischen Fragen der Technikethik. Es geht um die wissenschaftliche Reflexion moralischer Äußerungen, die gemeinhin als Argumente für die Akzeptanz oder eben die Ablehnung von Techniknutzung angeführt werden. Dabei spielen auch Kosten- und Nutzenerwägungen eine Rolle. Die Beantwortung der Fragen erfolgt dann unter Bezug auf prozedural utilitäre, diskursive oder prinzipialistische Ansätze. Solche ethischen Beurteilungen im engeren Sinne bilden das Standardrepertoire von ELSI-Konzepten[9], wie sie forschungsbegleitend auch für die Robotik und die genutzten autonomen Systeme üblich sind. Der Report der Royal Academy (2009) kann hier als Beispiel dienen, wie auch (Lin et al. 2012; Decker und Gutmann 2012). Eine umfassendere ethische Reflexion schließt auch methodologische Fragestellungen ein, die nach der Bestimmung dessen, was als gelingende oder gar gelungene Unterstützung, Ersetzung oder Überbietung menschlicher Leistungen, Fähigkeiten oder Fertigkeiten gelten soll, fragen. Dann rücken die Geltungskriterien der Beschreibung robotischer Systeme in den Fokus, die an die Stelle menschlicher Akteure träten (hierzu Gutmann 2010; Sturma 2003). Die methodologische Reflexion fokussiert auf eine Gleichsetzung von Mensch und Maschine. Nimmt man diese Gleichsetzung ernst, dann lassen sich folgende Interaktionsformen differenzieren: Mensch und Maschine, Maschine und Mensch, Maschine-Maschine und Mensch-Mensch. Dabei wird von der Maschine in der Gleichsetzung angenommen, sie handele „als ob“ sie menschliche Eigenschaften hätte – man schreibt den robotischen Systemen so etwas wie emotive, volitive und kognitive Fähigkeiten zu. In diesem Zusammenhang kann eine Unterscheidung zwischen Interaktion, Schnittstelle und Interface relevant werden kann, die sehr häufig synonym gebraucht werden (dazu Hubig 2008). Erst eine solche Klärung gibt Auskunft über die logische Grammatik der „als-ob“ Struktur. Und diese ist wiederum die Grundlage für die Beurteilung der oben angesprochenen ethischen Fragen (Decker et al. 2015).

Daran schließen sich unmittelbar Fragen der anthropologischen Dimension an, denn wie oben konstatiert, werden die Dienstleistungen im medizinisch/pflegerischen Bereich bisher von Menschen übernommen. Die Einführung von technischen Systemen ersetzt somit den Menschen in Teilbereichen (Decker 2000), die technischen Systeme werden zusehends stärker in menschliche

9 „ELSI“ steht für Ethical, Legal, and Social Implications.

Handlungsvollzüge integriert werden, Maschinen also in der Rolle menschlicher Akteure im Modus des „als ob“ fungieren.

Diese Erweiterung der ethischen Betrachtung, die der Doppelbedeutung des Wortursprungs von ἔθος und ἦθος gerecht wird (Gethmann und Sander 1999, S. 121ff.), verweist schließlich darauf, nach den Menschenbildern zu fragen, die – in der Regel implizit – in die Konstruktion der jeweiligen Technik einfließen. Erst vor diesem Hintergrund können Fragen überhaupt thematisiert werden, die über ein rein syntaktisches Verständnis technischer Systeme hinausreichen. Diese lassen sich exemplarisch im Falle Pflegedienstleistungen wie folgt formulieren:

Wie kann eine gelungene Pflegedienstleistung als „bedeutungserhaltend“ klassifiziert werden? Eine solche Klassifikation benötigt nicht nur das „technische Pflichtenheft“ sondern eine umfassende Beschreibung der Dienstleistung – beispielsweise auch unter Berücksichtigung von Freundlichkeit, Fürsorge etc.

Wie lässt sich diese „gelungene Dienstleistung“ faktisch als gelungen ermitteln? Erfordert das einen langen Dialog zwischen „Empfänger“ und „Sender“ im Sinne der Mensch-Maschine, Maschine-Mensch oder eine Parallelkommunikation via Mensch-Mensch-Dialoge?

Eine umfassende, leider in üblichen ELSI-Studien nur rudimentär ausgeführte, systematische Klärung der ethischen Probleme des Einsatzes (oder der Verhinderung des Einsatzes) robotischer Systeme ist nötig und sollte unter Berücksichtigung aller drei Teilaspekte erfolgen.

Diese multidisziplinäre Betrachtungsweise lässt sich deutlich erweitern. In dem zugrunde liegenden Arbeitsprogramm (Decker et al. 2011) ist insbesondere die psychologische Perspektive ausgearbeitet, in der sowohl die unterschiedlichen äußeren Erscheinungen von Robotersystemen im Hinblick auf die Unterstützung bei Dienstleistungsaufgaben eine Rolle spielen, als auch die arbeitspsychologischen Aspekte auf Seiten der menschlichen Dienstleister. Darüber hinaus können sozialwissenschaftliche empirische Studien die konkrete Akzeptanz seitens der Dienstleistungserbringer und der Dienstleistungsempfänger systematisch untersuchen. Schließlich könnten auch noch verschiedene Sub-Disziplinen durchaus ihre Relevanz für das Thema begründen (Decker und Grunwald 2001). Für die hier verfolgte Argumentationslinie und in Anbetracht der gebotenen Kürze reicht es aus, die Ersetzungsverhältnisse in diesen vier disziplinären Perspektiven dargestellt zu haben.

## Fallbeispiel: Technische Unterstützung für Menschen mit Demenz

Klassisch orientiert sich die Technikfolgenforschung an neuen oder veränderten Technologien und technischen Prozessen („technology push"). Diese werden – wie oben skizziert – interdisziplinär auf Ihre gesellschaftlichen Folgen hin analysiert und daraus verschiedene Handlungsoptionen gerechtfertigt, die sich an verschiedene politische Entscheidungsträger aber auch an die Technikentwicklung selbst wenden. Die bedarfsorientierte Vorgehensweise nimmt dagegen einen gesellschaftlichen Bedarf, eine gesellschaftliche Herausforderung als Ausgangpunkt und fragt, ob es technische Entwicklungen gibt, die bei der Befriedigung des Bedarfs, bzw. dem Meistern der Herausforderung helfen können.

Die methodische Herangehensweise unterscheidet sich entsprechend. Bei der Beurteilung von Technologien und technischen Prozessen erweitert man das Feld, indem man neben der wissenschaftlich interdisziplinären Reflexion auch weitere Akteure wie künftige Nutzer, Bürgerinnen und Bürger, gegebenenfalls auch Interessenvertreter in den Prozess einbindet, um damit etwas über den gesellschaftlichen Bedarf für eine bestimmte Technologie zu erfahren. Die dabei identifizierten möglichen Veränderungen in der Gesellschaft durch die Techniknutzung werden dann in Bezug auf ihre gesellschaftliche Wünschbarkeit beurteilt und daraus schließlich technische Gestaltungsoptionen abgleitet. Dieser Ansatz der entwicklungsbegleitenden constructive TA (Rip et al. 1995) ist weit verbreitet. Bei der bedarfsorientierten Vorgehensweise ist zunächst ein Herunterbrechen eines großen gesellschaftlichen Bedarfsfeldes in einen konkreten Handlungskontext zu leisten, in dem man dann eine wünschenswerte neue Technologie identifiziert. Das entspricht einer Fokussierung auf einen Teilaspekt der gesellschaftlichen Herausforderung.

Das hier betrachtete Bedarfsfeld ist unter dem Stichwort „Demographischer Wandel" verortet und nimmt dabei, das ist bereits eine erste Fokussierung, Menschen mit Demenz in den Blick[10]. Für sie wird die Pflegesituation heute schon und vor allem auch in den nächsten Jahren durch die steigende Anzahl von Menschen mit Demenz als besonders prekär beschrieben. Schaut man auf die weltweiten Zahlen, so leben ca. 44 Mio. Menschen mit Demenz (bezogen auf 2014; Prince et al. 2014, S. 3). Es wird erwartet, dass deren Anzahl auf 65 Mio. im Jahr 2030 und

---

10 Die folgende Darstellung entspricht – hier gekürzt und modifiziert – den Ausführungen in (Weinberger und Decker 2015). Siehe dort für eine ausführlichere Darstellung sowie für weitere Literaturhinweise.

auf 115 Mio. im Jahr 2050 ansteigen wird (ebd.). In Deutschland leiden aktuell 1,2 Mio. Menschen an einer leichten bis schweren Demenz.

Demenz zeichnet sich durch einen zunehmenden Verlust kognitiver Fähigkeiten aus, die das Gedächtnis, das Denkvermögen, die Lernfähigkeit, die Sprache und das Urteilsvermögen betreffen können. Dieser Verlust zeigt sich unter anderem in einer abnehmenden Fähigkeit, Alltagsprobleme eigenständig lösen zu können, was Menschen mit Demenz umgekehrt als einen zunehmenden Selbständigkeitsverlust erleben. Die fortschreitende Orientierungslosigkeit in Raum und Zeit kann zu einer extremen Unruhe führen, die sich in einem hohen Bewegungsdrang (sog. „Wandering") äußern kann. Diese Kombination von Orientierungslosigkeit und Bewegungsdrang kann das Potential für eine Selbstgefährdung erhöhen, wenn z. B. der Weg nach Hause nicht mehr eigenständig gefunden werden kann oder bei einem Spaziergang Gefahren (wie ein Fluss oder eine stark befahrene Straße) nicht mehr als solche erkannt werden. Aufgrund der beschriebenen Ausprägungen beeinträchtigt Demenz allerdings nicht nur die Betroffenen selbst, sondern belastet in starkem Maße auch das Umfeld des Menschen mit Demenz, woraus ein besonderer Bedarf an Unterstützung bei der Betreuung und Pflege von Menschen mit Demenz resultiert. Gleichzeitig wird gerade Bewegung als Intervention zur Aktivierung der Gehirnfunktion und zur Teilhabe am sozialen Leben empfohlen. Die Autoren der S3-Leitlinie „Demenzen" der DGN und DGPPN als psychosoziale Intervention zum Thema „Bewegungsförderung" unterstreichen das nachdrücklich und weisen in diesem Zusammenhang auf Studien hin, die einen aktiven Lebensstil mit körperlicher Bewegung, sportlicher, sozialer und geistiger Aktivität als protektiv hinsichtlich des Auftretens einer Demenz einschätzen[11]: „Regelmäßige körperliche Bewegung und ein aktives geistiges und soziales Leben sollte empfohlen werden."

Bewegung kann damit als eine wirkungsvolle und nebenwirkungsarme Schlüsselkomponente bei der Pflege und Betreuung von Menschen mit Demenz angesehen werden. Die motorische, sensorische sowie soziale Aktivierung wirkt sich auf die subjektive Lebensqualität und den funktionellen Status der Menschen mit Demenz aus und trägt zur Vermeidung von Stürzen, Kontrakturen sowie Dekubitus bei. So können bestehende Fähigkeiten so lange wie möglich erhalten werden, was wiederum einen niedrigeren Betreuungs- und Pflegeaufwand mit sich bringt. Im Alltag stellt diese Aktivierung durch Bewegung außerhalb der Einrichtung

11 Deutsche Gesellschaft für Psychiatrie, Psychotherapie und Nervenheilkunde (DGPPN); Deutsche Gesellschaft für Neurologie (DGN) (Hrsg.) (2009): S3-Leitlinie "Demenzen". S. 91. Langversion: Internet: www.dgppn.de/fileadmin/...leitlinien/s3-leitlinie-demenz-kf.pdf. Letzter Zugriff: 03.12.2015.

allerdings eine echte Herausforderung dar. Letztendlich kann man von einer dilemmatischen Situation sprechen, in der sich die Pflegenden, die Bewohner und deren Angehörige, aber auch die Bürger im Quartier befinden: Einerseits soll die Selbstständigkeit der Menschen mit Demenz gefordert und gefördert werden, andererseits besteht in Abhängigkeit von der Tagesform und den individuellen kognitiven Fähigkeiten der Wunsch der Pflegenden und der Angehörigen nach Sicherheit – was dann häufig mit Formen von Freiheitsentzug korreliert. Selbstbestimmung und Selbstständigkeit – letztendlich von allen im Pflegearrangement angestrebte Ziele – werden dann durch Sicherheitserwägungen und Furcht vor Selbstgefährdung relativiert. Die Herausforderung für Aktivitäten im Freien lautet also kurz gefasst: „So viel Freiheit wie möglich, so viel Schutz wie nötig".

Das Pflegearrangement in diesem Handlungskontext lässt sich durch das Zusammenwirken des Menschen mit Demenz, seiner Angehörigen sowie den professionell Pflegenden beschreiben. Dazu kommen noch Bewohnerinnen und Bewohner des Quartiers, in dem sich das Heim befindet. Denn idealer Weise sollen die Menschen mit Demenz im Sinne der Teilhabe im Quartier ein „demenzfreundliches" Milieu und eine generationengerechte Infrastruktur vorfinden. Dieses Pflegearrangement hätte auch noch weiter gefasst werden können, indem zum Beispiel auch der Träger des Pflegeheims Berücksichtigung findet. In diesem Projekt wurde davon abgesehen, da zunächst nur darauf abgezielt werden sollte, ob und wenn ja welche technischen Unterstützungssysteme in einem solchen Arrangements als akzeptabel erachtet werden. Ökonomische Gesichtspunkte, die sicherlich durch das Einbeziehen des Trägers berücksichtigt hätten werden können, sollten zunächst keine einschränkenden Kriterien darstellen, werden aber in einem Folgeprojekt sicher berücksichtigt werden müssen.

Damit ist die Fokussierung in der bedarfsorientierten Vorgehensweise beschrieben. Der „große" gesellschaftliche Trend einer sich demographisch verändernden Gesellschaft wurde über die Betrachtung von Menschen mit Demenz, über den Aspekt, dass körperliche Aktivierung den Verlauf einer Demenz positiv beeinflusst, über den Blick auf die körperliche Aktivierung in einem Pflegeheim schließlich auf ein konkretes Pflegearrangement fokussiert, das nun als Kontext für eine empirische Befassung mit dem Thema „herauspräpariert" wurde.

Diese empirische Befassung wurde eingeleitet mit einer allgemeinen Beobachtung der Aktivitäten und Abläufe im Heim. Methodisch war das an der Idee der teilnehmenden Beobachtung (z. B. Lüders 2003) angelehnt, wobei jedoch nur eine kurze Beobachtungsdauer von zwei Wochen realisiert werden konnte. In dieser Phase waren jeweils 3–4 „stille Beobachter" im Pflegeheim von morgens bis abends vor Ort. Sie beobachteten sowohl auf allen Stationen des Pflegeheims als auch bei unterschiedlichen Aktivitäten Einzelner oder auch in Gruppen. Die Ergebnisse der stillen Beobachtung dienten der inhaltlichen Vorbereitung von Einzel- und Gruppeninterviews. Einzelinterviews wurden mit den Menschen mit Demenz sowie mit der Heimdirektion und der Pflegeleitung geführt. Die Menschen mit Demenz waren auf Grund ihrer körperlichen und geistigen Verfasstheit nicht in der Lage, an Gruppeninterviews in adäquater Weise teilnehmen zu können. Für die Heimdirektion und Pflegeleitung wurden je Einzelinterviews geführt, da diese in der Rollenverteilung des Heims eine besondere Perspektive auf die Aktivitäten haben und auch aus ihrer Sicht je andere Bedarfe äußern. Gruppeninterviews im Stile von Fokusgruppen wurden je mit den professionell Pflegenden, den Ehrenamtlichen und den Angehörigen der Menschen mit Demenz durchgeführt. Da verschiedene professionell oder ehrenamtlich Pflegende und auch Angehörige in einer vergleichbaren Rolle im Pflegearrangement agieren, haben Gruppeninterviews methodisch gesehen dahingehend einen Vorteil, dass in der Diskussion umfassendere Argumentationszusammenhänge erarbeitet werden können, und die vorgebrachten Argumente diskursiv bewertet werden. Sowohl die Einzel- als auch die Gruppeninterviews wurden leitfadengestützt durchgeführt. Es wurde zunächst einführend darum gebeten, dass sich die Teilnehmenden in ihrer Rolle im Pflegearrangement selbst beschrieben. Anschließend wurde in zwei Runden erst allgemein nach Unterstützungsbedarf im Pflegehandeln gefragt, bevor konkret der Bedarf an technischer Unterstützung aus der individuellen und beruflichen Perspektive heraus diskutiert wurde.

Die weitere Vorgehensweise in diesem Projekt sieht vor, dass diese allgemeinen Bedarfe und auch die technisch formulierten Unterstützungsmöglichkeiten in einem Brainstorming-Workshop mit Technikentwicklern diskutiert werden. Zu diesem Zweck wurden die Bedarfslagen in kurzen szenischen Beschreibungen aufbereitet, die in der Diskussion der Technikentwickler als Impulse dienen konnten. Ergänzt wurde der erste Workshop mit den Technikentwicklern um einen Diskussionsblock, in dem die Technikentwickler ihrerseits vor dem Hintergrund der Schlagworte „Demenz“, „Bewegung“, „Heimpflege“ und „Adaptive Systeme“ Vorschläge für unterstützende Technologien machen konnten. Hier wurden sowohl bereits entwickelte Technologien ins Spiel gebracht, als auch noch nicht existierende technische Lösungsansätze vorgeschlagen. Im weiteren Projektverlauf werden die in diesem Workshop vorgeschlagenen technischen Unterstützungssysteme nochmals mit den professionell Pflegenden und den Angehörigen diskutiert. Mit dieser Diskussion ist auch ein Auswahlprozess verbunden. Es werden nur diejenigen technischen Unterstützungssysteme weiterhin diskutiert, von denen sich die Akteure im Pflegearrangement vorstellen können, dass sie im täglichen Pflegehandeln hilfreich sind. Im nächsten Schritt sind wieder die Technikentwickler an der Reihe. Sie arbeiten die verbliebenen technischen Möglichkeiten detaillierter aus und entwerfen erste sogenannte „Lastenhefte", in denen aus der Nutzungsperspektive technische Anforderungen formuliert werden. Diese werden ein letztes Mal in Fokusgruppen der professionell Pflegenden und Angehörigen diskutiert, bevor schließlich konkrete „Pflichtenhefte", das sind detaillierte Anforderungsprofile für technische Entwicklungen, für technische Unterstützungssysteme verfasst werden, die dann als Basis für zukünftige Technikentwicklungsprojekte dienen können.

## Diskussion

Gerade vor dem Hintergrund neuer smarter Informations- und Kommunikationstechnologien werden die Veränderung von Arbeitszusammenhängen und Arbeitsorganisation immer stärker diskutiert. Industrie 4.0 ist hier das Stichwort für Produktionszusammenhänge, aber auch in anderen – oft als Dienstleistungen identifizierten – Bereichen verändern sich Arbeitsprozesse und es werden verschiedene Berufe als besonders durch IuK-Technologien gefährdet angesehen. Für verschiedene Berufe wird eine weitreichende Ersetzung durch Technik prognostiziert (Frey und Osborne 2013), wobei diese Einschätzung auf der Beurteilung des technologischen Fortschritts aufbaut, der nach Einschätzung verschiedener Autoren diese Ersetzungen in verschiedenen Handlungszusammenhängen möglich macht (z. B. Brynjolfsson und McAfee 2014):

> "For years we have studied the impact of digital technologies like computers, software, and communications networks, and we thought we had a decent understanding of their capabilities and limitations. But over the past few years, they started surprising us. Computers started diagnosing diseases, listening and speaking to us, and writing high-quality prose, while robots started scurrying around warehouses and driving cars with minimal or no guidance. Digital technologies had been laughably bad at a lot of these things for a long time – then they suddenly got very good."

Das verdeutlicht die Notwendigkeit, sich mit diesen Ersetzungsverhältnissen auch aus der Perspektive der Technikfolgenforschung weiter auseinanderzusetzen. So ist es nicht verwunderlich, dass verschiedene europäische TA Einrichtungen sich dieses Themas angenommen haben. Das Rathenau Institut in den Niederlanden hat eine erste Studie bereits abgeschlossen (Royakkers und van Est 2015) das Institut für Technikfolgen-Abschätzung in Wien („Industrie 4.0 – Gesellschaftliche Dimension der nächsten industriellen Revolution"), TA-SWISS („Flexible neue Arbeitswelt") und auch das Büro für Technikfolgen-Abschätzung beim Deutschen

Bundestag („Chancen und Risiken mobiler und digitaler Kommunikation in der Arbeitswelt“) fertigen gerade Studien an.

Der Pflegebereich gilt dabei als ein Themenfeld, das besonders kontrovers diskutiert wird. Das hängt zum einen damit zusammen, dass Pflege eine zutiefst zwischenmenschliche Aktivität darstellt, in der Technik zumindest auf den ersten Blick als störend empfunden werden kann. Gleichzeitig ist es aber ein Arbeitsmarkt, in dem eine ständige und vor dem Hintergrund eines demographischen Wandels auch ständig steigende Nachfrage nach Pflegearbeit angenommen werden kann. Technische Unterstützung würde also nicht unmittelbar im Sinne einer Ersetzung auch arbeitsmarktrelevante Effekte erzeugen. Pflegearbeit spielt sich in einem Pflegearrangement ab, in dem verschiedene Akteure – professionell Pflegende, Ehrenamtliche, Angehörige, etc. – zusammenwirken. D.h., eine technische Unterstützung muss ihre Funktion in diesem Pflegearrangement belegen können und somit die Akzeptanz aller Akteure erreichen. Wie sich die Arbeitsorganisation dann faktisch verändert, wenn technische Unterstützung im Pflegearrangement eingesetzt wird, ist wiederum zu analysieren.

Auch in dem hier beschriebenen Fallbeispiel der Unterstützung im Bereich der Mobilität von Menschen mit Demenz wurde von Seiten der technischen Entwicklung ein möglicher Bedarf bereits angenommen (technology push), d.h. dass für Menschen mit Demenz und spezieller auch für deren Mobilisierung bereits verschiedene technische Entwicklungen stattgefunden haben (Hirsch 2015). Allerdings kann man den Eindruck gewinnen, dass diese technischen Innovationen keinen oder kaum einen Weg in den Markt gefunden haben (u.a. Bieber und Schwarz 2011). Diese bereits entwickelten Technologien wurden durch die Technikentwicklerinnen und -entwickler in die Workshops des Projekts eingebracht. Aus Sicht der Anwender kann man zu der Überzeugung kommen, dass diese technischen Entwicklungen am konkreten Bedarf des Marktes vorbei entwickelt wurden, wobei man berücksichtigen muss, dass die Heterogenität und Vielfalt von Nutzerbedürfnissen zu ausgeprägter Komplexität von Innovationsprozessen im Pflegebereich führen:

> „Technologieentwicklungen und Technologieerprobungen [werden] der Differenziertheit der Kunden und Nutzer methodisch nicht gerecht.“ (Liesenfeld und Loss 2012, S. 270)

> „Typische Nutzungssituationen sind in ihrer Komplexität nur schwer in konkrete Anforderungen umsetzbar und bleiben in einer flüchtigen Betrachtung zumeist unterbelichtet.“ (Compagna et al. 2010, S. 1).

Die bedarfsorientierte Technikgestaltung, wie sie in dem Fallbeispiel zur Unterstützung von Menschen mit Demenz ausgeführt wurde, verfolgt das Ziel, diese Passung von technischer Innovation und gesellschaftlichem Bedarf herzustellen.

Auch wenn das Projekt noch nicht abgeschlossen ist, so lässt sich jetzt schon erkennen, dass es technische Unterstützung geben kann, die von allen Akteuren im Pflegearrangement zumindest aus heutiger Sicht akzeptiert, ja sogar als wünschenswert angesehen wird. Dabei mag es wenig überraschen, dass sich die technischen Vorschläge an bereits vorhandenen technischen Hilfsmitteln – wie zum Beispiel dem Rollator oder dem Rollstuhl – orientieren. Gleichzeitig werden aber auch visionärere Technologien als wünschenswert erachtet, insbesondere wenn es um das Spannungsfeld Sicherheit versus Überwachung von Menschen mit Demenz geht. Natürlich ist mit dieser Akzeptanz „ex ante" nicht automatisch garantiert, dass auch die noch zu entwickelnde Technik zu einer gelungenen Innovation wird. Zum einen kann es sein, dass die entwickelte Technik hinter den Erwartungen der Akteure im Pflegearrangement zurückbleibt, denn hier werden durchaus anspruchsvolle technische Lösungen „gewünscht". Zum anderen kann sich auch die Bedarfslage entsprechend verändern. Dennoch kann man vor dem Hintergrund einer bedarfsorientierten Vorgehensweise davon ausgehen, dass die Chancen für eine gelingende Innovation jedenfalls höher sind, als wenn keine Bedarfserhebung gemacht wird.

Wichtig ist in diesem Zusammenhang, und das bringt uns wieder auf die Technikfolgenforschung zurück, dass die Erkenntnisse, die bei der Bedarfserhebung gewonnen wurden, in das sich anschließende Projekt der Technikentwicklung eingebracht werden und entwicklungsbegleitend auch weiter beforscht werden. Denn die Ausgestaltung der Ersetzungsverhältnisse wird durch die Technikentwicklung weiter konkretisiert und muss infolgedessen auch entsprechend reflektiert werden. Hierbei sollten sowohl die technische Entwicklung im engeren Sinne, zum Beispiel durch constructive Technology Assessment, als auch die daraus resultierenden gesellschaftlichen Veränderungen im Allgemeinen in den Blick genommen werden. Denn nur so lassen sich die unterschiedlichen Ersetzungsverhältnisse umfassend bewerten und in ihrer Wirkung dahingehend beurteilen, dass sie auch zur Lösung gesellschaftlicher Herausforderungen beitragen.

## Literatur

Bechmann, G. & Frederichs, G. (1996) Problemorientierte Forschung: Zwischen Politik und Wissenschaft. In: Bechmann, G. (ed.), Praxisfelder der Technikfolgenforschung. Konzepte, Methoden, Optionen (pp. 11–37). Frankfurt a.M.: Campus.

Behnke, S.: Humanoid Robots - From Fiction to Reality? KI-Zeitschrift, 4/08, pp. 5–9, December 2008.

Bieber, D., Schwarz, K. (Hrsg.) (2011): Mit AAL-Dienstleistungen altern. Nutzerbedarfsanalysen im Kontext des Ambient Assisted Living. Saarbrücken.

Breazeal, C. L. (2000). Sociable machines: Expressive social exchange between humans and robots (Doctoral dissertation, Massachusetts Institute of Technology).

Brynjolfsson, E. & A. McAfee (2014) The Second Machine Age. Work, Progress, and Prosperity in a Time of Brilliant Technologies. New York: WW Norton.

Compagna, D.; Derpmann, S.; Graf, B.; Hartmann, C.; Hilmer, M.; Jacobs, T.; Klein, P., Luz, J.; Mauz, K., Shire, K. (2010) Anwenderorientierte Technikentwicklung im Pflege-Bereich: Instrumente für den Wissenstransfer zur partizipativen Gestaltung von Mikrosystemtechnik. Dritter Deutscher AAL-Kongress 26.–27. Januar 2010, Berlin.

Decker, M. (2000) Replacing Human Beings by Robots. How to tackle that Perspective by Technology Assessment? In: Grin, J., Grunwald, A., (Eds) Vision Assessment: Shaping Technology in 21st Century Society.

Decker, M.; Dillmann, R.; Dreier, T.; Gutmann, M.; Ott, I.; Spieker, I. genannt Döhmann (2011) Service robotics: do you know your new companion? Framing an interdisciplinary technology assessment. Poiesis & Praxis 8,1, S. 25–44.

Decker, M.; Grunwald, A. Rational Technology Assessment as Interdisciplinary Research. In: Decker, M. (Hrsg.): Interdisciplinarity in Technology Assessment. Implementation and its Chances and Limits. Berlin: Springer 2001, S. 33-60 (Wissenschaftsethik und Technikfolgenbeurteilung, Bd. 11).

Decker, M.; Gutmann, M. (2012, Hrsg.) Robo- and Informationethics – Some fundamentals. Zürich, Berlin: LIT (Hermeneutik und Anthropologie, Bd. 3).

Decker, M. (2013) Technikfolgen. In: Grunwald, A. (Hrsg.): Handbuch Technikethik. Stuttgart, Weimar: Metzler, S. 33–38.

Decker, M., Gutmann, M, Knifka, J. (2015, Hrsg.) Evolutionary Robotics, Organic Computing and Adaptive Ambience. Epistemological and Ethical Implications of Technomorphic Descriptions of Technologies. LIT-Verlag Wien.

Dolata, U. (2007) Technik und sektoraler Wandel: Technologische Eingriffstiefe, sektorale Adaptionsfähigkeit und soziotechnische Transformationsmuster. MPIfG Discussion Paper, No. 07/3.

Frey, C.B. & M.A. Osborne (2013) The Future of Unemployment. How Susceptible Are Jobs to Computerization? Oxford: Oxford Martin Publication.

Gloede, F. (2007) Unfolgsame Folgen. Begründungen und Implikationen der Fokussierung auf Nebenfolgen bei TA. In: Technikfolgenabschätzung – Theorie und Praxis Nr. 1, /16. Jg, 45–54.

Gethmann, C.F.; Sander, T. (1999) Rechtfertigungsdiskurse. In: Grunwald, A.; Saupe, S. (eds.): Ethik in der Technikgestaltung. Praktische Relevanz und Legitimation. Berlin, pp. 121 ff.

Gutmann, M. (2010) Autonome Systeme und der Mensch: Zum Problem der medialen Selbstkonstitution. In: Selke, S. & Dittler, U. (Hrsg.), Postmediale Wirklichkeiten aus interdisziplinärer Perspektive. Heise, Hannover, 130–148.

Grunwald, A. (2010) Technikfolgenabschätzung - Eine Einführung. 2. Auflage, Berlin.

Hirsch, J. (2015) Technik, die gewollt ist – Ein Vergleich von Technikentwicklungsansätzen zur Unterstützung von Menschen mit Demenz. Diplomarbeit am Institut für Anthropomatik und Robotik und am Institut für Technikfolgenabschätzung und Systemanalyse.

Hubig, C. (2008) Mensch–Maschine-Interaktion in hybriden Systemen. In: Hubig, C. & Koslowski, P. (Hrsg.), Maschinen, die unsere Brüder werden. Fink, München, 9–17.

Liesenfeld, J.; Loss, K. (2012) Innovative AAL- und E-Health-Dienstleistungen: Zusammenhänge zwischen technologischen Entwicklungen, Geschäftsmodellen und Governance. In: Gersch, M.; Liesenfeld, J. (Hrsg.), AAL- und E-Health-Geschäftsmodelle, Wiesbaden.

Lin, P.; Abney, K.; Bekey, G. A. (2012, Hrsg.) Robot Ethics. The Ethical and Social Implications of Robotics. Cambridge, Mass.

Lüders, C. (2003) Teilnehmende Beobachtung. In: Bohnsack, R.; Marotzki, W. G.; Meuser, M. (Hrsg.): Hauptbegriffe Qualitativer Sozialforschung, Opladen.

Matthias, A. (2004) The responsibility gap: Ascribing responsibility for actions of learning automata. Ethics and Information Technology 6, S. 175–183.

Nomura, T; Uratani, T; Matsumoto, K; Kanda, T.; Kidokoro, H.; Suehiro, Y.; Yamada, S. (2015) Why do Children Abuse Robots? HRI'15 Extended abstracts. May 2015, Portland, OR, USA.

Prince, M., Albanese, E.; Guerchet, M.; Prina, M. (2014) Dementia and Risk Reduction. An Analysis of protective and modifiable factors. In: World Alzheimer Report 2014. Alzheimer's Disease International.

Renn, O. (1993) Technik und gesellschaftliche Akzeptanz: Herausforderungen der Technikfolgenabschätzung. In: GAIA 2, 2, 67–83.

Rip, A., Misa, T.J.; Schot, J. (1995) Managing Technology in Society. London

Ropohl, G.(1979) Eine Systemtheorie der Technik. Hanser, München.

Royakkers, L.; van Est, R. (2015) Just Ordinary Robots: Automation from Love to War. CRC Press.

Royal Academy (2009) Autonomous Systems: Social, Legal and Ethical Issues. The Royal Academy of Engineering. London.

Sparrow, R., Sparrow, L. (2006) In the hands of machines? The future of aged care, In: Mind and Machines, Vol. 16 Nr. 2, S. 141–161.

Sturma, D. (2003) Autonomie. Über Personen, künstliche Intelligenz und Robotik. In: Christaller, T. & Wehner, J. (Hrsg.), Autonome Maschinen. Westdeutscher Verlag, Wiesbaden, 38–55.

Trist, E. (1981) The Evolution of Socio-Technical Systems. Toronto.

Weinberger, N.; Decker, M. (2015) Technische Unterstützung für Menschen mit Demenz? Zur Notwendigkeit einer bedarfsorientierten Technikentwicklung. Technikfolgenabschätzung – Theorie und Praxis 24,2, S. 36–4.

Tonio Ball, Joschka Boedecker, Ilka Diester, Carola Haas, Jürgen Hennig, Christoph Kaller, Christoph Maurer, Oliver Müller, Oliver Paul, Patrick Ruther, Ulrike Wallrabe, Wolfram Burgard

# BrainLinks-BrainTools: Intelligent Neurotechnological Systems for Healthcare

Intelligent robots, prostheses and implants may contribute greatly to health care by offering better therapy for diseases like epilepsy and Parkinson's disease and as assistive devices to paralyzed and amputated patients. The authors, researchers of the BrainLinks-BrainTools project, present their approaches and results.

## Introduction

Intelligent robots perceive their environment and autonomously generate actions to achieve their goal. The European Commission has identified intelligent robots as a key technology for personalizing care and boosting the quality, access and efficiency of healthcare. Application domains of intelligent robots include several promising areas, such as smart medical capsules, robot-based surgery, intelligent prosthetics, robot-based motor coordination analysis and therapy, robot-assisted mental, cognitive and social therapy, and robot-based patient monitoring systems. Intelligent robots combined with neurotechnology give rise to the field of intelligent neurobotic systems for healthcare.

Intelligent neurobotic systems are a central topic of the cluster of excellence BrainLinks-BrainTools at the University of Freiburg. BrainLinks-BrainTools has two visions. First, to develop intelligent assistive devices and prostheses which are connected to the brain of people with paralysis or amputations and that are able to return movement capacity. We refer to this type of device as "Limbs with Neural Control" (LiNC). And second, to develop fully implanted devices with closed-loop feedback for the treatment of neurological disorders, such as epilepsy, Parkinson's disease, stroke, depression and other neurological and psychiatric disorders. We refer to this kind of device as "Smart Energy-Autonomous Micronodes" (SEAM).

To develop such systems, BrainLinks-BrainTools is faced with several enormous challenges: First, with respect to LiNC-type devices for the restoration of voluntary action and patients' autonomy – how can we understand the relevant brain signals and how can we measure them over long periods of time and in a bio-compatible manner? How can we decode the recorded brain signals close to real time and, finally, how can we execute the intended actions? Second, with respect to SEAM-type devices for closed-loop stimulation therapy – how can we stimulate, potentially in a closed-loop system, to achieve the desired effect? How can we adapt to changing external and internal (neuronal) conditions? Finally, with respect to both types of devices – how can we develop systems that perform their function in a robust and reliable fashion and over long periods of time? How can we turn novel technology into medical applications and ultimately take the integration of the human with technology to a novel level?

BrainLinks-BrainTools integrates three research areas (RAs) that jointly contribute to SEAM and LiNC: Foundations (RA A), core technologies (RA B), and clinical applications (RA C). The clinical aims of RA C are to increase the autonomy of paralyzed patients, to improve stroke rehabilitation, to reduce symptoms in Parkinson's disease more effectively, to provide targeted treatment for epilepsy patients, and to explore new neurotechnological treatment options for certain psychiatric diseases such as major depression. This overarching aim requires four disciplines: "Neuromedicine" (Neurology, Neurosurgery, and Psychiatry), Neurobiology, Engineering and Ethics. BrainLinks-BrainTools unites these four disciplines: Neuromedicine with leading experts in research and care for patients with neurological diseases, Neurobiology as a place of excellent research in experimental and theoretical neuroscience, Engineering offering a unique constellation of Microsystems Engineering and Computer Science and Ethics with a strong focus on ethics in neurotechnology.

## Research Area A – Foundations

One of the basic prerequisites of BrainLinks-BrainTools is to develop neurotechnological devices and to identify optimal strategies with respect to where, when, and how to interact with the brain. This interaction is bi-directional, but the emphasis in BrainLinks-BrainTools is on the "read-out" of information, alongside research on how to "write in" commands into the brain to induce favorable changes of activity in neuronal networks. The establishment of a working communication in either direction is pursued on several levels of complexity and description, either focusing on small local circuits, but also covering networks of large-scale populations that spread across multiple brain areas.

Research Area A forms a foundation for the work in the other areas as it builds the framework needed to match the hierarchies that are observed on the anatomical, functional, and signal level, necessary to relate them to clinically relevant neurological states – which in turn allows to both modify them where they induce neurological disorders, and on the other hand to use neuronal activity as a source of information for the control of brain-machine interfaces.

Towards these goals, this research area uses a range of approaches and techniques, from the modeling of networks to functional magnetic resonance imaging (fMRI), electrophysiology and optogenetic tools to interact with networks. *In vitro* models, networks of living nerve cells in petri dishes, serve as test beds for fundamental questions and approaches. The research area further uses *in vivo* experiments in animals to identify functional networks and interact with them. Thus, it develops models of diseases – carried out in close collaboration with Research Area C. Finally, a task of this research area is to validate predictions, and to test new technical developments achieved in Research Area B.

## Research Area B – Core Technologies

Research Area B focuses on the development of novel, multifunctional tools for interfacing with the brain. Microsystems engineering and computer science play a vital role in this pillar of the Cluster. The tools that are developed in this area constitute the interfaces of choice for clinical studies performed within Research Area C (the applications pillar of the Cluster). These tools are also used to acquire neuronal data for the analyses and modeling efforts in Research Area A (the foundations pillar). Thus, the tools contribute to consolidating the Cluster's basic research in neuroscience.

The tools are designed to be deployed in various brain regions, ranging from the surface of the brain to deep-lying structures. In terms of the spatial resolution, the tools are capable of covering the range from approx. 10 µm to 5 mm, called the "mesoscopic scale". Within Research Area B, the Cluster addresses a number of concrete research topics, but generally focuses on the development of tools for monitoring neuronal activity. This includes high-resolution and large-area electrode arrays for recording neuronal signals, microcoil array systems for high-resolution functional magnetic imaging (fMRI) studies, and tools for *in situ* optical coherence tomography. These devices are complemented by another range of tools that go beyond recording signals, designed to modulate neuronal activity. The ways to achieve this include electrical, chemical and optical methods. The latter method is playing an increasingly important role, as the area of optophysiology, in which modified cells can be controlled in their behavior by the application of light as a stimulus, is rapidly expanding.

An important aspect is to turn these tools into stable, adaptive, and robust interfaces, that use advanced algorithmic methods for selecting and interpreting signals and translating them into complex robotic actions. Finally, this research contributes methods and devices to power these technical components, enable efficient signal processing, data handling, and communication. Integration techniques that allow the Cluster to merge all of these components into complete systems are under development, which brings BrainLinks-BrainTools closer to making the platforms LiNC and SEAM a reality.

## Research Area C – Applications

The objective of Research Area C is the development of therapies and paradigms to transfer neuroscientific tools into novel and sophisticated preclinical and clinical applications. The focus lies on neurological conditions such as stroke, severe chronic paralysis, depression, movement disorders, and epilepsy.

The applications pillar is divided into six research topics. Topic 1 focuses on motion capturing to gain detailed information about the movement performance of a person. Insights from this will help to refine the decoding of brain signals for brain-machine interfaces. Topic 2, likewise utilizing motion-capture technology, aims to characterize pathological changes in movement patterns. This second topic applies the LiNC platform to develop safe and efficient brain-machine interfaces. It makes use of electrocorticography (ECoG), which is carried out for medical reasons during presurgical epilepsy evaluation, and furthermore in chronically paralyzed patients. Research topic 3 aims to use the neurotechnological tools of the LiNC platform to support the rehabilitation of stroke patients. It furthermore includes an animal model for stroke. This allows for testing the support of recovery through the assistance of LiNC-based brain-machine interfaces. Research topic 4 uses the SEAM platform to improve the understanding of sensorimotor and cellular components of movement disorders and the effects of deep brain stimulation. Research topic 5 adopts the application of SEAM for the detection and modulation or abortion of seizures in epilepsy. The technological developments of this Cluster for clinical use entail ethical implications, which are investigated in research topic 6. Based on the foundations laid in Research Area A, the overall effort of Research Area C is directed at turning the systems SEAM and LiNC into viable preclinical and clinical applications, utilizing contributions from Research Area B.

## Research stories from the Cluster

To build a LiNC or SEAM system, the following questions need to be addressed: How does the brain work? How can we measure and stimulate? Are there any side-effects and how can we deal with them? What are the clinical applications? What are the ethical implications, and how can we engage the public? In the following, we will present different research projects carried out in BrainLinks-BrainTools that are targeted towards these challenges.

## How does the brain work? – MOUSENET: MAPPING THE MOUSE BRAIN "CONNECTOME" WITH MULTI-LEVEL ANALYSIS OF STRUCTURAL AND FUNCTIONAL NETWORKS IN NEUROLOGICAL DISEASES

The characterization of network fluctuations underlying neurological diseases would constitute an essential step towards a better understanding of disease mechanisms, opening the way for the development of targeted therapeutic intervention strategies. Non-invasive MRI techniques are particularly well-suited for this purpose due to their non-invasive whole-brain coverage, opening up the possibility for *in-vivo*, longitudinal exploration of cerebral networks at high spatio-temporal resolutions in both healthy and pathological conditions.

The *in-vivo* investigation of mouse models of neurological diseases by MRI poses particular challenges due to the requirement for high spatial resolutions in small cerebral structures, to be achieved in suitably short scanning times in order to allow for repeated measurements in a longitudinal study design. In our experimental setup, high signal-to-noise ratio is achieved by performing MRI acquisitions with a cryogenic radiofrequency coil (CryoProbe, Bruker, Germany) in a 7 Tesla small-animal scanner (Biospec, Bruker, Germany). In addition to conventional structural MRI as well as metabolite quantification by MR spectroscopy, we have established and validated protocols for high-resolution diffusion tractography and resting-state fMRI in the mouse, allowing the depiction of fine microstructural details and the characterization of functionally connected networks, respectively.

In a first application in a mouse model of TLE, this multidisciplinary collaborative project has demonstrated the ability of non-invasive MRI techniques to provide important longitudinal biomarkers of pathophysiology and mechanisms of neurological diseases. The gained insight will provide an essential platform for the development and testing of implanted devices for targeted therapeutic intervention in vivo, allowing the tracking of disease evolution and the monitoring of response to therapy.

## How can we measure and stimulate? (1) COLUMS – CONTROLLABLE LIGHTPATTERN FOR USE IN MICROOPTICAL NEURAL STIMULATION

Optogenetics is a neuromodulation technique to control the activity of individual neurons in living tissue and to precisely measure the response in real-time. Optogenetics is known for the high spatial and temporal resolution in altering the activity of specific types of neurons within defined brain areas. Millisecond-scale temporal precision is crucial to optogenetics, which allows for keeping pace with biological information processing. Therefore, the hallmark of optogenetics is the introduction of fast light-activated channels and enzymes that allow spatio-temporally precise manipulation of bio-chemical events at cell-type resolution.

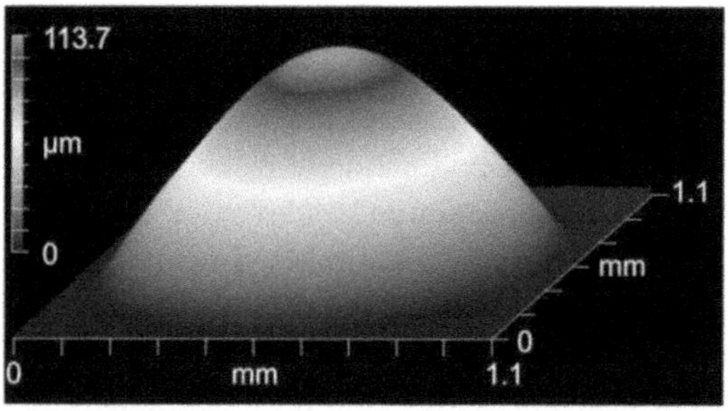


*Figure 1: White light interferometric scan from a single element from a 3x3 array of micro-axicon lenses used to generate Bessel beams. The element is molded from NOA 61 optical adhesive and has optical surface quality*

In order to optically stimulate neurons at high spatio-temporal resolution, we proposed a tool for the simultaneous multi-focal stimulation of small animal brains by means of light pulses. An array of miniaturized laser sources combined with the refractive capabilities of conically shaped lenses axicons (see Fig. 1) allows to shape light beams or light columns with an extended focal zone. These so-called Bessel beams proved to have enhanced penetration depth into scattering tissue because of their – as sometimes referred to – self healing properties. Nowadays, in optogenetic stimulation light is usually delivered by placing fibers or needles, which incorporate waveguides close to the area of interest. However, by taking profit of the unique features of the Bessel beam in we aim to avoid such an invasive penetration of the brain.

## How can we measure and stimulate? (2) ADVANCED EDC

The electronic depth control (EDC) approach was introduced to overcome the limitations of conventional intracortical silicon (Si) neural probes and it has allowed an unprecedented number of electrodes to be integrated per electrode shaft. These probes comprise on-shaft CMOS circuitry, i.e., transmission gates controlled by a switch matrix, connecting electrodes to several possible output lines, and also even a pre-amplifier per recording site. Beside the impressive increase in the number of integrated electrodes, the EDC approach allows to keep the number of contact pads in the probe base to a minimum.

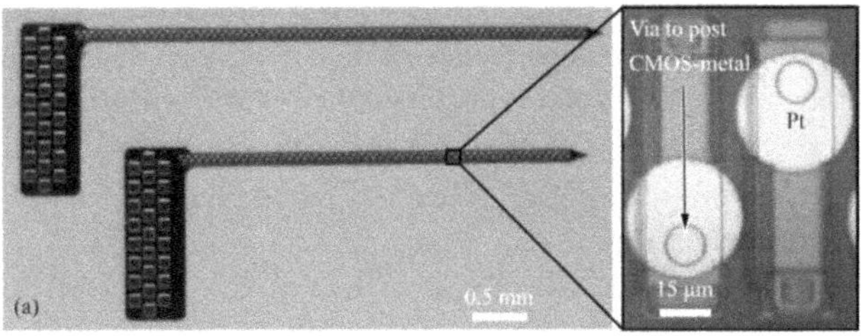


*Figure 2: Photograph of new EDC probe variants and close-up view of two Pt electrodes showing the post-processed layers.*

The project AdvancedEDC aims at advancing the state-of-the-art in highly integrated, electronically switchable electrode arrays. The project addresses several critical components thought to be essential for the intracortical interaction with the brain. These components are: (1) miniaturized shaft-shaped and comb-shaped recording probes with integrated signal amplification and analog-to-digital conversion circuitry for recording neural activity with high spatial resolution through at least 32 channels per shaft; (2) reconfigurable stimulation electrodes to electrochemically act back on the neuronal activity in brain areas of interest; (3) algorithms to reduce the overwhelming data flow to a manageable size and efficiently perform spatio-temporal correlation computations whose results form the basis for optimal actions; (4) miniaturized computational hardware in the form of a combination of dedicated hardware components together with an appropriate embedded microchip optimized for low-power computations with neural signals and enabling to deduce optimal recording configurations and appropriate control signals for the stimulation probes.

An enhanced version of the previous CMOS-based EDC probes has been fabricated using a 0.18 μm six-metal, double-poly CMOS process of XFAB Semiconductor Foundries (Erfurt, Germany), which is followed by in-house post-CMOS microfabrication to realize the electrode metallization and structure of the probe body. Representative examples of processed 3 and 4-mm-long probes with a shaft thickness of 40 μm are shown in Fig. 2 with a close-up view of a probe shaft section with two Pt electrodes and the underlying microelectronic switching circuitry.

The switching scheme implemented in the probe shaft attributes a unique address to each electrode. Compared to our previous EDC probes, the number of simultaneously addressable analog output channels has been increased to 16. In addition, two further channels enable arbitrary combinations of electrodes to form extended areas for stimulation or local referencing. The use of the 0.18 μm CMOS technology allowed minimizing the shank width to 100 μm. Probe shaft lengths between 3 mm and 10 mm with 104 to 334 electrodes, respectively, at a vertical pitch of 30 μm have been realized [1].

The functionality of the probe has been verified by measuring single electrodes impedances as well as groups of two, four and eight electrodes connected to one of the stimulation lines. The probe is currently being prepared for tests in animal models of neuropathologies.

## How can we measure and stimulate? (3) MAKE IT REAL – MANUFACTURING, ANIMAL-TESTING AND KINEMATIC EVALUATION OF INTERFACE TECHNOLOGY: REALIZING A LINC-IMPLANT FOR CLINICAL APPLICATION

There is growing interest to reduce the size of both electrode arrays and electronic parts of neural recording systems to develop a device suitable for chronic long-term implantation in humans. To this end micro-electrocorticography (μECoG) arrays have been developed that incorporate small-sized contacts with higher spatial resolution, i.e., smaller contact-to-contact distance and smaller contact diameter, compared with conventional "macro"-electrocorticography (ECoG). These arrays can be attached to sealed electronics and implanted in the body of subjects to use them for recording and open- or closed-loop stimulation on the surface of the cerebral cortex. It is of basic interest for several types of neurological disorders, how electrical cortical stimulation can influence cortical activity and whether closed-loop stimulation can be employed to develop autonomous stimulation systems which, for instance help to facilitate rehabilitation after stroke, detect and counteract epileptic seizures or allow for advanced control of brain-computer interface effectors like prosthetic arms with biofeedback utilizing cortical stimulation.

Cortical stimulation may cause changes in brain activity regarding both time and frequency domain, i.e., the measured potential at the brain surface and the spectral components of the recorded signal. Furthermore, these stimulation-related signal modulations may be accompanied by altered behavior. In this project, especially stimulation related changes in motor output are in the focus of interest. To identify changes in movement-related behavior, highly sensitive motion tracking system and algorithms are necessary to these changes with high accuracy suitable for medical applications. In the current project, we developed a μECoG-based implant system and used it record [2] and modulate the brain activity in the sheep's somatosensory cortex by a technically established open- and closed-loop stimulation system in acute and chronic experiments. A novel motion capture algorithm with automatic initialization [3] was developed and applied to analyze the sheep's and human movement with high performance. In addition, the next-generation implant and first high-channel arrays have been developed for acute recordings with up to 128 channels and chronic recording and stimulation with up to 64 channels.

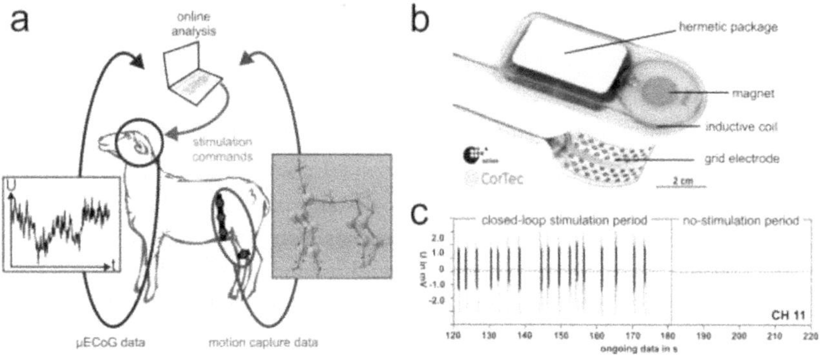


*Figure 3: Target closed-loop setup (a) and the implant system used in the first implantation round (b) with which the closed-loop stimulation experiments (brain activity-dependent, irregularly occurring stimulation artifacts visible in c) were conducted*

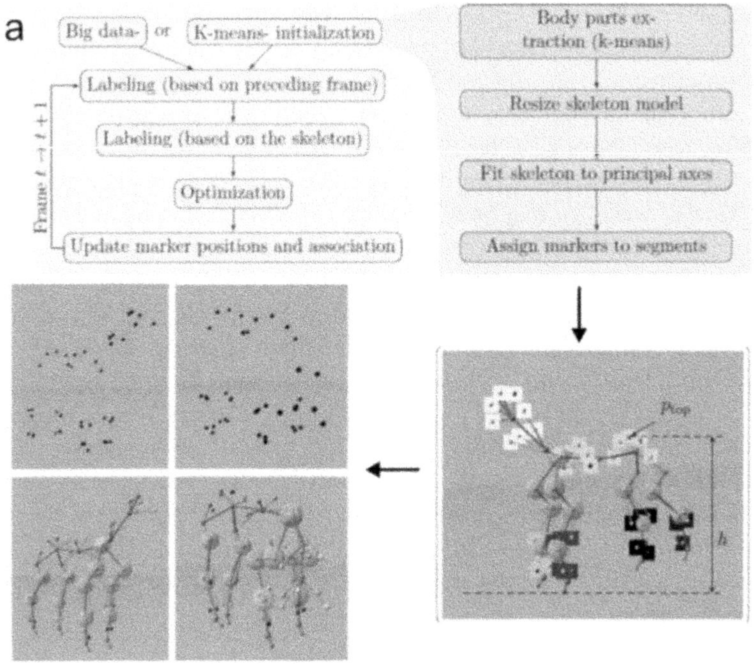


*Figure 4: Big-data approach based on k-means clustering for the automatic initialization of the analysis of motion tracking data: comparison of its performance optimization errors and trajectory smoothing performance with a state of the art algorithm.*

Using an optical motion capture system we were able to conduct several experiments in which we tracked the natural movements of sheep and humans. Based on the acquired motion data, we developed novel algorithms [3] to analyze the data with high performance and sensitivity. Our approach is based on a big-data approach and utilizes a k-means-based initialization method, respectively, allowing for automatic initialization during the analysis, which makes a predefined starting pose during the experiments unnecessary. With this approach, we are able to achieve a higher performance in the analysis of the motion data than with previous methods with respect to decreased optimization errors and smoother trajectories (see Fig. 4).

## Are there any side-effects and how can we deal with them? OPTIMIZING STN-DBS TOWARDS THE ALLEVIATION OF STIMULATION-INDUCED COGNITIVE SIDE EFFECTS (ODASIC)

Growing evidence for detrimental cognitive side effects of deep brain stimulation (DBS) in Parkinson's disease suggests that stimulation affects regions beyond the targeted basal ganglia, particularly in the prefrontal cortex (PFC). In the ODASIC project, we therefore established functional near-infrared spectroscopy (fNIRS) for the detection of dysfunctional patterns in the hierarchical processing between rostral and caudal regions in the PFC following DBS of the subthalamic nucleus in Parkinson's patients. To provide a clinically applicable read-out of PFC functional integrity, a high resolution, multi-channel fNIRS device was developed, so as to lay the foundation for individually tailored optimization of DBS protocols.

Deep Brain Stimulation (DBS) is an established therapy for the treatment of movement disorders, in first place Parkinson's disease (PD), where high frequency stimulation of the subthalamic nucleus (STN) is applied to alleviate the patients' cardinal motor symptoms. Growing evidence for detrimental side effects of STN-DBS on cognitive functions however suggests that stimulation affects regions beyond the targeted basal ganglia, particularly in the PFC [4]. To date, these dysfunctional network effects of STN-DBS are still poorly understood mainly because conventional non-invasive neuroimaging methods either lack a sufficient temporal or spatial resolution for analyzing prefrontal network properties or are technically not compatible for a concurrent application with DBS. To build a basis for this project, we therefore established fNIRS for the detection of dysfunctional patterns in the hierarchical processing between rostral and caudal regions in the PFC following STN-DBS in PD patients (Fig. 5).

Cognitive control processes are represented in a rostral-to-caudal hierarchy within the PFC, with more anterior areas performing increasingly abstract tasks of behavioral control and posterior parts carrying out concrete action selection in a temporally confined context. The respective models predict a predominant direction of neural activity propagation from rostral to caudal PFC that can be revealed by Granger causality inference. However, in order to capture these fast network dynamics by means of Granger causality, a high temporal resolution and a high signal to noise ratio is of essence [5].

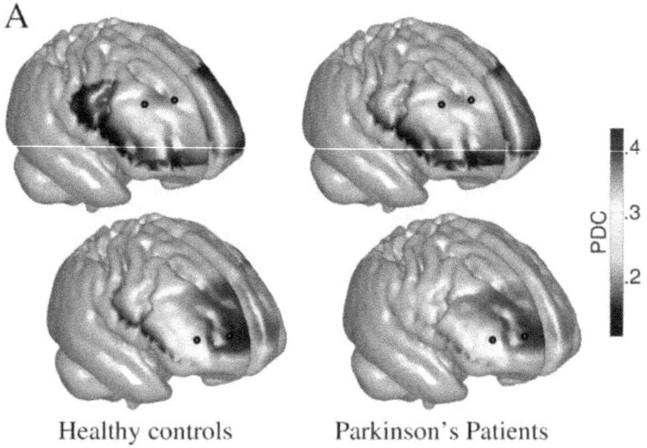


*Figure 5: Influences from two pairs of reference channels on PFC, measured by means of partial directed coherence (PDC). PDC values for two posterior and two anterior channels were averaged. Three age-matched groups of participants were assessed: healthy adults (n=20), PD patients without DBS (n=20) and PD patients with STN-DBS (n=20). In healthy controls and PD patients without DBS the anterior reference exerted high influences on posterior PFC (hot colors), whereas the posterior reference had no influence on anterior regions. This pattern is severely compromised in patients ON stimulation.*

## What are the clinical applications? (1) CALIMOTION: A CLOSEDLOOP SYSTEM FOR REALTIME CALIBRATION OF NEURAL STIMULATION PARAMETERS USING MOTION CAPTURE

The project CaliMotion is aiming to develop features extracted from movement data and that are relevant to assess the pathological state of Parkinson's disease patients. The main aim of the project is to use those features to then control the stimulation parameters of a deep brain stimulation (DBS) system. Thus far, CaliMotion has implemented a new testing protocol in which we systematically modulate two of the four stimulation parameters. Progress has been made in applying a motor control approach to coordination tasks involving upper limbs. We have also found consistent signs of positive treatment effect on kinematic measures of body segment motions and also that this was not always true for the upper limbs during walking.

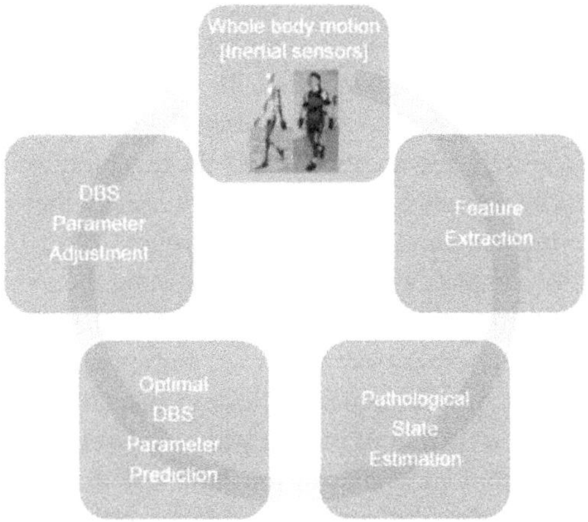


*Figure 6: Closed-loop automatic deep brain stimulation system*

We are also pursuing new directions that involve motion learning techniques, testing our motor control approach to whole body motion and see if current findings for tasks involving upper limbs will transfer to other tasks and other limbs. Neurological disorders that affect motor behavior often lead to a variety of symptoms including e.g., reduced mobility, tremor, and abnormalities of muscle tone, among others. This change in motor behavior can greatly worsen the quality of life and lead to an increased difficulty when moving, a higher risk of falls and fall injuries, as well as suffering from depression in certain circumstances. It is still unclear how the severity of the impairment is linked to the observable motor behavior. However, being able to understand how the characteristics of human movements are linked to the pathological state of a patient suffering from a motor impairment is critical for the success of approaches intended for restoring movement functionality such as, e.g., a closed loop system controlling a deep brain stimulator (DBS).

In Parkinson's disease (PD) patients, for example, it is not clear yet, whether the observed motor behavior is the direct result of the disease or of a compensatory response to the debilitating effects of the disease. Maurer et al. have previously suggested that increased sensory noise could trigger the abnormal motor behavior of PD patients [6]. The main aim of this project is twofold: one more basic science oriented and one that is more clinically and application oriented. From the basic science point of view we try to address the problem of linking the motor behavior to the clinical state of the patient and develop metrics to allow us to quantify the severity of the current impairment. On other hand, from a more clinically and application oriented point of view, we intend to develop a system that uses information from motor behavior to control a DBS in PD patients.

The outcomes from this project are important to develop better tools to quantify the pathological state of patients, evaluate the feasibility and efficacy of rehabilitative methods using only motion information. Lastly, they can lead to a new level of how DBS systems ameliorate motor behavior.

We envision the complete system capable adjusting the parameters of a DBS based on motion information (as illustrated in Fig. 6). The process that will lead to such a system involves several smaller steps: 1. a motion capture system that sends movement information to a computer; 2. the movement information/data is then processed to generate several movement features; 3. different kind of metrics are used to calculate a pathological state of the patient; 4. the performance score(s) will be then used to predict the optimal stimulation parameters of the DBS system and apply them to close the loop and automatically improve the state of a PD patient by bringing the motion and agility closer to those of a healthy person.

## What are the clinical applications? (2) NEUROBOTS: BRAIN-CONTROLLED INTELLIGENT ROBOTIC DEVICES

For paralyzed patients, their condition means a loss of autonomy both in terms of actual motor capabilities, and in terms of a nearly constant dependency on a human caregiver. The central aim of the NeuroBots project is to restore some of this autonomy, by providing prosthetic devices that patients can control with their brain signals. Yet as these prosthetic systems become more and more complex, from single legs or arms over mobile robotic platforms, and possibly to exoskeletons and humanoid surrogates in the future, the increased cognitive load that might arise during controlling such devices needs to be addressed. Accordingly, the approach taken in the project is to enhance prosthetic devices with a certain degree of autonomy and adaptability to enable control including the higher cognitive level rather than exclusively on the lower level of raw motor signals.

Several innovations are necessary to achieve this goal. The project addresses challenges in terms of improved decoding of (higher level) brain signals, navigation algorithms for robots in unknown and cluttered environments, detection and classification of objects, efficient skill learning and planning with user feedback, and verification procedures to formally prove safety of the robotic prosthesis and its control algorithms. An important outcome of the project will be a demonstrator of the "Limbs under Neural Control" (LiNC) concept of BrainLinks-BrainTools, which will integrate all of the different system components developed by the project partners. This demonstrator is set to address three relevant scenarios: aiding a disabled individual during self-feeding (see Fig. 7); navigating a household environment to retrieve objects; and navigating a supermarket environment.

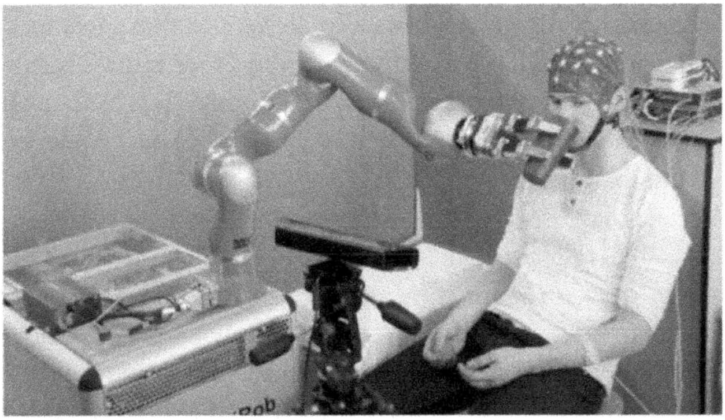

*Figure 7: Robotic drinking assistant [7]*

A complete system capable of performing the described tasks, illustrated in Fig. 8, involves several smaller steps. First, the user's brain state must be decoded, and be used both to drive an interactive Graphical User Interface (GUI), as well as to provide feedback to the used in order to select a high-level goal. A planning module must next generate a sequence of actions available to the robotic system to bring about this goal; for instance, to bring the user a cup of coffee, the system must first move to the kitchen, then grab a cup, and finally return. In general, the seamless interplay of navigation, object recognition, manipulation skills and communication is required to execute such complex tasks.

In order to allow integration of the various independent robotic systems and control skills into one system, as well as providing the user with the ability to modify plans during execution, a mixed-initiative planner was developed. The planner is also closely tied to an interactive graphical user interface, which displays goals available to the planner and is able to resolve uncertainty by requesting and integrating user feedback. In order to retrieve objects as in the projected home scenario, the system will first have to be able to identify an arbitrary number of new, unknown objects, as well as the ways in which it can interact with them. To achieve this, a technique enabling to identify objects through explorative manipulation was developed and implemented.

After identifying potential target objects, a robot should then be able to approach and retrieve it. To tie these two stages together, the robot should navigate to a position that makes retrieval as easy as possible. Therefore, inverse reachability maps [8] were developed that provide such positions for a given object. The necessary navigation and manipulation techniques were also refined. To enable acquisition of fast reactive skills, for instance when the robot is damaged during use, reinforcement learning techniques were developed that generate a model of the system's dynamics and use it for either planning [9] or value function learning. An analysis of formal safety guarantees of learned controllers has been performed and several challenges identified, as well as approaches developed to deal with problems of this complexity.

The project has developed several demonstrator systems of increasing complexity. The first system to provide high-level brain-computer interface (BCI) control involved a Kinova Jaco robotic arm, capable of grasping colored objects using adaptive skills learned through reinforcement learning. Imagined movements by the user were used to select a desired target object, prompting the robot to autonomously grasp it [10]. A similar paradigm was used to have an Aldebaran Nao humanoid robot navigate to and retrieve one of several objects.

While the first prototypes used a telepresence setup to control a robot in a remote location, a later drinking assistant brought user and robot together, both spatially and in terms of interaction (Fig. 7). In addition, the Jaco and Nao systems were joined in a collaborative demo where the two robots had to work together to achieve a goal, highlighting the challenges and importance of high-level goal planning across multiple platforms (Fig. 8).

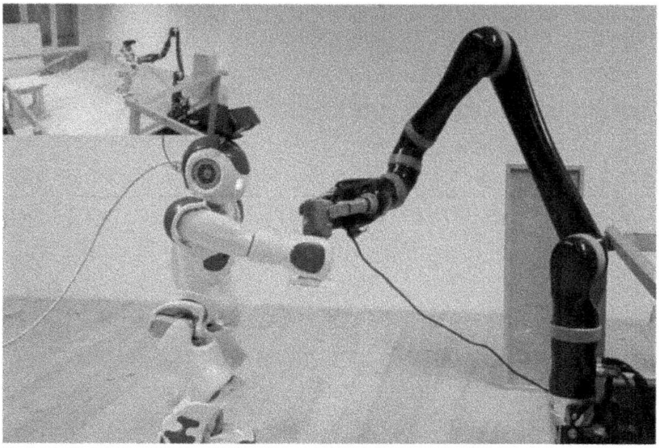

*Figure 8: Nao robot and Jaco arm collaboratively solving a task*

With the generation of suitable data sets, future work on signal processing can focus on examining methods for robust event detection. Among others, deep learning will be used to learn features that are independent of specific individuals and reduce the need for training the system anew for each user.

A significant part of future robotics work within the project will be concerned with the ongoing refinement of the newly developed methods, their application on additional platforms, and for additional atomic skills. Furthermore, the separate components will increasingly be integrated with each other. For instance, the object grasping with a robotic arm and navigation with a mobile platform are to be combined into a wheelchair-mounted manipulator, extending prior work on wheelchair navigation; and the reactive skill learning thus far evaluated only in simulation will, once sped up to real-time use, become applicable for the real robot used in the drinking assistant.

Furthermore, current work on the detection of error signals is to be used for increased user feedback. Such signals can be used not only for plan modification, but also during the initial acquisition of skills to develop behaviors according to the user's preferences.

Additionally, working towards safety verification of controllers, we apply a principle that is known as counterexample-guided abstraction refinement (CEGAR), refining an abstracted state-space only if a spurious counterexample occurs. If this abstraction can be proven safe, the original system is safe as well, which reduces complexity significantly while showing promising results.

## What are the ethical implications, and how can we engage the public? (1) MECHANIZED BRAINS – EMBODIMENT & AGENCY – ETHICS PROJECT

Brain-machine interfaces like deep brain stimulation (DBS) and neuroprostheses are important innovations for patients with neurological movement disorders like Parkinson's Disease (PD) and paraplegics. However, the interaction between neurotechnological devices and the brain also raises far-reaching ethical questions. By becoming an integral part of the brain, neurotechnological tools may interfere with our "self". Our project focuses on agency and embodiment as two aspects of the "self" that are highly important in the context of neurotechnologies.

To address the topic of "embodied" neurotechnologies we survey embodiment theories that are focusing on the relation between body and action. These efforts serve as the basis for the design of specifically tailored qualitative and semi-structured interviews with PD patients at the Freiburg Medical Center and focus groups consisting of patients, neuroscientists and ethicists. By combining the results of the interviews with our theoretical efforts concerning concepts of the self, we are able to provide a well-grounded framework for concrete ethical guidelines.

We examine neurotechnological interventions against the background of theories of agency as some brain-machine interfaces (BMIs) record brain activity of an agent and somehow need to extract the agent's intended action from raw neural signals in order to control an artificial effector system.

Our project aims require us to specifically focus on the normative implications of the ability to move, especially with regard to patients with movement disorders. So, we firstly need to survey and classify relevant agency and embodiment theories. Based on this survey we can compile a philosophical framework. The results of the survey are collected in a database. In a second step, we enrich our framework by conducting specifically tailored narrative and semi-structured interviews with PD patients undergoing DBS treatment. The narrative part of the interview allows the patient to talk freely about her or his personal history, which captures his subjective perspectives. The semi-structured part employs a guiding theme. The results of the interviews are discussed in topic-oriented focus groups and bring together patients, scientists, and ethicists.

Integrating both ethical reflection and results from interviews ensures that our findings and ethical assessments fit not only the general debate in clinical ethics, but also the specific interdisciplinary context of BrainLinks-BrainTools. Surveying embodiment theories [11, 12] was the basis for addressing the issue of how the incorporation of neurotechnological devices influences bodily experiences. Following authors such as Gallagher [11] we argue that embodied neurotechnology has the potential to shape the identity of the self. To defend this claim we focused on the significance of the ability to perform movements for the identity of the self, as well as the concept of intention from theories of agency.

For our present purposes, the concept of intention mediates two important aspects of agency: it reflects both the inner goals of the self and the realization of these goals in the outside world through bodily movements. Hence, realizing an intention connects the self with the outside world, and the ability to perform movements is strongly related to the capability to realize intentions. Following these findings, we argue that the capability to realize intentions constitutes the identity of the self. The identity of the self can in our context be described as the sum of realized intentions, that is, the sum of actions we performed in accordance with our self.

However, by implication this also means that if the capability to realize intentions is restricted we can anticipate an impact on the self and the identity of the self. PD patients obviously are severely restricted in this regard, therefore we expect our interviews with patients to be highly instructive concerning the value they assign to movement. We familiarized ourselves with basic aspects of PD and engaged with PD patients. These preliminary efforts yielded valuable insights, which will inform the design of the questions for the interviews and our theoretical direction. Two interesting aspects can be highlighted from an interview with a PD patient receiving DBS treatment: the patient emphasized that he regards the ability to move as a crucial factor contributing both to the capability to express himself and to an increase in quality of life. While DBS restored this patient's ability to move, his satisfaction with the treatment seems to be based on normative values.

While this is an isolated case, it still hints at a strong connection between the ability to move and values relating directly to the self (like self-expression and quality of life). To pre-assess the role this basic notion plays in current ethical debates on neurotechnologies we surveyed relevant literature. We found that most ethical assessments still focus on highlighting the risks of neurotechnological interventions [13]. A particularly prevalent argument is that by interfering with the brain the risk of adversely affecting the self (e.g., personality changes) may outweigh potential benefits of movement restoration. However, based on our current findings, this debate may underestimate the inherent value of the ability to move. To reinforce our approach we will focus on including the conception of freedom as a basic category of the self and its identity.

The results of the interviews and focus groups will be discussed with the BrainLinks-BrainTools Ethics Board. After hosting an international conference on the ethics of neurotechnologies in Freiburg we will develop concrete guidelines for the research and application of neurotechnologies.

## What are the ethical implications, and how can we engage the public? (2) REACHING OUT: PARTICIPATIVE PROJECTS AND ETHICAL DISCOURSE ON NEUROTECHNOLOGY

Public attention to neurotechnologies is high, but often skewed in assessing of its potential, both towards the positive and the negative. Exaggerated or far-off promises for medical treatment and technological advancement stand alongside misplaced fears about its possible abuse or influence on human nature. Possibly, such public misconceptions may lead to a loss of sustained and well-founded acceptance for truly helpful achievements. We understand scientific outreach as a dialogue with the public about our work, not just as unidirectional dissemination. By necessity, this is also a dialogue about the ethics of neurotechnological research and the use of its results. It further implies an ethical assessment of public perception and requires true reaching out to the public beyond conventional public relations and science marketing. Not only the mentioned one-way communication, but also the scenario of a public that prescribes how scientists should work is undesirable. We established different levels of dialogue and exchange that help the public to better understand the sciences, and help scientists in turn to understand the public.

The idea of the Reaching out project is to provide an integrated approach to public outreach – "integrated" meaning that all Research Areas of BrainLinks-BrainTools will be represented, and its communication will be carried out in close co-operation with the researchers themselves (Fig. 9). In the development of the participatory projects we draw on artistic, theatric, and filmic approaches to deepen the involvement and reflection of the societal and ethical implications of neurotechnologies. The interactivity of these art forms is one reason to choose them as spheres of exchange. Another reason is that this approach allows us to sensitize for the narrations, metaphors and images that shape our understanding of the brain. Images, metaphors and narratives shape our perception, and their semiotic value raises an awareness of the role that they play in all involved parties. Furthermore, cultural patterns help us to identify the hidden anxieties, hopes, visions, and subtle ethical aspects that we have to discuss in the context of neurotechnological interventions. This leads to a broader reflection on the embeddedness of scientific and clinical research in a specific cultural and social horizon.

*Figure 9: "Technology in the brain: What do we want to be able to do?" – an interactive event*

The transfer of our aims and ideas into the artistic realm encourages others to get engaged with us and our ideas as we free them from the limits of a purely academic discourse and associated jargon. Of course, we also include more traditional methods for participation, such as Science Fair, Cafés Scientifiques and panel discussions.

Our goal is to communicate with a wide range of target audiences: with the general public, patients, students as well as pupils of different ages. Regarding the general public, our approach allows to not only address scientifically interested people but also those committed to various art forms and cultural life. Furthermore, through our presence at, e.g., the Freiburg Science Fair, we enter into contact with an incidental, not specifically interested public from the region. Exploring a melange of classical academic formats and experimental, creative elements throughout all of our projects, we are able to reach out to a public of different backgrounds and ages. As our aim is to address a trans-regional and international audience, we move the expansion forward on different levels, including a broadened web presence as well as developing bilateral and international projects (cf., Störung/הפרעה). Besides addressing the general public, strengthening our collaboration with patient groups is a very important goal of our work as the research of BrainLinks-BrainTools is ultimately targeted on their needs. Therefore, we developed various long-term projects for and with patients. Finally, our aim is to involve pupils and students as future responsible persons and potential junior scientists.

Cerebromatics: The artist Hannah Hurtzig created an event that presented the concepts of metaphors in neuroscience and the various challenges of "interfacing" (between biology and technology, between science and society). During the installation's preparation phase, the artist conducted a content-related examination, interviews with the cluster's scientists, and the "acquisition" of external experts. This installation was not only an event for the general public, but also created a forum for the cluster's scientists for an unusual and extraordinary exchange about their ideas, methods and visions. The event was telecasted live via the web. On this basis, we created an interactive website: www.cerebromatik.uni-freiburg.de

BrainDance: Dance – Science – Parkinson's: A long-term project with dancers of Theater Freiburg and people with Parkinson's disease in exchange with BrainLinks-BrainTools scientists. Its topic was an artistic reflection on movement control, movement disorder and bodily experience. BrainDance established a vital and ongoing connection to members of local and regional Parkinson's patient groups. The dancers Monica Gillette and Mia Habib worked in dance classes over several months with interested patients in close exchange with BrainLinks-BrainTools scientists. This period was accompanied by three public events in which we discussed with people with Parkinson's and where cluster scientists explained their research. In May 2014, the closing event took place in the Theater Freiburg, including workshops, talks, panel discussions and performances. Allowing to openly discuss the living reality of people with Parkinson's without dragging them into the spotlight proved to be a successful approach in "applied ethics".

Störung/הפרעה: This participatory project is an international cooperation with scientific partners from BrainLinks-BrainTools, the Freiburg Theatre and partner institutions in Israel and renowned dancer-choreographer Yasmeen Godder in Israel. Störung/הפרעה is a unique project insofar as it brings together junior scientists, dancers and people with Parkinson's in order to reflect on movement and movement disorder and furthermore explores a mutual approach of scientific and artistic research. The results of the project will be presented at two big final public events in Tel Aviv and Freiburg in December 2015.

Starting point for this exceptional collaboration was a winter school in February 2015. 16 junior scientists met with choreographers/dancers and people with Parkinson's in order to develop ideas of joint research projects and to reflect upon art and science as two approaches to the phenomenon of movement. To give the participants a broad spectrum of input, the program included not only lectures by scientists of BrainLinks-BrainTools and by experts from Israel and the Netherlands but also provided sessions with junior scientists and dancers, as well as dance workshops and gatherings with people with Parkinson's.

Artist in residence: Organically integrated into Störung/הפרעה, the Israeli filmmaker Maya Rothschild documents the entire project and the research of BrainLinks-BrainTools. In this documentary, she will bring together the perspectives of the patients and the scientists, underlining how patients' needs and scientific efforts are interwoven.

In summary, with the projects and events already realized so far, we have reached different groups of target audiences: the general public, patient groups, junior scientists and pupils. The average number of visitors/audience is about 60 per event. Moreover, the third-party coverage includes 14 articles and reports in different local newspapers and online portals.

## Structural Components and Internationalization

BrainLinks-BrainTools, in addition to its scientific research program, has contributed substantially to the structural profile of the University of Freiburg. Several new professorships have been and will be established, intensive measures have been taken to establish a proper infrastructure for joint research with the most prominent example being a novel research building for the Institute for Brain-Machine Interfacing Technology (IMBIT), a dedicated graduation program in the area of neurotechnology, the establishment of a forum for applied neurotechnology, a successful young researchers program, a dedicated environment for interdisciplinary research, and a strong connection to spin-offs as well as established companies as so-called application centers for the fast technology transfer.

Cooperation with international strategic partners plays a crucial role in the BrainLinks-BrainTools research program. An intense cooperation exists with the Center for Sensorimotor Neural Engineering (CSNE) based at the University of Washington in Seattle. In cooperation with the CSNE, for example, we examine the safety of cortical electrical stimulation through micro-electrodes. Other important international partners are the new Edmond and Lily Safra Center for Brain Sciences at the The Hebrew University of Jerusalem and the Bionic Vision Australia consortium.

## Conclusions

In the present contribution, we presented a selection of BrainLinks-BrainTools projects that highlight how we currently address the essential questions that are important to be resolved on the way to practical application of neurotechnology in a clinical context. These questions concern the function of the brain structures we want to technologically interact with, the techniques required to record from the brain and to deliver targeted stimulation, including approaches to minimize unwanted effects of stimulation, up to the clinical application and ethical implications of neurotechnology.

As illustrated by the research highlight presented here, BrainLinks-BrainTools builds on an interdisciplinary research program to reach its aims. Robotics, computer science and neuro-engineering closely cooperate with neuromedicine and neurobiology to develop new concept, devices and applications that go far beyond the current state-of-the-art. The neurotechnological solutions developed in this interdisciplinary cooperation promise benefits for a wide range of neurological and psychiatric diseases and disorder, where current – mostly pharmacological – therapies are suboptimal. These novel neurotechnological solutions includes intelligent assistive devices for severely paralyzed patients, new strategies to improve stroke rehabilitation using brain-machine interfaces, targeted stimulation techniques for movement disorders such as Parkinson's disease, but also epilepsy and major depression. Thus, the technology platform developed in

BrainLinks-BrainTools may substantially improve the quality of life of a wide range of patients. Indeed, a recent survey that we have conducted shows that patients are generally very open to neurotechnological treatment options if they improve therapy.

## Literature

[1] A. Sayed Herbawi, F. Larramendy, T. Galchev, T. Holzhammer, B. Mildenberger, O. Paul, and P. Ruther, "CMOS-based neural probe with enhanced electronic depth control", Proc. Transducers 2015, 1723–1726 (2015).

[2] M. Gierthmuehlen, X. Wang, A. Gkogkidis, C. Henle, J. Fischer, T. Fehrenbacher, F. Kohler, M. Raab, I. Mader, C. Kuehn, K. Foerster, J. Haberstroh, T. Freiman, T. Stieglitz, J. Rickert, M. Schuettler, T. Ball, "Mapping of sheep sensory cortex with a novel micro-electrocorticography grid", J. Comp. Neurol. 2014, 522: 3590–3608. doi: 10.1002/cne.23631

[3] T. Schubert, A. Gkogkidis, T. Ball, W. Burgard. Automatic initialization for skeleton tracking in optical motion capture. 2015 IEEE International Conference on Robotics and Automation (ICRA). 2015. p. 734–739.doi: 10.1109/ICRA.2015.7139260

[4] T. D. Parsons, S. A. Rogers, A. J. Braaten, S. P. Woods, and A. I. Tröster, "Cognitive sequelae of subthalamic nucleus deep brain stimulation in Parkinson's disease: a meta-analysis.," Lancet Neurol., 5(7), pp. 578–88 (2006).

[5] W. Mader, D. Feess, R. Lange, D. Saur, V. Glauche, C. Weiller, J. Timmer, and B. Schelter, "On the Detection of Direct Directed Information Flow in fMRI," IEEE J. Sel. Top. Signal Process., 2(6), pp. 965–74 (2008).

[6] C. Maurer, T. Mergner, R.J. Peterka. "Abnormal resonance behavior of the postural control loop in Parkinson's disease", Exp Brain Res., vol. 157(3), p. 369–376. (2004).

[7] S. Schröer, I. Killmann, B. Frank, M. Völker, L. Fiederer, T. Ball, and W. Burgard. "An Autonomous Robotic Assistant for Drinking", International Conference on Robotics and Automation (ICRA). Washington, Seattle, USA (2015).

[8] F. Burget and M. Bennewitz. "Stance Selection for Humanoid Grasping Tasks by Inverse Reachability Maps", IEEE International Conference on Robotics and Automation (ICRA). Washington, Seattle, USA (2015).

[9] J. Boedecker, J. T. Springenberg, J. Wülfing, and M. Riedmiller. "Approximate Real-Time Optimal Control Based on Sparse Gaussian Process Models", Adaptive Dynamic Programming and Reinforcement Learning (ADPRL) (2014).

[10] T. Lampe, L. D. J. Fiederer, M. Völker, A. Knorr, M. Riedmiller, and T. Ball. "A Brain-Computer Interface for High-Level Remote Control of an Autonomous,

Reinforcement-Learning-Based Robotic System for Reaching and Grasping", International Conference on Intelligent User Interfaces (IUI). Haifa, Israel (2014).

[11] S. Gallagher, How the Body Shapes the Mind, Clarendon Press, Oxford (2006).

[12] T. Fuchs, H.C. Sattel, P. Henningsen, Eds., The Embodied Self: Dimensions, Coherence and Disorders, Schattauer, Stuttgart (2010).

[13] J. Illes, B. Sahakian, Eds., The Oxford Handbook of Neuroethics, Oxford University Press, Oxford (2013).

Eric Hilgendorf

# Zur Steuerung technischer Entwicklungen durch Recht und Moral – am Beispiel der Informationstechnik in der Medizin[1] –

Technology does not develop autonomously. It is influenced and constrained by concepts from Law and Morality. This allows technological developments to be steered. In order to ensure compliance with the moral and legal requirements applicable in each respective case, normative reflection is needed.

## I. Einleitung

Das mir gestellte Thema gehört weder zur Rechtsdogmatik, noch zur Rechtsgeschichte oder zur Rechtsphilosophie. Am ehesten ließe es sich wohl der Techniksoziologie oder der Governance-Forschung zuordnen. Ungeachtet dessen besitzt das Thema auch für Juristen eine außerordentlich große Bedeutung, denn die Steuerung von Technik, und insbesondere der IT-Technik, gehört heute zu den zentralen Herausforderungen der Rechtspolitik.[2] Wir sind nicht Spielball technischer Entwicklungen, sondern ihre Mitgestalter. In einer am Menschen und seinen Bedürfnissen ausgerichteten Gesellschaftsordnung[3] gehört es zu den Aufgaben des Rechts, die technische Entwicklung zu leiten und zu steuern.

Der Begriff „Technik" soll hier in einem weiten Sinne verstanden werden und bezeichnet besondere Verfahren oder von Menschen hergestellte Gegenstände, die dazu eingesetzt werden, bestimmte Ziele zu erreichen. Kennzeichnend für Technik ist also ihre Zweckorientierung; man könnte auch von einer „teleologischen

---

1 Der nachfolgende Text beruht auf einem Vortrag, den der Verfasser auf der Jahrestagung des Frankfurter Forschungsinstituts Ineges (Institut für Europäische Gesundheitspolitik und Sozialrecht) am 23. März 2015 gehalten hat. Für die Drucklegung wurde die Vortragsfassung weitgehend beibehalten und durch einen Anmerkungsapparat ergänzt.

2 Siehe nur den vom gegenwärtigen deutschen Bundesminister der Justiz und für Verbraucherschutz Heiko Maas verfassten und unter dem Titel „Unsere digitalen Grundrechte" veröffentlichen Entwurf einer „Internet-Charta" in Die Zeit Nr. 50 vom 10. Dezember 2015, S. 9.

3 E. Hilgendorf, Humanismus und Recht – humanistisches Recht? Eine erste Orientierung, in: H. Groschopp (Hrsg.), Humanismus und Humanisierung, 2014, S. 36 ff.

Prägung" sprechen.[4] Der Ausdruck „Technik" ist von „Technologie" zu unterscheiden. Als Technologie sollen theoretisch aufbereitete Wissensbestände bezeichnet werden, die es erlauben, Technik herzustellen. Zum Konzept von „Technologie" gehört auch, dass die Wissensbestände in irgendeiner Weise systematisch erfasst und geordnet sind. Damit wird der Übergang zur Wissenschaft fließend.

Die derzeit wichtigste technologische Entwicklung im Bereich der Medizin ist die umfassende Digitalisierung aller Abläufe, von der Gesundheitsvorsorge[5] über die Diagnose und ambulante oder stationäre Therapie bis hin zur Nachsorge.[6] In diesen Zusammenhang gehört auch ein neuer Umgang mit personenbezogenen medizinischen Daten, die bedenkenlos online gestellt werden, bis hin zur „quantified-self"-Bewegung, die unter dem Motto „self-knowledge through numbers" die Erfassung und Publikation der eigenen Körperdaten in völlig neuen Dimensionen praktiziert.[7] Nicht nur die Leistungsfähigkeit der verwendeten Geräte nimmt zu, es lassen sich auch immer größere Informationsmengen pro Zeiteinheit verarbeiten. Schon seit längerem werden Patientenakten in digitalisierter Form geführt. Die Verbindung von Big-Data-Analysen und neuen Formen der Datenauswertung wird bald neue Diagnosemöglichkeiten eröffnen.[8] Daten ganz unterschiedlicher Herkunft lassen sich zum Wohle des Patienten zusammenführen und auswerten. Unterschiedliche, mit jeweils eigener spezifischer Fachkompetenz ausgestattete

---

4 Für einen engeren Sprachgebrauch R.-J. Gleitsmann, R.-U. Kunze, G. Oertel, Technikgeschichte, 2009, S. 24 ff., wo im Anschluss an Günther Ropohl der Schwerpunkt auf die Erzeugung künstlicher Objekte (Artefakte) gelegt wird.

5 Dabei ist die Grenze zu life-style-Angeboten fließend, man denke nur an die Fitness-Armbänder, die es ermöglichen, privat Daten über den Blutdruck, die Pulsfrequenz, usw. aufzuzeichnen und auszuwerten.

6 Überblick bei F. Duisberg, eHealth 2015 – Informations- und Kommunikationstechnologien im Gesundheitswesen, 2014; J. Byok, A. Csaki, Handbuch Digital Health: Praxisleitfaden einer vernetzten Gesundheitswirtschaft, 2013.

7 Mehr zu dieser Bewegung, die inzwischen in der gesamten westlichen Welt zahlreiche Anhänger hat, unter www.quantifiedself.com und www.quantifiedself.de. Vorformen dieser Bewegung finden sich z.B. in der Body-Builder-Szene, in der schon seit Jahrzehnten Informationen über Brust- oder Bizepsumfänge, Muskelzuwächse und die Wirkungsweise diverser Präparate ausgetauscht werden.

8 Auch wenn Big-Data-Analysen zunächst einmal nur Korrelationen aufzeigen, können doch über die gefundenen Korrelationen Hypothesen bezüglich bestimmter Ursache-Wirkungs-Zusammenhänge formuliert werden, die sich ihrerseits empirisch überprüfen lassen. Derartige Analysen können daher eine erhebliche heuristische Bedeutung haben. Es ist deshalb unzutreffend, wenn behauptet wird, Big-Data-Analysen seien per se wissenschaftsfremd.

Stellen (z.B. Spezialkliniken mit einschlägigen Datenbanken oder Fachärzte) können über das Netz zusammenarbeiten.

Der deutsche Gesetzgeber hat versucht, die Entwicklung zumindest ausschnitthaft legislativ zu begleiten: Das neue eHealth-Gesetz[9] sieht eine Gesundheitskarte vor, mittels derer ein Zugriff auf einen aktuellen Datenbestand von fast überall her möglich sein wird. Erhebliche Verbesserungen der Patientenversorgung werden auch von der Telemedizin erwartet, die es möglich machen soll, Alte und Kranke über das Internet zu betreuen.[10] U.U. könnten sogar mittels moderner Operationsroboter Eingriffe am Menschen über das Internet durchgeführt werden. Auf diese Weise ließen sich z.B. in Krisengebieten oder Kriegszonen chirurgische Eingriffe durchführen, bei denen ein Roboter vor Ort die Operationsbewegungen ausführt, dabei aber von einem Chirurgen aus Deutschland oder den USA über das Internet kontrolliert und gesteuert wird.

Die soeben genannten neuen technischen Möglichkeiten besitzen aber auch Schattenseiten. Die umfassende Vernetzung der Medizintechnik macht sie zu attraktiven Zielen für Cyberangriffe aller Art.[11] So ließen sich u.U. sämtliche computergesteuerte Einrichtungen eines Krankenhauses durch einen einzigen via Internet übertragenden Befehl sabotieren. Die Fülle der aufgenommenen Patientendaten wirft erhebliche Datenschutzprobleme auf. Darüber hinaus fallen zahlreiche nicht personenbezogene Daten an, deren Nutzungsmöglichkeiten bislang ethisch wie rechtlich kaum geregelt sind.[12] Die Verwendung modernster Software

---

9 Das „Gesetz für sichere digitale Kommunikation und Anwendungen im Gesundheitswesen (E-Health-Gesetz)" ist mittlerweile in Kraft getreten, vgl. BGBl. I Nr. 54 vom 28.12.2015, S. 2408–2423.

10 Dazu schon P. Grätzel von Grätz, Vernetzte Medizin. Patientenempowerment und Netzinfrastrukturen in der Medizin des 21. Jahrhunderts, 2004, S. 69 ff.; aus jüngerer Zeit R. Schwanitz, Telemedizin: Notwendigkeit, Herausforderung und Finanzierung in der Diskussion, 2013.

11 Einen Überblick über aktuelle Formen der Internetkriminalität geben M. Büchel, P. Hirsch, Internetkriminalität. Phänomene, Ermittlungshilfen, Prävention, 2014; zum geltenden Internetstrafrecht E. Hilgendorf, B. Valerius, Computer- und Internetstrafrecht. Ein Grundriss, 2012; besonders aktuelle Fragestellungen in S. Beck u.a. (Hrsg.), Cybercrime and Cyberinvestigations. Neue Herausforderungen der Digitalisierung für Strafrecht, Strafprozessrecht und Kriminologie, 2015.

12 Das eigentliche Datenschutzrecht, wie es z.B. im Bundesdatenschutzgesetz niedergelegt ist, greift nur für personenbezogene Daten. Inzwischen besitzen aber auch Daten ohne Personenbezug einen erheblichen finanziellen Wert, und es sollte zumindest diskutiert werden, ob diejenigen, an deren Körper oder in deren Geräten solche Daten entstehen, nicht an der mit den Daten betriebenen Wertschöpfung beteiligt werden sollten.

führt leicht zur Abhängigkeit von Monopolanbietern, die häufig von den USA aus agieren. Mit der Digitalisierung und dem Einsatz immer leistungsfähigerer Maschinen geht eine zunehmende Distanz zwischen Arzt und Patienten einher, die auf mittlere Sicht das Arzt-Patientenverhältnis schädigen könnte.

Die skizzierten Probleme erscheinen noch gravierender, wenn man eine zweite technische Großentwicklung der Gegenwart in die Betrachtung einbezieht, die Autonomik bzw Robotik. Autonome Systeme, die unabhängig von menschlichem „Input" agieren können, sind bereits im Begriff, mehr und mehr Aufgaben im Krankenhaus übernehmen.[13] Die bekannte Roboterrobbe „Paro", die bei der Altenpflege eingesetzt wird, ist davon nur ein Vorbote. Andere Medizinfelder, auf denen schon heute Roboter genutzt werden, sind die Gesundheitsvorsorge, chirurgische Eingriffe, und die Rekonvaleszenz. Fast alle diese Maschinen werden mit Sensoren ausgestattet und miteinander und u.U. auch mit dem Internet vernetzt sein.

Damit wird deutlich, dass den neuen, durch Digitalisierung, Vernetzung und autonome Systeme geschaffenen medizinischen Möglichkeiten auch erhebliche Risiken gegenüberstehen. Jeder Zuwachs unserer Handlungsmöglichkeiten erhöht unsere Verantwortung. Die Medizintechnik unterscheidet sich insofern nicht von anderen Technikfeldern.[14] Um mit den neuen technischen Möglichkeiten reflektiert und verantwortungsvoll umgehen zu können, bedarf es einer sorgfältigen Technikfolgenabschätzung,[15] verbunden mit ethischer und rechtlicher Reflexion und möglicherweise gefolgt von einem regulativen Zugriff durch Verordnung oder Gesetz.

---

13 Allgemein zu „autonomen Systemen" und den durch sie aufgeworfenen Rechtsfragen E. Hilgendorf, Recht und autonome Maschinen – ein Problemaufriss, in: E. Hilgendorf, S. Hötitzsch (Hrsg.), Das Recht vor den Herausforderungen der modernen Technik. Beiträge der 1. Würzburger Tagung zum Technikrecht im November 2013, 2015, S. 11–40.

14 W. Krohn, G. Krücken, Riskante Technologien: Reflexion und Regulation. Einführung in die sozialwissenschaftliche Risikoforschung, 1993; P. Hiller, G. Krücken (Hrsg.), Risiko und Regulierung. Soziologische Beiträge zu Technikkontrolle und präventiver Umweltpolitik, 1997; vgl. auch G. Banse, G. Bechmann, Interdisziplinäre Risikoforschung. Eine Bibliographie, 1998.

15 A. Grunwald, Technikfolgenabschätzung – eine Einführung. 2. Aufl. 2010; allgemein zur (von der im Grundsatz empirisch verfahrenden Technikfolgenabschätzung zu unterscheidenden) normativen Technikfolgenbeurteilung ders., (Hrsg.), Rationale Technikfolgenbeurteilung. Konzepte und methodische Grundlagen, 1999; ferner W. Bungard, H. Lenk (Hrsg.), Technikbewertung. Philosophische und psychologische Perspektiven, 1988.

## II. Akzeptanzprobleme von Technik

Der Weg einer erfolgreichen technischen Innovation vollzieht sich üblicherweise auf mehreren Stufen: von der Idee über die Produktplanung und Produktion bis hin zur Vermarktung und dem Einsatz des Produktes. Natürlich sind dies nur idealtypische Etappen; ein Produkt(lebens)zyklus ließe sich auch weitaus differenzierter beschreiben. Für unsere Zwecke reichen jedoch die skizzierten grundlegenden Unterscheidungen aus.

Wichtige Erfolgsfaktoren für die Markteinführung eines technischen Produkts sind die Realisierbarkeit des Produkts, seine Funktionsfähigkeit, die ökonomischen Randbedingungen (unter anderem die Marktchancen des Produkts, aber auch die Existenz kaufkräftiger Zielgruppen) sowie schließlich die ethischen, rechtlichen und sozialen Rahmenbedingungen. Die drei letztgenannten Gesichtspunkte werden häufig als ELSI-Faktoren zusammengefasst.[16]

Trotz seiner Vergangenheit als führende Technologienation steht Deutschland in dem Ruf, in besonderer Weise technikkritisch zu sein. Die Journalistin Kathrin Passig hat 2013 die Standardsituationen der Technologiekritik in folgenden acht Fragen zusammengefasst: 1. "What the hell is it good for?", 2. „Wer will denn so was?", 3. „Die einzigen, die das Neue wollen, sind zweifelhafte oder privilegierte Minderheiten", 4. „Das Neue ist nur eine Mode und wird bald wieder verschwunden sein", 5. „Das Neue ist da, aber es hat praktisch keine Auswirkungen", 6. „Das Neue ist ganz gut, aber nicht gut genug. Es hat negative Auswirkungen", 7. „Schwächere können damit nicht umgehen!", 8. Schließlich stellen sich nur noch Etikettefragen: „Wie soll bzw. wie darf das Neue eingesetzt und genutzt werden?".[17] Damit dürfte trotz ironischer Übertreibung ein weit verbreiteter Reaktionsablauf treffend erfasst sein. Die Autorin schätzt die Zeitspanne von den ersten kritischen Reaktionen bis hin zur Akzeptanz eines Produkts auf ca. zehn Jahre.[18]

Problematische Technologien und Produkte hat es schon immer gegeben. Zu nennen sind etwa die Abfallentsorgung, die Pharmazie, die Energie (insbesondere die Kernenergie), die Chemie, die Gentechnik, die Erforschung elektromagnetischer Wellen, schließlich die Reproduktionsmedizin. Aktuelle Debatten kreisen

16 „ELSI" steht für Ethical, Legal, and Social Implications.

17 K. Passing, Standardsituationen der Technikkritik, 2013, S. 9 ff. (die in Anführungszeichen gesetzten Fragen sind z.T. wörtliche Zitate).

18 Standardsituationen (Fn. 17), S. 22.

um das menschliche Enhancement, die Informationstechnik, die Nanotechnologie und die Robotik.[19]

## III. Grundlagen der Akzeptanzforschung

Ortwin Renn hat vorgeschlagen, im Zusammenhang mit der Akzeptanzforschung folgende Technikbereiche zu unterscheiden: die Produkt- und Alltagstechnik (private PKW, Kühlschränke, Hi-Fi, Handys), die Arbeitstechnik (Maschinen, Informationstechnik) und die sogenannte externe Technik (Kraftwerke, Müllverbrennungsanlagen, Industrieanlagen).[20] Die deutsche Bevölkerung ist, was die Produkt- und Alltagstechnik sowie die Arbeitstechnik angeht, dem Neuen gegenüber durchaus aufgeschlossen. Das zeigt die enorm hohe Zahl von Menschen mit den jeweils aktuellsten Formen von Produkt- und Alltagstechnik (Smartphones!) ebenso wie die Bereitschaft, an der Arbeitsstelle auch modernste Maschinen zu bedienen. Akzeptanzdeterminierende Faktoren bei der Produkt- und Alltagstechnik sowie der Arbeitstechnik sind vor allem Kosten-Nutzen-Vergleiche, in die Faktoren wie Bequemlichkeit, Einfachheit und Intuitivität der Bedienung einfließen.

Dagegen steht die deutsche Gesellschaft externen Techniken, die nicht zum unmittelbaren menschlichen Umfeld gehören, in aller Regel eher kritisch gegenüber, selbst wenn Menschen davon mehr oder weniger unmittelbar profitieren. Schon hier deutet sich an, dass die Akzeptanz neuer Techniken nicht selten durch irrationale Faktoren determiniert wird. Die Skepsis bezieht sich „nicht nur auf die möglichen technikbezogenen Vor- und Nachteile einer Anlage, sondern umfasst auch Fragen nach der zugrunde gelegten Vision gesellschaftlicher Entwicklung: Wohin will sich die Gesellschaft bewegen? Was sind die Leitbilder der Gesellschaft oder ihrer Gruppierungen, was sind Grundwerte, welche technische Entwicklung ist für die Gestaltung einer wünschenswerten Zukunft die angemessene?"[21]

Zu unterscheiden ist zunächst Technikakzeptanz von Technikakzeptabilität.[22] Technikakzeptanz meint die faktische Zustimmung zu einer gegebenen Technik, während Technikakzeptabilität die Frage betrifft, ob eine Technik als akzeptabel

---

19 Auflistung und Analyse problematischer Technikfelder bei A. Grunwald (Hrsg.), Handbuch Technikethik, 2013, Teil V (S. 249 ff.).

20 O. Renn, Technikakzeptanz, in: Technikfolgenabschätzung – Theorie und Praxis Nummer 3, 14. Jahrgang 2005, Seite 29–38 (31 f.). Im Internet unter https://www.tatup-journal.de/downloads/2005/ tatup053_renn05a.pdf.

21 Renn, Technikakzeptanz (Fn. 20), S. 31 f.

22 A. Grunwald, Akzeptanz und Akzeptabilität technikbedingter Risiken, in: ders., Technik und Technikberatung, 2008, S. 339–350.

angesehen werden *sollte*. Um letzteres zu entscheiden, sind normative Maßstäbe erforderlich, über die freilich selten vollkommene Einigkeit zu erzielen ist. Technikakzeptanz lässt sich z.B. mittels Umfragen oder durch Beobachtung des Anschaffungs- und Nutzungsverhaltens messen. Auch die Leichtigkeit der Bedienung kann als Kennzeichen von Akzeptanz angesehen werden. Technikakzeptanz wird durch verschiedene Faktoren beeinflusst. Zu nennen sind etwa Transparenz, Partizipation, Schulung, Erziehung und auch der Wertewandel. Technikakzeptanz lässt sich sowohl auf die Gesellschaft im Allgemeinen beziehen als auch auf spezifische Nutzergruppen, etwa alte Menschen, Behinderte, Männer oder Frauen und Ausländer. Sichtbares Zeichen gesellschaftlicher Akzeptanz einer bestimmten Technik ist die Einführung der Technik durch Politik oder Verwaltung.

Bemerkenswert ist, dass die Technikakzeptanz-Forschung[23] häufig ein widersprüchliches Verhalten von Betroffenen zu Tage fördert, die zwar einerseits bestimmte Techniken rigoros ablehnen, sie aber andererseits eifrig benutzen. So wird etwa die Suchmaschine von Google in Deutschland wegen ihrer mangelnden Vereinbarkeit mit dem Datenschutz von vielen heftig kritisiert; dennoch weist Google gerade in Deutschland sehr hohe Nutzerzahlen auf.

## IV. Normative Determinanten technischen Wandels außerhalb des Rechts

Mit Blick auf die normativen Determinanten technischen Wandels lassen sich mehrere normative Ebenen unterscheiden.[24] Zu nennen sind zunächst bestimmte normative Standards in einzelnen Technikergruppen, etwa eine eingeübte Praxis innerhalb einer Arbeitsgruppe oder ein bestimmter Handlungsstandard innerhalb eines Unternehmens. Davon zu unterscheiden ist der Standard des „guten Technikers oder „guten Ingenieurs", wie er sich etwa in Konzepten der Berufsehre oder des Berufsethos niederschlägt. In der VDI – Richtlinie 3780 aus dem Jahr 2000 wird das Ethos eines „guten Technikers" durch folgendes Werte-Oktogon

23 E.K. Scheuch; Bestimmungsgründe für Technik-Akzeptanz, in: E. Kistler, D. Jaufmann (Hrsg.), Mensch, Technik, Gesellschaft. Orientierungspunkte in der Technikakzeptanzdebatte, 1990; O. Renn, M.M. Zwick, Risiko- und Technikakzeptanz, 1997, ND. 2012; siehe auch die Beiträge in K. Lompe (Hrsg.), Techniktheorie, Technikforschung, Technikgestaltung, 1987.

24 Juristen übersehen gerne die Vielfalt normativer Ebenen. Die hier vorgenommene Skizze orientiert sich an R. König, Das Recht im Zusammenhang der sozialen Normensysteme, in: E.E. Hirsch, M. Rehbinder (Hrsg.), Studien und Materialien zur Rechtssoziologie, 1967, S. 36–53.

umschrieben: Funktionsfähigkeit der Technik, Wirtschaftlichkeit, Wohlstand, Sicherheit, Gesundheit, Umweltqualität, Persönlichkeitsentfaltung und Gesellschaftsqualität.[25] Konflikte zwischen technischen Entwicklungen und dem Berufsethos könnten z.B. auftreten bei einem technisch oder ökonomisch motivierten Bruch mit einer bestimmten, von den Arbeitsnehmern verinnerlichten „Unternehmensphilosophie", bei der Schaffung unverhältnismäßiger Risiken oder der Verursachung nicht intendierter Nebeneffekte, die z.B. zur Freisetzung von Beschäftigten, erhöhter Umweltbelastung oder Monopolbildung führen.

Die Sozialmoral, also diejenige Moral, die in der Gesellschaft als Ganzes vorherrscht, enthält ebenfalls Elemente, die Technik allgemein oder bestimmte Techniken bewerten helfen. Des Weiteren finden sich dort Einstufungen von Risiken als „noch" oder „nicht mehr" akzeptabel, desgleichen Bewertungen von Gleichheit und Ungleichheit (Inklusivität), bestimmte Haltungen gegenüber Behinderten und Älteren usw.[26] Es liegt auf der Hand, dass gerade die Sozialmoral die technische Innovation erheblich beeinflusst. Gelebte Normen, Werte und Einstellungen sind oft auch religiös untermauert; immer wieder nehmen die Kirchen zu neuen technischen Entwicklungen Stellung.[27]

Die eben angesprochenen normativen Standards sind dynamisch, d.h. sie ändern sich mit dem Zeitablauf. Man wird allerdings davon auszugehen haben, dass unser normatives Verhalten eine anthropologische Basis besitzt.[28] Die Sozialmoral wird in der Gesellschaft verwaltet und diskutiert, wobei sich einige Akteure geradezu als „Moralunternehmer" (Luhmann) kennzeichnen lassen. Dazu gehören etwa Religionsgemeinschaften, Gewerkschaften, die Presse und Politiker. Interessant, aber hier nicht näher zu thematisieren ist der Prozess der Skandalisierung als Mittel der Normfindung.[29]

---

25 https://www.vdi.de/richtlinie/vdi_3780-technikbewertung_begriffe_und_grundlage.

26 Zur Unterscheidung von Akzeptanz und Akzeptabilität siehe schon oben Fn. 22.

27 Vgl. etwa die Stellungnahmen der Evangelischen Kirche in Deutschland zu Fragen der Biotechnologie und Gentechnik, http://www.ekd.de/bioethik/bioethik.html.

28 E. Hilgendorf, Werte in Recht und Rechtswissenschaft, in: Hermann T. Krobath (Hrsg.), Werte in der Begegnung. Wertgrundlagen und Wertperspektiven ausgewählter Lebensbereiche, 2011, S. 227–243 (230).

29 Dabei geht es im Kern um folgendes Muster: Im Anwendungsfeld einer neuen Technik treten Problemfälle auf, deren moralische Bewertung in der Gesellschaft unklar ist. Einzelne Diskussionsteilnehmer stellen die Behauptung auf, es handele sich um einen extremen Normbruch. Gelingt es ihnen, damit eine öffentliche Debatte zu erzeugen (Skandalisierung), so werden nicht nur das pro und contra der in Frage stehenden Technik, sondern auch die zugrunde zu legenden normativen Maßstäbe einer öffentlichen Diskussion unterzogen, deren Ergebnis künftigen Fällen zugrunde gelegt wird.

Als eigene normative Ebene lässt sich schließlich auch das Berufsrecht benennen, eine Normenordnung, die zum Beispiel bei Juristen und bei Medizinern sehr stark ausgeprägt und in Kodizes niedergelegt wurde, man denke nur an die Bundesrechtsanwaltsordnung oder die Musterberufsordnung für Ärzte.

## V. Zum Verhältnis von Recht und Technik

Im Grundgesetz (GG) werden Begriffe wie „Technik“ oder „Technologie“ kaum verwendet. Im Jahr 1949, als das Grundgesetz erlassen wurde, hatte man andere Sorgen als die Technikregulierung. Immerhin lassen sich relevante Grundrechte relativ einfach identifizieren: Es handelt sich zum einen um die Forschungsfreiheit, Art. 5 Abs. 3 GG, ferner die Berufsfreiheit, Art. 12 GG und schließlich auch der Schutz des Eigentums, Art. 14 GG. Von großer Bedeutung ist, dass die Grundrechte nach h.M. eine Art „objektive Wertordnung“ bilden, welche staatliche Schutzpflichten begründet. Das Bundesverfassungsgericht hat diese objektive Wertordnung aus den Grundrechten hergeleitet.[30] Die Schutzpflichten des Staates gelten etwa der körperlichen Unversehrtheit und dem Leben der Bürgerinnen und Bürger. Sie implizieren auch eine Beobachtungspflicht gegenüber neuen Entwicklungen. Darüber hinaus ist der Staat verpflichtet, einzugreifen, wenn Technik die Grundrechte von Bürgern bedroht.

Wendet man diese Prinzipien auf die technische Innovation an, so ergibt sich ohne Weiteres, dass technische Forschung grundrechtlich geschützt ist. Dies folgt schon aus Art. 5 Abs. 3 GG. Produktion und Vertrieb werden durch Art. 12 und 14 GG geschützt. Es besteht eine Pflicht des Staates, risikomindernde Technologien zu fördern oder zumindest nicht zu behindern. In diesem Zusammenhang wird man auch von einer Rechtspflicht zur technikfreundlichen Auslegung vorhandener Rechtsvorschriften sprechen dürfen.

Das wichtigste Grundrecht ist die Menschenwürde, Art. 1 GG. Unsere Verfassung erklärt die Würde des Menschen für „unantastbar“. „Sie zu achten und zu schützen“ sei „Verpflichtung aller staatlichen Gewalt“ (Art. 1 Abs. 1 GG). Über die philosophische Deutung der Menschenwürde herrscht allerdings keine Einigkeit.[31] Viele interpretieren sie als bloßes Instrumentalisierungsverbot. Menschen dürfen, so heißt es, nicht als bloße Mittel zu Zwecken anderer verwendet werden. Ein so verstandenes Instrumentalisierungsverbot erfasst wesentliche

30 Maßgebend war das Lüth-Urteil des BVerfG vom 15. Januar 1958, Az. 1 BvR 400/51, BVerfGE 7, 198.

31 Überblick bei J.-C. Joerden, E. Hilgendorf, F. Thiele (Hrsg.), Menschenwürde und Medizin. Ein interdisziplinäres Handbuch, 2013, Teil 1(S. 35–175).

Anwendungsbereiche, erschöpft aber den normativen Gehalt der Menschenwürde nicht. Gerade im Kontext der Medizin greift das Instrumentalisierungsverbot häufig sogar entschieden zu kurz.[32] Angenommen, in einem Krankenhaus würden Patienten durch Einschließen in einen separaten Raum oder durch Vergabe von Drogen „ruhiggestellt", so spricht intuitiv vieles dafür, eine Menschenwürdeverletzung anzunehmen. Das Geschehen lässt sich jedoch allenfalls unter Inkaufnahme erheblicher terminologischer Verwerfungen als „Instrumentalisierung" der Patienten betrachten – es fehlt an einem Zweck-Mittel-Zusammenhang. Ergebnisse wie dieses sprechen dafür, den Menschenwürdeverstoß nicht über eine Instrumentalisierung zu definieren, sondern passendere Konzepte zu suchen.

Ein weitergehender Ansatz zielt darauf ab, die Menschenwürde als Ausdruck eines unverlierbaren Eigenwertes von Menschen zu verstehen. Der Eigenwert kommt dem Menschen als Mensch zu. Der Staat ist nicht Selbstzweck, sondern um des Menschen willen da.[33] Dieser Ansatz weist in die richtige Richtung, ist aber nicht präzise genug: Richtigerweise lässt sich die Menschenwürde als ein Ensemble von menschlichen Basisrechten verstehen (sog. Ensembletheorie der Menschenwürde). Es handelt sich um ein Recht auf ein materielles Existenzminimum, ein Recht auf Freiheit von extremen Schmerzen (gegen Folter), ein Recht auf geistig-seelische Integrität (gegen Gehirnwäsche), ein Recht auf autonome Selbstentfaltung, ein Recht auf informationelle Selbstbestimmung, ein Recht auf Rechtsgleichheit (gegen Sklaverei) und ein Recht auf minimale Achtung. Das letztgenannte Recht lässt sich als eine Art Auffangtatbestand verstehen.[34]

Wichtig ist es, nicht Menschenwürde und Menschenrechte zu konfundieren. Die Menschenrechte wurden in Humanismus und Aufklärung vorbereitet und in der Französischen Revolution Ende des 18. Jahrhunderts positiviert. Dagegen verbreitete sich die Menschenwürdegarantie erst nach 1945 in den Verfassungen Europas. Zu nennen ist hier insbesondere das deutsche Grundgesetz aus dem Jahr 1949. Grund für die Einführung von Menschenwürde als zusätzlicher Schutzdimension war die Erfahrung von extremen Verletzungen wie Folter, Sklaverei und

---

32 E. Hilgendorf, Instrumentalisierungsverbot und Ensembletheorie der Menschenwürde, in: Hans-Ulrich Päffgen u.a. (Hrsg.), Strafrechtswissenschaft als Analyse und Konstruktion. Festschrift für Ingeborg Puppe zum 70. Geburtstag, 2011, S. 1653–1671 (1654 ff.).

33 Vgl. Art. 1 Abs. 1 des sog. „Chiemseer Entwurfs" eines Grundgesetzes für die Bundesrepublik Deutschland, abgedruckt unter http://www.verfassungen.de/de/de49/chiemseerentwurf48.htm. Näher dazu H. Dreier, Kommentierung von Art. 1 I Grundgesetz, Rn. 23, in: ders., (Hrsg.), Grundgesetz Kommentar, Bd. 1, 3. Aufl. 2013.

34 E. Hilgendorf, Instrumentalisierungsverbot (Fn. 32), S. 1665 f.

Massenmord, gegen die die tradierten Menschenrechte offenbar weitgehend wirkungslos geblieben waren. Mit der Menschenwürdegarantie sollte, über die Menschenrechte hinausgehend, ein innerer Kreis von Basisrechten festgelegt werden, deren Verletzung unter allen Umständen unzulässig sein sollte.[35] Bedenkt man diesen historischen Hintergrund, so wird deutlich, warum eine enge Auslegung von Menschenwürde geboten ist. Andernfalls liefe man Gefahr, die Menschenwürdegarantie zur kleinen Münze herabzuwürdigen. Die weit verbreitete Praxis, problematische oder als problematisch empfundene technische Entwicklungen ohne weiteres als menschenwürdewidrig zu bezeichnen, verdient deshalb Kritik.

Die Menschenwürdegarantie des Grundgesetzes lässt sich als Ausdruck einer grundlegenden Humanorientierung des Rechts deuten. Der Mensch und seine Würde sind für eine humane Rechtsordnung der höchste Wert.[36] Dies hat Folgerungen für das Arbeitsrecht, das Sozialrecht, das Strafrecht, das Prozessrecht, das Verwaltungsrecht und alle anderen Rechtsgebiete. Dagegen ist die Menschenwürdegarantie kein Passepartout für Technikskepsis oder Technikablehnung. Im Gegenteil: Technische Entwicklungen können in vielen Fällen die Menschenwürde schützen und die Bedingungen einer menschenwürdigen Existenz erst schaffen. Gerade die Entwicklung der modernen Medizin ist ein hervorragendes Beispiel hierfür.[37] In dieselbe Richtung weist der (allerdings über das von der Menschenwürde gebotene Minimum hinausgehende) Gesichtspunkt der Daseinsvorsorge als staatlicher Aufgabe.[38]

Häufig wird gefragt, wer schneller ist, die Technik oder das Recht. Es liegt auf der Hand, dass sich in den meisten Fällen Technik wesentlich schneller entwickeln wird als die dafür einschlägigen Rechtsvorschriften (sofern überhaupt welche existieren). Zu bedenken ist aber, dass (jedenfalls in rechtlich so weit entwickelten Staaten wie der Bundesrepublik Deutschland) das Recht einen umfassenden Anwendungsbereich beansprucht. Technik und Recht verhalten sich wie Hase und Igel: Auch wenn der Hase schneller ist, ist der Igel doch immer schon vor ihm da. Technik entwickelt sich also nicht im rechtsfreien Raum, sondern wird von vornherein durch die Verfassung, durch verwaltungsrechtliche Vorgaben, Strafrecht, aber auch durch die Privatrechtsordnung umhegt. Das Recht kann dabei als Innovationsbremse, aber auch als Innovationsmotor wirken.

---

35 Dreier (Fn. 33), Art. 1 Rn. 24.

36 Vgl. oben I mit Fn. 3.

37 Siehe nur W.U. Eckart, Geschichte, Theorie und Ethik der Medizin, 7. Aufl. 2013, Kap. 10.4 ff. und passim.

38 Grundlegend E. Forsthoff, Der Staat der Industriegesellschaft, 1971, S. 75 f. im Anschluss an dens., Die Verwaltung als Leistungsträger, 1938.

Was sind die wichtigsten Mittel zur Techniksteuerung, die das Recht zur Verfügung stellt? Viele denken in diesem Zusammenhang nur in binären Kategorien, also in den Standards „verboten“ und „erlaubt“. Das Spektrum juristischer Handlungsmöglichkeiten ist jedoch wesentlich weiter. Es beginnt bei ausnahmslosen, unter Umständen sogar strafrechtlich flankierten Verboten und reicht über Verbote mit Erlaubnisvorbehalt, die Zulässigkeit der Technik bei Einhaltung bestimmter Vorgaben wie Anmeldung, Transparenz, Rechnungslegung usw. und Maßnahmen der Selbstregulierung und Zertifizierung bis hin zur steuerlichen Privilegierung oder direkten staatlichen Förderung, etwa in Form von Forschungsförderungen oder Subventionen beim Betrieb.

Im Hinblick auf die Konfliktzonen zwischen technischen Entwicklungen und dem Recht lassen sich zwei Perspektiven identifizieren: die Perspektive ex post und die Perspektive ex ante. Die ex post-Bewertung kommt in der Regel zu spät: Zu nennen sind das Verbot durch eine Verwaltungsbehörde nach dem Eintreten eines Schadensfalles, zivilrechtliche Haftung oder die die strafrechtliche Verurteilung. Wirkungsvoller ist in der Regel die ex ante-Bewertung, die eine Kernaufgabe juristischer Begleitforschung darstellt. Es geht dabei darum, bereits im Rahmen der Projektplanung und Projektentwicklung solche Bereiche zu identifizieren, in denen Konflikte mit dem Recht auftreten könnten. Man könnte auch von einem juristischen „Compliance-Test“ sprechen.[39] Relevant sind in diesem Zusammenhang grundsätzlich alle Rechtsgebiete, also nicht bloß das Verwaltungs- oder das Strafrecht. Zum Bereich der Compliance gehören außerdem Maßnahmen zur Schadensminimierung nach dem Auftreten rechtlicher Konflikte.

## VI. Techniksteuerung und Institutionen – am Beispiel Krankenhaus und Krankenversicherung

Institutionen können helfen, die normativen Vorgaben für Technik und technologische Entwicklungen einzuhalten. Dies lässt sich an der Rolle der Krankenhäuser im Kontext der Innovationssteuerung exemplifizieren. In einem Krankenhaus bündeln sich die aufgezeigten normativen Faktoren Berufsethos, Sozialmoral und Recht auf engstem Raum. Man kann das Krankenhaus insofern geradezu als Spiegel der Gesellschaft zu bezeichnen. Es kommen jedoch auch außernormative spezifische Faktoren hinzu wie Finanzknappheit, Zeitknappheit

39 „Compliance“ bedeutet wörtlich übersetzt „Übereinstimmung“; „juristische Compliance“ ist damit die Übereinstimmung mit dem Recht bzw. den rechtlichen Vorgaben. Aus dieser Perspektive wird die Forderung nach juristischer Compliance fast zur Selbstverständlichkeit.

und Personalknappheit. Das Krankenhaus wird damit zum Ort eines Praxistests individueller wie gesellschaftlicher Normen und Werte.

Ziel einer Krankenversicherung ist, über die finanzielle Regelung hinaus, der rationale Umgang mit Gesundheitsrisiken. Mittel hierfür sind die Beobachtung von Gesundheitsrisiken, ihrer Ursachen und ihre Beeinflussung, ferner die Analyse der rechtlichen Haftungslage sowie schließlich auch die Einschätzung der Entwicklung medizinischer Technik.[40] Konkret geht es um Technikfolgenabschätzung und Akzeptanzprognosen mit dem Ziel einer genaueren Risikoabschätzung (zusammen mit der Beeinflussung der Akzeptanzbedingungen zwecks einer Minimierung der Kosten). Schon hier wird deutlich, wie sehr Versicherungen auch die normativen Standards der Risikobewältigung zu beeinflussen vermögen. Es wäre deshalb zu kurz gegriffen, Versicherungen nur auf den Aspekt „finanzieller Ausgleich für Schäden" zu reduzieren.

## VII. Das Verhältnis der normativen Ebenen zueinander

Es liegt auf der Hand, dass die skizzierten normativen Ebenen nicht immer in Harmonie zueinander stehen. Bereichsspezifische Moralen können untereinander, aber auch von der allgemeinen Sozialmoral abweichen, Berufsrecht wird zwar meist, aber nicht immer mit der einschlägigen Bereichsmoral übereinstimmen. Im Recht begrenzen die Vorgaben der Verfassung den Inhalt der Gesetze, welche wiederum das untergesetzliche Recht bestimmen. Dass Recht und Moral auch im demokratischen Rechtsstaat nicht immer harmonieren, ist allgemein bekannt; bei Konflikten wird das staatliche Gesetz gegenüber den divergierenden Moralen durchgesetzt. Mittel- und langfristig würden gesetzliche Vorgaben jedoch erodieren, wenn sie nicht durch die Sozialmoral gestützt würden. Viele Konflikte können durch Interpretation der jeweiligen Normen entschärft oder ganz aus der Welt geschafft werden. Die technische Entwicklung geht einher mit einer fortlaufenden ethischen Reflektion, die – häufig über die Veränderung gruppen- oder bereichsspezifischer Moralen – den Inhalt der Sozialmoral und früher oder später auch die Rechtspolitik beeinflusst.

40 Eingehend zur Rolle von Versicherungen im Prozess der Techniksteuerung G. Wagner, Haftung und Versicherung als Instrumente der Techniksteuerung, in: K. Vieweg (Hrsg.), Techniksteuerung und Recht. Referate und Diskussionen eines Symposiums an der Universität Erlangen-Nürnberg, 2000, S. 87–120.

## VIII. Zusammenfassung

Die Entwicklung der Technik verläuft nicht autonom, sondern wird durch Moral und Recht umhegt und beeinflusst. Auf diese Weise lassen sich technische Entwicklungen steuern. Technische Entwicklungen finden also nicht in einem rechtsleeren Raum statt, sondern stoßen von Anfang an auf rechtliche Vorgaben. Die weitverbreitete Vorstellung, das Recht hinke der technischen Entwicklungen hinterher, ist damit nur mit Einschränkungen zutreffend. Allerdings unterfallen Moral und Recht ihrerseits in eine Vielzahl von normativen Ebenen, von bloß gruppen- oder bereichsspezifischen Moralen über die allgemeine Sozialmoral und das Berufsrecht bis hin zu gesetzlichen und verfassungsrechtlichen Regelungen. Deshalb sind die jeweils ableitbaren normativen Vorgaben für die technische Entwicklung nicht immer eindeutig. Vielmehr bedarf es einer technikbegleitenden normativen Reflektion, um die Einhaltung der jeweils geltenden Vorgaben aus Moral und Recht sicherzustellen.

Alexander Roßnagel

# Die arbeitsteilige Bearbeitung von Gesundheitsdaten und Datenverantwortung

Progress in IT influences the health care system by granting its actors unprecedented means of data collection. Despite its positive effects, these innovations put the exercising of constitutional rights in jeopardy. The author analyses if this development undermines responsibility for data usage.

Neue technische Möglichkeiten, Gesundheitsdaten zu erfassen und zu verarbeiten, führen nicht nur zu einer explosionsartigen Zunahme von personenbezogenen Daten, die Aussagen über den Gesundheitszustand der jeweils Betroffenen zulassen. Sie ermöglichen auch neue Formen der Anamnese, Diagnose und Therapie von Krankheiten, neue Formen der medizinischen Versorgung, neue Formen der Überwachung und Auswertung des alltäglichen Verhaltens und seiner Auswirkungen auf den Gesundheitszustand sowie neue Formen der präventiven Gesundheitsberatung und Verhaltensoptimierung. Die neuen technischen Anwendungen erfordern neue Infrastrukturen und ermöglichen auch völlig neue Geschäftsmodelle, die auf der Erfassung, Auswertung und Anwendung der vielen zusätzlichen Gesundheitsdaten aufbauen. Dementsprechend verändern sich die Rollen und Aufgaben vieler Beteiligter im Gesundheitssystem und es kommen viele neue Beteiligte hinzu, die bisher im Gesundheitssystem nicht vertreten waren.

Diese Veränderungen des Gesundheitssystems beeinflussen auch die Bedingungen für die Wahrnehmung von Grundrechten bei allen Beteiligten erheblich. Sie führen dazu, dass die rechtlichen Rahmenregelungen immer weniger Steuerungswirkung entfalten und Schutzvorkehrungen für viele Beteiligte in ihrer Schutzwirkung abnehmen. Der Beitrag untersucht, inwieweit die Verantwortung für den rechtmäßigen Umgang mit Gesundheitsdaten durch diese Entwicklung verändert wird und welchen Schutz die bestehenden Regelungen für die Grundrechte der Betroffenen noch bieten können.

Der Beitrag untersucht im ersten Teil, wie die technische Entwicklung zu einer Ausdifferenzierung und Vernetzung des Gesundheitssystems beiträgt. Im zweiten Teil kontrastiert er den faktischen Umgang mit Gesundheitsdaten mit den rechtlichen Vorgaben im Datenschutz-, Berufs- und Strafrecht. Der dritte Teil stellt dar, wie Verantwortung für Gesundheitsdaten zu Vertrauen in den Umgang mit diesen

Daten und letztlich zu Vertrauen in das Gesundheitssystem führen kann und durch welche Entwicklungen dies in Frage gestellt wird. Da diese Verantwortung vor allem durch Vernetzung und arbeitsteilige Bearbeitung der Gesundheitsdaten in Frage gestellt wird, analysiert der Beitrag im Folgenden, welche rechtlichen Konzepte bestehen, um Verantwortung trotz arbeitsteiliger Bearbeitung sicherzustellen. Daher prüft der vierte Teil, wie leistungsfähig das rechtliche Konzept der „Datenverarbeitung im Auftrag" ist, und der fünfte Teil, in welchem Umfang der strafrechtliche Einbezug des Gehilfen in die Schweigepflicht der verantwortlichen Leistungserbringer zu Lösungen führen kann. Da ab dem 25.5.2016 die Datenschutzgrundverordnung in Kraft sein wird, prüft der sechste Teil, welche Änderungen durch das künftige Datenschutzrecht der Europäischen Union zu erwarten sind. Der siebte Teil fasst die gefundenen Ergebnisse zusammen, bevor der achte Teil als rechtspolitische Schlussfolgerungen erörtert, welche Gestaltung der rechtlichen Rahmenbedingungen wünschbar und möglich ist, um die Verantwortung für Gesundheitsdaten künftig ausreichend wahrnehmen zu können.

## 1. Entwicklung des Gesundheitssystems

Die zentrale Beziehung im Gesundheitssystem wird bestimmt durch die Kommunikation zwischen Arzt und Patient sowie die Diagnose- und Therapieleistungen des Arztes am Patienten.

### 1.1 Traditionelles Gesundheitssystem

Ärzte werden unterstützt durch Krankenhelfer und Pfleger, die in die Kommunikation mit Patienten und in ihre Behandlung eingebunden werden. Ärzte spezialisieren sich und übernehmen Funktionen von Hausärzten als primäre Gesundheitsversorger und Fachärzten, die eine spezialisierte Versorgung anbieten. Um umfassendere Behandlungen durchführen zu können, arbeiten sie in Krankenhäusern zusammen, die – ebenso wie die Ärzte – eine allgemeine oder spezialisierte Gesundheitsversorgung anbieten. Besondere Kliniken und Pflegeheime ermöglichen eine betreute Rehabilitation von Patienten. Die spezielle Funktion der Arzneimittelversorgung übernehmen Apotheker. Alle diese Leistungserbringer im Gesundheitssystem arbeiten gleichzeitig oder nacheinander arbeitsteilig zusammen und tauschen Informationen über die Patienten aus.

Ihnen gegenüber stehen die Leistungsträger, die für die Finanzierung der genannten Leistungen zuständig sind: Allgemeine Ortskrankenkassen und sonstige freie und betriebliche gesetzliche Krankenversicherungen rechnen die Leistungen für die versicherungspflichtigen Patienten ab. Dieser Leistungsaustausch wird durch Kassenärztliche Vereinigungen organisiert. Die korrekte Abrechnung wird durch einen Medizinischen Dienst kontrolliert. Nicht versicherungspflichtige Personen bezahlen die Leistungen selbst und können sie durch private Krankenversicherungen ersetzen lassen.

Diese traditionelle Arbeitsteilung im Gesundheitssystem aus Leistungserbringern und Leistungsträgern ist seit langer Zeit etabliert und kulturell anerkannt. Die gesetzlichen Regelungen sind an dieser Arbeitsteilung ausgerichtet.

## 1.2 Ergänzende Funktionen

Seit langer Zeit werden zunehmend Instrumente und Dienstleistungen entwickelt, die die Leistungserbringer unterstützen. Medizinische Geräte werden immer leistungsstärker und teurer. Sie müssen von Spezialisten konfiguriert, gewartet und repariert werden, die diese Dienstleistungen in der Praxis erbringen oder aus der Ferne über Telekommunikationsanbindung vornehmen.[1] Spezifische standardisierte Untersuchungen oder Behandlungen werden nicht durch den behandelnden Arzt, sondern zum Beispiel durch spezialisierte medizinische Labore, Dialysezentren, radiologische Institute oder Physiotherapeuten durchgeführt. Als weitere ergänzende Funktionen können Kooperationen genannt werden, die sich zwischen Ärzten und Krankenhäusern einerseits sowie Forschungseinrichtungen und Pharmaunternehmen andererseits etabliert haben. In ihnen werden vielfach auch klinische Forschungsprojekte an Patienten durchgeführt.[2] Ein weiteres Beispiel sind externe Qualitätsprüfungen, denen sich Ärzte und Krankenhäuser unterwerfen und die von Qualitätssicherungsinstituten oder -Arbeitsgemeinschaften erbracht werden.[3] Als letztes Beispiel kann die Unterstützung von Leistungserbringern im Einzug ihrer Forderungen genannt werden. Die Abrechnung gegenüber Privatpatienten führen privatärztliche Verrechnungsstellen durch,[4] das Forderungsmanagement, den Rechnungseinzug und das Ausfallrisiko

1 S. z.B. Ehmann, CR 1991, 294; Sassenberg/Bamberg, DStR 2006, 2053; Bohnstedt, Fernwartung – Die rechtlichen Grenzen des IT-Outsourcing durch Banken, 2005; Kroschwald, Informationelle Selbstbestimmung in der Cloud – Datenschutzrechtliche Bewertung und Gestaltung des Cloud Computing aus dem Blickwinkel des Mittelstands, 2015, 132.

2 S. z.B. Hollmann, MedR 1992, 177 ff.

3 S. z.B. Jandt/Roßnagel, MedR 2011, 140 ff.

4 S. z.B. BGHZ 115, 127; Taupitz, MedR 1991, 330 ff.; Körner-Dammahn, NJW 1992, 729f.; Fischer/Uthoff, MedR 1996, 115 ff.; Kleinert, DuD 2010, 240 ff.

insbesondere von Krankenhäusern gegenüber Leitungsträgern übernehmen oft Factoring-Unternehmen.[5]

Solche ergänzenden Funktionen sind nach und nach Teil des Gesundheitssystems geworden. Sie haben sich bereits weitgehend etabliert, sind aber nur sehr am Rande Gegenstand der rechtlichen Regelungen des Gesundheitssystems. Sie werden meist nur von allgemeinen, nicht speziell für das Gesundheitssystem entwickelten Rechtsvorschriften abgedeckt.

## 1.3 Unterstützung durch Informations- und Kommunikationstechnik

Einen neuen Schub für die Unterstützung von Leistungserbringern und Leistungsträgern brachte der Einsatz moderner Telekommunikations- und Informationstechniken. Sie ermöglichen viele neue Diagnose- und Therapieverfahren. Sie unterstützen die Leistungserbringer durch zusätzliche medizinische Fachanwendungen. Sie eröffnen unter anderem Anwendungen der Telemedizin, insbesondere in der Diagnose, aber auch bei Operationen und Therapiemaßnahmen.[6] Dadurch müssen bestimmte Kompetenzen nicht mehr vor Ort vorgehalten werden, um sie nutzen zu können. Informations- und Kommunikationstechniken bringen vor allem Erleichterungen in der Verwaltung von Patienten und Versicherten und im Umgang mit der ärztlichen Dokumentation und dem Führen einer Patientenakte.[7] Die Patientendaten können zentral in einem Krankenhausingformationssystem[8] oder einem Konzern-Rechenzentrum mehrerer Leistungserbringer[9] bearbeitet und an allen Orten, an denen sie benötigt werden, zur Verfügung gestellt werden. Die Möglichkeiten, Leistungserbringer und Leistungsträger informationstechnisch zu unterstützen, bieten neue Geschäftsfelder für viele neue spezialisierte medizinische Dienstleistungsanbieter, eröffnen aber auch einen Markt für etablierte Anbieter von Telekommunikation und Telemedien. Auch für das Cloud Computing ergeben sich zusätzliche Anwendungsfelder.

Die informationstechnische Unterstützung der Leistungserbringer und Leistungsträger ist vergleichsweise neu und befindet sich noch in einer dynamischen

---

5 S. z.B. Jandt/Roßnagel, MedR 2013, 17 ff.

6 S. z.B. 118. Deutscher Ärztetag, Ärztliche Positionen zu Einsatzgebieten telemedizinischer Patientenversorgung, 15.5.2015; Bartmann/Blettner/Heuschmann (Hrsg.), Telemedizinische Methoden in der Patientenversorgung, 2012.

7 S. z.B. Balfanz/Laue, DuD 2010, 815 ff.; Caumanns, DuD 2013, 137 ff.

8 S. z.B. Menzel, DuD 2011, 853; Heusel-Weiss, ZD 2011, 64; Virks/Vollmer, DuD 2014, 811 ff.; Paul/Gendelev, ZD 2012, 315.

9 S. z.B. Jandt/Roßnagel/Wilke, NSR 2011, 642.

Entwicklung. Sie ist mit vielen Hoffnungen auf eine Qualitätsverbesserung in der medizinischen Versorgung und auf eine Reduzierung ihrer Kosten verbunden. Sie ist mit Ausnahme der elektronischen Gesundheitskarte[10] und ganz aktuell der medizinischen Telematikinfrastruktur[11] nicht Gegenstand der rechtlichen Regelungen des Gesundheitssystems. Auch sie wird nur von allgemeinen, nicht speziell für das Gesundheitssystem entwickelten Rechtsvorschriften abgedeckt.

## 1.4 Allgegenwärtige Datenverarbeitung

Gegenwärtig zeichnet sich eine neue Entwicklung im Gesundheitssystem ab, die durch zwei Trends gekennzeichnet ist. Zum einen führt die Verknüpfung der körperlichen Welt mit der virtuellen Welt durch allgegenwärtige Datenverarbeitung (Ubiquitous Computing) zu einer explosionsartigen Vermehrung von personenbezogenen Daten, aber auch von Gesundheitsdaten. Zum anderen ermöglicht Big Data Analysis, diese enorme Datenfülle zu erfassen und auszuwerten.

Indem viele Alltagsgegenstände mit „intelligenter" und vernetzter Informationstechnik ausgestattet werden, können Informationen aus dem Internet in der körperlichen Welt genutzt und umgekehrt alle Lebensregungen in der körperlichen Welt auch in der virtuellen Welt verfügbar werden.[12] Dies erfolgt bezogen auf das Gesundheitssystem zum einen durch „Smart Home"-Technologien, die das Geschehen in Gebäuden erfassen und steuern,[13] und zum anderen durch „Wearable Computing", bei dem Informationstechnik in Kleidungsstücken oder Mode-Accessoires, Armbanduhren oder Brillen sowohl die Geschehnisse in der Umgebung aufnehmen als auch Körperfunktionen ihres Trägers protokollieren. Gemeinsam mit Apps auf dem Smartphone ermöglichen sie Smart Health-Anwendungen.[14] Diesen werden insbesondere Routine- und Kontrollaufgaben übertragen. Sensoren in Räumen können die Situations- und Patientenüberwachung,

---

10 S. ausführlich Hornung, Die digitale Identität – Rechtsprobleme von Chipkartenausweisen: Digitaler Personalausweis, elektronische Gesundheitskarte, JobCard-Verfahren, 2005.

11 Gesetz für sichere digitale Kommunikation und Anwendungen im Gesundheitswesen (eHealth-Gesetz) vom 21.12.2015, BGBl. I Nr. 54 vom 28.12.2015, S. 2408–2423.

12 S. z.B. Roßnagel/Sommerlatte/Winand (Hrsg.), Digitale Visionen, 2008; Roßnagel, Datenschutz in einem informatisierten Alltag, 2007.

13 Skistims, Smart Homes – Rechtsprobleme intelligenter Haussysteme unter besonderer Beachtung des Grundrechts auf Gewährleistung der Vertraulichkeit und Integrität informationstechnischer Systeme, 2015.

14 Europäische Kommission, Grünbuch über Mobile-Health-Dienste („mHealth"), COM(2014)219 final, 3.

die Medikamentierung und die Notfallerkennung übernehmen. Fitness-Armbänder und ähnliche am Körper getragene Gegenstände sammeln persönliche Vitaldaten und korrelieren sie mit den Aktivitäten ihres Trägers.[15] Zahnbürsten überprüfen die Mundflora, Kontaktlinsen den Blutzuckerspiegel und Asthmasprays Ort und Zeitpunkt ihres Einsatzes.[16] Schlaf-Tracker kontrollieren den individuellen Schlafzyklus und ermitteln den optimalen Zeitpunkt für Einschlafen und Aufwachen.[17]

Big Data-Analysen ermöglichen, sehr große Mengen heterogener Daten aus unterschiedlichsten Quellen in sehr kurzer Zeit mit hoher Qualität so auszuwerten, dass auf der Grundlage von Persönlichkeitsprofilen und statistischer Verfahren Zustands- und Verhaltensprognosen von Einzelnen und Gruppen erstellt und für wirtschaftliche oder wissenschaftliche Zwecke genutzt werden können.[18] Einmal geht es darum, auf dem Makro-Level statistische Korrelationen zu erkennen und diese zur Erklärung aller denkbaren Phänomene einzusetzen. Dadurch kann zum Beispiel frühzeitig erkannt werden, wie sich Infektionskrankheiten ausbreiten und wie ihnen am besten zu begegnen ist. Zum anderen können durch Big Data-Analysen auf dem Mikro-Level bisher unbekannte Eigenschaften und Zustände von bestimmten Personen besser und schneller erkannt werden.[19] Dies kann zu einer individualisierten medizinischen Behandlung, aber auch zur Bonitätsbewertung bei Kreditanträgen oder zum Gesundheitscheck vor einer Einstellung genutzt werden.

Diese neuen Informationstechnik-Angebote und -Anwendungen stehen erst am Anfang ihrer Verbreitung und Nutzung. Dennoch sind bereits über 100.000 Gesundheits- und Fitness-Apps auf dem Markt, von denen sich etwa 70% an einfache Nutzer richten und etwa 30% an Angehörige der Gesundheitsberufe.[20] Diese Apps werden von vielen Start-up-Unternehmen, aber auch vor allem von

---

15 Jandt/Hohmann, Life-style-, Fitness- und Gesundheits-Apps – laufen Datenschutz und Vertraulichkeit hinterher?, in: Täger (Hrsg.), Internet der Dinge – Digitalisierung von Wirtschaft und Gesellschaft, 2015, 15 ff.

16 S. z.B. Spiegel 50/2015, 12.

17 Jandt/Hohmann (Fn. 15), 15 ff.

18 S. hierzu z.B. Roßnagel, ZD 2013, 562; Weichert, ZD 2013, 251; Ohrtmann/Schwiering, NJW 2014, 2984; Täger (Hrsg.), Big Data & Co – neue Herausforderungen für das Informationsrecht, 2014; Roßnagel/Nebel, DuD 2015, 455f.; Richter (Hrsg.), Privatheit, Öffentlichkeit und demokratische Willensbildung in Zeiten von Big Data, 2015.

19 Schumacher, in: Langkafel (Hrsg.), Big Data in Medizin und Gesundheitswirtschaft, 2014, 227f.; Becker/Schwab, ZD 2015, 151.

20 Jandt/Hohmann (Fn. 15), 15 ff.

Internetgiganten wie Google, Apple, Facebook und Microsoft angeboten.[21] Sie erbringen ihre Leistungen für die Nutzer ohne Entgelt und finanzieren sich durch die Auswertung der Daten, die durch das jeweilige Angebot erhoben oder beim Nutzer abgegriffen werden.[22] Dementsprechend sind sie auch alle so konstruiert, dass die in der Wohnung oder am Körper des Nutzers erhobenen Daten bei ihren Anbietern gespeichert werden. An diesen Daten sind aber auch viele der traditionellen Leistungserbringer und vor allem Leistungsträger interessiert, die ihre Tarifmodelle ebenso wie ihre Vorsorgestrategien individualisiert an diesen Daten ausrichten wollen.[23]

Das Recht ist auf den Umgang mit den enormen Datenmengen, die durch diese neuen vorsorgenden, diagnostischen und therapeutischen Anwendungen entstehen, ebenso wenig vorbereitet wie auf die neuen Beteiligten im Gesundheitssystem. Auch hier kann erstmal nur versucht werden, die allgemeinen Vorschriften auf die speziellen Risiken, die durch Smart Health entstehen, anzuwenden. Nur ein Teil dieser Anwendungen wird nach § 3 Nr. 1 MPG als Medizinprodukt zu klassifizieren sein. Dies wäre nur der Fall, wenn eine Anwendung dazu bestimmt ist, eine der in der Norm angeführten medizinischen Zwecke zu erfüllen. Dies gilt etwa für Apps, die der Diagnoseunterstützung, der Therapiebehandlung oder der Blutzuckermessung dienen.[24] Sind sie als Medizinprodukt zu werten, müssten sie ihre ordnungsgemäße Funktionsfähigkeit sowie die ordnungsgemäßen Verarbeitung der Daten nachweisen, um Gefahren für die Gesundheit und das Leben der Patienten zu vermeiden.[25]

## 2. Schutz der Gesundheitsdaten

Die Entwicklung des Gesundheitssystems zeigt, dass die Erhebung, Verarbeitung und der Austausch von Gesundheitsdaten immer mehr ansteigen. Ebenso nimmt die Zahl sowohl derjenigen, die auf diese Daten zugreifen können, als auch derer, die an diesen Daten interessiert sind, rasant zu. Daher wird immer wichtiger, durch welche rechtlichen Schutzvorgaben die Gesundheitsdaten im Datenschutz-, Berufs- und Strafrecht geschützt sind.

---

21 S. Spiegel 50/2015, 13.

22 Viele sende die Daten an mehrere den Nutzer unbekannte Empfänger – s. Spiegel 50, 2015, 15.

23 S. z.B. Spiegel 50/2015, 13f.; Becker/Schwab, ZD 2015, 152; Jandt/Hohmann (Fn. 15), 7f.

24 Backmann, MPR 2011, 73 ff.

25 Spyra, MPR 2015, 15 (16); Jandt/Hohmann (Fn. 15), 24.

## 2.1 Allgemeines Datenschutzrecht

Im Datenschutzrecht sind Gesundheitsdaten besonders herausgehoben. Gesundheitsdaten sind personenbezogene Angaben über die Gesundheit, also alle Daten, die den physischen oder psychischen Zustand einer Person betreffen.[26] Sie gelten nach § 3 Abs. 9 BDSG als besonders schützenswerte Daten und fordern eine besondere Behandlung. Nach §§ 28 Abs. 6 und 29 Abs. 5 BDSG ist für das Erheben, Verarbeiten und Nutzen dieser Daten grundsätzlich eine Einwilligung des Betroffenen notwendig. Diese muss sich nach § 4a Abs. 3 BDSG ausdrücklich auf diese Daten beziehen. Ohne Einwilligung ist der Umgang mit diesen Daten nur zulässig, wenn er zum Schutz lebenswichtiger Interessen erforderlich ist und der Betroffene außerstande ist, seine Einwilligung zu geben, wenn der Betroffene die Daten offenkundig öffentlich gemacht hat, wenn dies zur Geltendmachung, Ausübung oder Verteidigung rechtlicher Ansprüche erforderlich ist und kein Grund zu der Annahme besteht, dass das schutzwürdige Interesse des Betroffenen an dem Ausschluss der Erhebung, Verarbeitung oder Nutzung überwiegt, oder wenn dies zur Durchführung einer das Interesse des Betroffenen überwiegenden wissenschaftlichen Forschung erforderlich ist.

Ein besonderer Erlaubnistatbestand besteht nach § 28 Abs. 7 BDSG, wenn der Umgang mit Gesundheitsdaten für den Zweck der Gesundheitsvorsorge, der medizinischen Diagnostik, der Gesundheitsversorgung oder Behandlung oder für die Verwaltung von Gesundheitsdiensten, erforderlich und auf diesen begrenzt ist. Außerdem ist der Datenumgang nur dann zulässig, wenn er durch ärztliches Personal oder durch sonstige Personen erfolgt, die einer entsprechenden Geheimhaltungspflicht unterliegen. Angehörige anderer Berufe dürfen die Gesundheitsdaten nur dann verwenden, wenn dies den genannten Zwecken dient, die Ausübung ihres Berufs die Feststellung, Heilung oder Linderung von Krankheiten oder die Herstellung oder den Vertrieb von Hilfsmitteln mit sich bringt und sie dies nur unter den Voraussetzungen tun, unter denen ein Arzt selbst hierzu befugt wäre.

Gesundheitsdaten sind mit einer engen Zweckbindung versehen, die auch für jeden Empfänger von Gesundheitsdaten gilt. Da sie nach § 203 StGB der Schweigepflicht von Berufsgeheimnisträgern unterliegen, dürfen sie nach § 39 BDSG,

---

26 S. z.B. Schirmer, in: Roßnagel (Hrsg.), Handbuch Datenschutzrecht, 2003, Kap. 7.12, Rn. 23 ff.; Buchner, in: Taeger/Gabel 2013, § 3 BDSG, Rn. 59; Bergmann/Möhrle/Herb, § 3 BDSG, Rn. 171; Art. 29-Datenschutzgruppe, ANNEXm – health data in apps and devices, http://ec.europa.eu/justice/data-protection/article-29/documentation/other-document/files/2015/20150205_letter_art29wp_ec_health_data_after_plenary_annex_en.pdf.

wenn sie von der zur Verschwiegenheit verpflichteten Stelle in Ausübung ihrer Berufs- oder Amtspflicht zur Verfügung gestellt worden sind, vom Empfänger nur für den Zweck verarbeitet oder genutzt werden, für den er sie erhalten hat. Eine Übermittlung an eine nicht-öffentliche Stelle ist nur zulässig, wenn die zur Verschwiegenheit verpflichtete Stelle einwilligt.[27]

## 2.2 Sozialdatenschutzrecht

Für die mit der Verarbeitung von Sozialdaten Beschäftigten bei gesetzlichen Sozialleistungsträgern bestehen besondere Geheimhaltungspflichten und Erlaubnistatbestände für den Umgang mit Gesundheitsdaten.

§ 35 Abs. 1 Satz 1 SGB I gibt jedem einen Anspruch darauf, dass die ihn betreffenden Sozialdaten von den Leistungsträgern nicht unbefugt erhoben, verarbeitet oder genutzt werden (Sozialgeheimnis). Sozialdaten sind nach § 67 Abs. 1 SGB X „Einzelangaben über persönliche oder sachliche Verhältnisse einer bestimmten oder bestimmbaren natürlichen Person (Betroffener), die von einer in § 35 SGB I genannten Stelle im Hinblick auf ihre Aufgaben nach diesem Gesetzbuch erhoben, verarbeitet oder genutzt werden". Personenbezogene Gesundheitsdaten bei den Leistungsträgern fallen damit immer unter das Sozialgeheimnis.[28] Das gilt auch für Gesundheitsdaten bei Leistungserbringern, soweit diese aus den Gesundheitsdaten der Patienten die für die Abrechnung mit den Leistungsträgern erforderlichen Leistungsdaten generieren.[29] Die Wahrung des Sozialgeheimnisses umfasst auch die Verpflichtung, innerhalb des Leistungsträgers sicherzustellen, dass die Sozialdaten nur Befugten zugänglich sind oder nur an diese weitergegeben werden.

Korrespondierend zum Sozialgeheimnis erlauben spezialgesetzliche Vorschriften des Sozialdatenschutzes in §§ 284 ff. SGB V und §§ 67d bis 78 SGB X die Kommunikation innerhalb des traditionellen Gesundheitssystems und in Ausnahmefällen mit Dritten. Gesundheitsdaten sind nach § 67 Abs. 12 SGB X besonders schützenswerte Daten. Eine Einwilligung in die Übermittlung von Gesundheitsdaten ist nach § 67a Abs. 1 Satz 4 SGB X nur möglich, wenn sie sich ausdrücklich auf diese Daten bezieht. Ohne Einwilligung ist eine weitere Übermittlung von Sozialdaten, die einer in § 35 SGB I genannten Stelle von einem Arzt oder einer

27 S. näher Dammann, in: Simitis (Hrsg.), Bundesdatenschutzgesetz, 8. Aufl. 2014, § 39 Rn. 7 ff.

28 S. z.B. Rasmussen, in: Roßnagel (Hrsg.), Handbuch Datenschutzrecht, 2003, Kap. 8.14 Rn. 19 ff.

29 Jandt/Roßnagel, MedR 2013, 19.

anderen in § 203 Abs. 1 und 3 StGB genannten Person zugänglich gemacht worden sind, nur unter den engen Voraussetzungen des § 76 SGB X zulässig.

Dieses hohe Niveau des Sozialdatenschutzes setzt sich nach einer Übermittlung von Sozialdaten fort. Nach § 78 Abs. 1 SGB X dürfen Empfänger von Sozialdaten, die keine Leistungsträger gemäß § 35 SGB I sind, diese nur zu dem Zweck verarbeiten oder nutzen, zu dem sie ihnen befugt übermittelt worden sind. Die Dritten haben die Daten in demselben Umfang geheim zu halten wie die in § 35 I SGB I genannten Stellen.[30]

## 2.3 Berufsrecht

Die Verpflichtung zur Wahrung des Patientengeheimnisses regeln die besonderen Berufspflichten der Leistungserbringer. So verpflichtet zum Beispiel § 9 Abs. 1 Muster-Berufsordnung für die deutschen Ärztinnen und Ärzte (MBO-Ä) diese, über ihnen in ihrer Rolle als Ärztin oder Arzt anvertraute oder bekannt gewordene Tatsachen zu schweigen. Dies gilt nach § 9 Abs. 4 MBO auch gegenüber anderen Ärztinnen und Ärzten, wenn diese nicht gleichzeitig oder nachgelagert den Patienten behandeln. Sie haben nach § 9 Abs. 3 MBO ihre Mitarbeiterinnen und Mitarbeiter über die gesetzliche Pflicht zur Verschwiegenheit zu belehren und dies schriftlich festzuhalten. Sie sind nach § 9 Abs. 2 Satz 1 MBO zur Offenbarung befugt, soweit sie von der Schweigepflicht entbunden worden sind oder soweit die Offenbarung zum Schutz eines höherwertigen Rechtsguts erforderlich ist.[31]

## 2.4 Strafrecht

Diejenigen, die mit Gesundheitsdaten umgehen dürfen, trifft eine besondere strafrechtliche Verschwiegenheitspflicht. Ihre Verletzung wird durch § 203 Abs. 1 Nr. 1, 2 und 6 sowie Abs. 2 Nr. 1 und 2 StGB einer besonderen Strafbarkeit unterworfen. Danach wird das unbefugte Offenbaren anvertrauter Geheimnisse durch Ärzte, Apotheker, Berufspsychologen und Vertreter anderer staatlich geprüfter Heilberufe, Angehörige von privaten Krankenversicherungen oder privatärztlichen Verrechnungsstellen sowie durch Amtsträger oder für den öffentlichen Dienst besonders Verpflichtete bei gesetzlichen Leistungsträgern mit Freiheitsstrafe oder mit Geldstrafe bestraft. Den zur Verschwiegenheit Verpflichteten stehen nach § 203 Abs. 3 Satz 2 StGB ihre berufsmäßig tätigen Gehilfen und

30 S. z.B. Franck, ZD 2015, 155 ff.

31 S. hierzu Scholz, in: Spickhoff (Hrsg.), Medizinrecht, § 9 MBO, Rn. 2f.; Schirmer (Fn. 26), Rn. 32 ff.

die Personen gleich, die bei ihnen zur Vorbereitung auf den Beruf beschäftigt sind.[32]

Zusammenfassend kann zum rechtlichen Konzept zum Schutz von Gesundheitsdaten festgestellt werden: Es ist auf Patientendaten beschränkt und zielt darauf ab, den Umgang mit ihnen auf die Leistungserbringer und die Leistungsträger zu konzentrieren und diese zur Verschwiegenheit zu verpflichten. Es ist damit auf das traditionelle Gesundheitssystem mit den Rollen als Patient, Leistungserbringer und Leistungsträger beschränkt. Inzwischen haben sich aber die Beteiligten, die Gesundheitsdaten arbeitsteilig bearbeiten, vervielfacht und weitere Beteiligte drängen mit ihren gesundheitsorientierten Angeboten ins Gesundheitssystem und gehen in dieser Funktion ebenfalls mit Gesundheitsdaten um.

## 3. Vertrauen und Verantwortung

Die ärztliche Schweigepflicht ist eine notwendige Voraussetzung für das zwischen Arzt und Patienten erforderliche Vertrauensverhältnis. Sie knüpft zum einen an den besonderen Charakter und die besonderen Risiken von Gesundheitsdaten an. Werden körperliche Merkmale bekannt, lassen diese sich nicht einfach austauschen wie ein Passwort oder eine E-Mail-Adresse. Vielfach lassen sie nicht nur Rückschlüsse auf den Betroffenen zu, sondern oft auch auf dessen Verwandte und Nachkommen. Zum anderen bezieht sich die Schweigepflicht aber auch auf das besondere Risiko der Informationsweitergabe durch bestimmte Berufsträger.[33] Die Patienten sind darauf angewiesen, dass die behandelnden Ärzte die ihnen anvertrauten vielfältigen und umfangreichen Informationen über wichtige Ausschnitte ihres Lebens nicht für außerhalb der Behandlung liegende Zwecke verwenden oder an Dritte weitergeben (Art. 2 Abs. 1 und 2 GG). Die Ärzte wiederum sind zur Ausübung ihrer Berufsfreiheit (Art. 12 Abs. 1 GG) darauf angewiesen, dass sie das Vertrauen der Patienten dadurch gewinnen können, dass sie ihnen die Geheimhaltung der ihnen anvertrauten Informationen zusichern[34] und dass diese Zusicherung von Dritten und staatlichen Stellen respektiert wird.[35] Das Patientengeheimnis ist somit nicht nur ein Schutzrecht des Patienten, sondern

32 S. näher Jandt/Roßnagel, MedR 2011, 140.

33 S. für das ärztliche Berufsgeheimnis z.B. Schirmer (Fn. 26), Rn. 23 ff.

34 Zu § 9 MBO und § 203 StGB s. z.B. Scholz, in: Spickhoff (Hrsg.), Medizinrecht, § 9 MBO, Rn. 1; Knauer/Brose, in: Spickhoff (Hrsg.), Medizinrecht, § 203 StGB, Rn. 1.

35 Die ergibt sich etwa aus §§ 53 und 97 StPO.

dient in der Form der ärztlichen Schweigepflicht insgesamt der Funktionsweise der Gesundheitsversorgung.[36]

Dieses Vertrauen kann nur deswegen entstehen, weil die zur Verschwiegenheit Verpflichteten rechtlich auch für den Umgang mit den Gesundheitsdaten verantwortlich sind und bei einer Vernachlässigung dieser Verantwortung zur Rechenschaft gezogen werden. Dabei ist zu beachten, dass die Adressaten der Verantwortung im Datenschutzrecht einerseits und im Berufs- und Strafrecht andererseits unterschiedlich sind.

Die straf- und berufsrechtliche Schweigepflicht richtet sich an die natürliche Person, die den Heilberuf ausübt. Sie ist persönlich dafür verantwortlich, dass die Gesundheitsdaten nicht unbefugt offenbart werden. Wesentlich für die Durchsetzung der Schweigepflicht ist die Sanktion ihrer Missachtung. Die Verletzung der besonderen Geheimhaltungspflichten wird in § 203 Abs. 1 und 2 StGB mit Freiheitsentzug bis zu einem Jahr[37] oder mit Geldstrafe bestraft.[38] Außerdem kann gegen den Arzt gemäß § 70 Abs. 1 StGB ein Berufsverbot verhängt werden.

Dagegen richtet sich das Verbot des § 4 Abs. 1 BDSG, dass personenbezogene Daten nur erhoben, verarbeitet und genutzt werden dürfen, soweit eine Rechtsvorschrift dies erlaubt oder anordnet oder der Betroffene eingewilligt hat, an die für die Datenverarbeitung verantwortliche Stelle. Dies ist nach § 3 Abs. 7 BDSG die Person oder Stelle, die personenbezogene Daten für sich selbst erhebt, verarbeitet oder nutzt oder dies durch andere im Auftrag vornehmen lässt. Verantwortliche Stelle ist somit diejenige Stelle, die über das Ob und Wie des Datenumgangs entscheidet.[39] Im öffentlichen Bereich tragen jedoch die juristischen Personen des öffentlichen Rechts die Verantwortung, während die private Stelle entweder eine natürliche oder juristische Person oder eine Personenvereinigung sein kann. Auch in einer von einem Arzt allein betriebenen Praxis ist nur der Arzt – als verantwortliche natürliche Person – verantwortliche Stelle, nicht aber die Person, die die Daten erhebt oder überträgt. In einer medizinischen Einrichtung ist somit immer nur die Leitung für die Einhaltung der Datenschutzvorschriften verantwortlich, nicht der jeweils behandelnde Heilberufsausübende oder jeweils die Daten bearbeitende angestellte Person. Eine rechtswidrige Datenverarbeitung kann insbesondere gemäß § 43 Abs. 2 und 3 BDSG als Ordnungswidrigkeit mit einer Geldbuße von

---

36 Schirmer (Fn. 26), Rn. 23.

37 Handelt der Täter gegen Entgelt oder in Bereicherungs- oder Schädigungsabsicht, erhöht sich die Freiheitsstrafe nach § 203 Abs. 5 StGB auf bis zu zwei Jahren.

38 S. z.B. Abel, in: Roßnagel (Hrsg.), Handbuch Datenschutzrecht, 2003, Kap. 7.11, Rn. 7.

39 Dies entspricht auch Art. 4 Nr. 7 DSGVO.

bis zu dreihunderttausend Euro oder sogar gemäß § 44 Abs. 1 BDSG als Straftat mit einer Freiheitsstrafe von bis zu zwei Jahren oder Geldstrafe geahndet werden.

Voraussetzung für die Inpflichtnahme der Person oder Stelle ist jedoch immer das berechtigte Vertrauen des Patienten in den sorgfältigen Umgang mit seinen Gesundheitsdaten. Umgekehrt entfällt die Strafbarkeit des zur Verschwiegenheit Verpflichteten, wenn der durch das Geheimnis Geschützte – also der Patient – den Handelnden wirksam berufs- und strafrechtlich von der Schweigepflicht entbunden oder datenschutzrechtlich in die Übermittlung der Daten eingewilligt hat.[40] Sie entfällt auch, wenn der Gesetzgeber die Offenbarung oder Übermittlung angeordnet oder erlaubt hat.

Dieses Zusammenspiel von Vertrauen und Verantwortung ist rechtlich nur geregelt und abgesichert für das Zusammenwirken der Beteiligten im traditionellen Gesundheitssystem. In den spezifischen Rechtsregeln kaum abgebildet sind jedoch die weiteren Differenzierungen im Gesundheitssystem, die inhaltliche und funktionale Spezialisierung, die Übernahme spezieller technischer Funktionen und die Ausgliederungen administrativer und wirtschaftliche Funktionen. In ihnen blieb bisher unberücksichtigt, dass die Leistungserbringer sich zunehmend auf ihre Kernkompetenzen konzentrieren und sich durch steigende Arbeitsteilung zwischen alten und neuen Beteiligten entlasten. Ebenso wenig haben die spezifischen Rechtsregeln die steigende Spezialisierung und Zentralisierung in der Funktionserfüllung durch neue Dienstleister aufgenommen. Um ihre arbeitsteiligen Beiträge zu erbringen und in die eigenen Leistungen zu integrieren, müssen sich die Beteiligten zunehmend stärker vernetzen und immer mehr Gesundheitsdaten austauschen. Dies wiederum gefährdet die Grundlagen der rechtlichen Gewährleistung von Verantwortung und Vertrauen.

Daher ist zu prüfen, inwieweit das Datenschutzrecht mit den Schutz der informationelle Selbstbestimmung sowie das Berufs- und Strafrecht mit dem Schutz des Patientengeheimnisses und der Etablierung der Verschwiegenheitspflicht der Heilberufsträger in der Lage sind, den Betroffenen oder Patienten angesichts der neuen Herausforderungen vor der nicht erwünschten Verarbeitung und dem ungewollten Bekanntwerden seiner Gesundheitsdaten zu schützen.

## 4. Datenverantwortung und Datenverarbeitung im Auftrag

Grundsätzlich erfolgt die Datenverarbeitung durch die verantwortliche Stelle. Sie trifft die Entscheidung über das Ob und das Wie der Datenverarbeitung. Sie

---

40 Zur Abgrenzung der Entbindung von der Schweigepflicht zur datenschutzrechtlichen Einwilligung s. Jandt/Roßnagel, MedR 2011, 140 ff.

trägt die Verantwortung für die Einhaltung des Datenschutzrechts und damit den Schutz der Gesundheitsdaten. Sie ist der Adressat von Rechten des Betroffenen.[41]

## 4.1 Auftragsdatenverarbeitung

Die verantwortliche Stelle kann zu ihrer Entlastung einzelne oder sogar alle Funktionen der Datenverarbeitung an Dienstleister übertragen. Für die rechtliche Bewertung dieser Form der Arbeitsteilung ist entscheidend, ob die verantwortliche Stelle dabei die gesamte Verantwortung für den Umgang mit den Daten behält oder auf den Dienstleister überträgt.

Trägt die verantwortliche Stelle die volle Verantwortung, überträgt nur technische Funktionen auf einen technischen Dienstleister und behält die Entscheidung über Ob und Wie des Datenumgangs,[42] dann ist dies datenschutzrechtlich eine Datenverarbeitung im Auftrag.[43] In diesem Fall wird nach § 3 Abs. 8 Satz 3 BDSG der Dienstleister als „Teil" der verantwortlichen Stelle und nicht als Dritter angesehen. Insofern gilt die Übertragung von Daten nicht als Übermittlung gemäß § 3 Abs. 4 Nr. 3 BDSG.[44] Für die Übertragung von Daten an einen Auftragnehmer ist keine datenschutzrechtliche Erlaubnis erforderlich, weil die Daten ja im Einflussbereich der verantwortlichen Stelle verbleiben. Sie wird behandelt wie die Übertragung von einer Abteilung innerhalb der verantwortlichen Stelle zu einer anderen Abteilung. Da die verantwortliche Stelle verantwortlich bleibt, ist die datenschutzrechtliche Zulässigkeit des Datumgangs nur für die verantwortliche Stelle zu prüfen.[45] Für die Übertragung der Daten an den Auftragnehmer hat dies den Vorteil, dass sie keiner spezifischen datenschutzrechtlichen Legitimation bedarf.[46]

Voraussetzungen für eine Datenverarbeitung im Auftrag sind nach § 11 BDSG, § 80 SGB X oder vergleichbaren Regelungen im Landesdatenschutzrecht, dass der Auftraggeber den Auftragnehmer sorgfältig auswählt, dass er mit ihm einen schriftlichen Vertrag über die Durchführung des Auftrags schließt, der als Mindestinhalt einen gesetzlich vorgegebenen Katalog von Klauseln umfasst (z.B. den Zehn-Punkte-Katalog aus § 11 Abs. 2 Satz 2 BDSG), dass er die Einhaltung datenschutzrechtlicher Anforderungen im Umgang des Auftragnehmers mit den

41 Gola/Schomerus, Bundesdatenschutzgesetz, 12. Aufl. 2015, § 3 Rn. 48.

42 Petri, in: Simitis (Hrsg.), Bundesdatenschutzgesetz, 8. Aufl. 2014, § 11 Rn. 48.

43 S. z.B. Petri, ZD 2015, 305.

44 Büllesbach, in: Roßnagel ((Hrsg.), Handbuch Datenschutzrecht, 2003, Kap. 7.1, Rn. 25.

45 Sutschet, RDV 2004, 98.

46 S. hierzu Kroschwald (Fn. 1), 98f.; Roßnagel, Datenschutzfragen des Cloud Computing, in: ders. (Hrsg.), Wolken über dem Rechtsstaat? Recht und Technik des Cloud Computing in Verwaltung und Wirtschaft, 2015, 21; Gola/Schomerus (Fn. 41), § 11 Rn. 3f.

übertragenen Daten regelmäßig kontrolliert und soweit notwendig den Auftragnehmer anweist. Der Auftragnehmer darf die Daten nur im Rahmen der Weisungen des Auftraggebers erheben, verarbeiten oder nutzen (z.B. § 11 Abs. 3 BDSG). Die Auftragsdatenverarbeitung setzt also eine strenge Weisungsgebundenheit voraus.

## 4.2 Funktionsübertragung

Behält die verantwortliche Stelle dagegen nicht die volle Verantwortung, sondern überträgt die Daten an einen Dienstleister, damit dieser sie im eigenen Interesse weiter verarbeiten oder nutzen kann, gilt dieser als Dritter im datenschutzrechtlichen Sinn. Ihn treffen daher als Empfänger personenbezogener Daten alle datenschutzrechtlichen Pflichten einer verantwortlichen Stelle. In Abgrenzung zur Auftragsdatenverarbeitung man spricht in diesem Fall von einer Funktionsübertragung.[47] Sofern die Tätigkeit des Datenempfängers keine Hilfsfunktion darstellt, sondern vielmehr in eigener (rechtlicher) Zuständigkeit erfolgt, unterliegt die Übermittlung und Verarbeitung der Daten den üblichen Zulässigkeitsvoraussetzungen.[48] Sie sind nur dann zulässig, wenn sie durch eine gesetzliche Erlaubnisnorm oder die Einwilligung der Patienten gestattet sind.[49]

## 4.3 Einordnung von Beispielsfällen

Für die vielen neuen arbeitsteiligen Leistungsbeiträge im Gesundheitssystem stellt sich die Frage, wie die hierfür notwenigen zusätzlichen Datenverarbeitungen einzuordnen sind. Für die genannten Beispielsfälle[50] können drei Gruppen gebildet werden:

In der ersten Gruppe verfolgen die Dienstleister eigene Zwecke. Ihnen fehlt die ausschließliche Zwecksetzung, den Auftraggeber zu unterstützen. Sie können daher nicht als Auftragnehmer im datenschutzrechtlichen Sinn eingeordnet werden. Im Fall des Factoring erwirbt das Factoring-Unternehmen die Forderung des Leistungserbringers und zieht diese im eigenen Interesse ein.[51] Unternehmen, die medizinische Big Data-Analysen durchführen, verfolgen eigene Interessen und eigene Geschäftsmodelle und wollen ihre Erkenntnisse den Leistungserbringern

47 Sutschet, RDV 2004, 97 und ausführlich zur Funktionsübertragung Müthlein, RDV 1993, 167.

48 Petri (Fn. 42), § 11 Rn. 20.

49 Petri (Fn. 42), § 11 Rn. 44.

50 S. Kap. 1.

51 S. z.B. Jandt/Roßnagel, MedR 2013, 17 ff.

oder den Patienten anbieten.[52] Telemedien-Anbieter – etwa im Bereich der Telemedizin – bieten den Leistungserbringern ihren eigenen Dienst an.[53] Informationstechnische Fachanwendungen stellen eigene Dienstleistungen dar, die der Leistungserbringer kaufen oder abonnieren kann. Die Anbieter von Gesundheits- und Fitness-Apps sind ebenfalls keine Auftragnehmer, weil sie mit ihrer App einen eigenen, selbständigen Dienst anbieten. Dies gilt auch, wenn dies mit einem Wearable Computing-Gerät verbunden ist.[54]

In der zweiten Gruppe bieten die Dienstleister zwar ausdrücklich Unterstützungsleistungen für die Leistungserbringer an, unterliegen aber keinen wirksamen Kontrollen und Weisungen der Leistungserbringer. Diese Gruppe ist dadurch gekennzeichnet, dass zwar eine Datenverarbeitung im Auftrag theoretisch möglich wäre, dass für den Auftraggeber eine Steuerung des Auftrags aber – zumindest faktisch – nicht möglich ist. Dies gilt vor allem für das Cloud Computing. Selbst wenn ein Vertrag zur Auftragsdatenverarbeitung vereinbart würde, wäre die tatsächliche Umsetzung der Aufsichts- und Kontrollbefugnisse in der Praxis bei einer virtualisierten Datenverarbeitung über viele Server in vielen Ländern nur schwer realisierbar.[55] Insbesondere große Cloud-Anbieter (z.B. Google oder Amazon) werden selten bereit sein, jedem (kleinen) Cloud-Nutzer ihre Geschäftsprozesse, Organisations-, Sicherheits- und Datenschutzmaßnahmen offen zu legen.[56] Selbst wenn dies der Fall wäre, würde regelmäßig die Komplexität von Cloud- und Sicherheitsarchitekturen Nutzern eine objektive Beurteilung unmöglich machen.[57] Entsprechendes gilt für Konzern-Rechenzentren, die für alle Unternehmen eines Gesundheitskonzerns die Datenverarbeitung übernehmen. Die abhängigen Unternehmen haben in der Regel keine Auswahl. Auch wird es für sie schwer sein, als einzelnes abhängiges Konzernunternehmen bei dem zentralen Rechenzentrum des Konzerns Kontrollen durchzuführen und ihm konkrete Weisungen zu erteilen.[58]

In die dritte Gruppe fallen die Dienstleister, die Leistungserbringer in einer Weise unterstützen, dass die Voraussetzungen einer Datenverarbeitung im Auftrag

---

52 Becker/Schwab, ZD 2015, 151 ff.

53 Gitter, in: Roßnagel (Hrsg.), Recht der Telemediendienste, 2013, § 2 TMG, Rn. 14.

54 S. z.B. Jandt/Hohmann (Fn.15), 15 ff.

55 Duisberg, Gelöste und ungelöste Rechtsfragen im IT-Outsourcing und Cloud Computing, in: Picot et al. (Hrsg.), Trust in IT, 2011, 59.

56 Gaul/Koehler, BB 2011, 2229.

57 Roßnagel (Fn. 46), 24; Niemann/Hennrich, CR 2010, 690.

58 Jandt/Roßnagel/Wilke, NSR 2011, 643f. am Beispiel von Krankenhäusern und Gesundheitskonzernen.

durch Vertrags- und Organisationsgestaltung herstellbar sind. Dies kann für Krankenhausinformationssysteme der Fall sein, wenn diese die Datenverarbeitung für mehrere funktional getrennte Bereiche (wie Ambulanz, Klinische Stationen und Rehabilitation) in einem Krankenhauskomplex übernehmen. Voraussetzung ist eine mandatenfähige, getrennte Datenhaltung mit einem nach verantwortlicher Stelle getrennten Berechtigungskonzept und Zugriffsschutz.[59] Auch das Verhältnis zu Laboren, zu Dienstleistern für Datenauswertungen oder zu Unternehmen, die IT-Geräte und Software reparieren und warten, könnte so gestaltet werden, dass die Datenverarbeitung im Rahmen dieses Verhältnisses als Datenverarbeitung im Auftrag angesehen werden kann. Für Ubiquitous Computing-Anbieter, die Smart Home-Anwendungen im Krankenhaus, in der Rehabilitationsklinik oder in der Arztpraxis anbieten, hängt die Einordnung davon ab, wie sehr sie sich in den Betrieb des Auftraggebers eingliedern. Wenn sie zum Beispiel auf den Stationen des Krankenhauses Sensornetzwerke betreiben, die Notfallsituationen erkennen, wäre eine Einordnung als Auftragnehmer denkbar, wenn der Auftraggeber sie frei auswählen, sie in seinem Betrieb kontrollieren und hinsichtlich des Umgangs mit den Gesundheitsdaten anweisen kann. Gleiches wäre mit Smart Meter denkbar, die helfen die Raumfunktionen personalisiert zu steuern. Dagegen wäre diese Einordnung nicht möglich, wenn die Anbieter die gewonnenen Daten für eigene oder Zwecke Dritter nutzen wollen.

## 4.4 Zulässigkeit einer Funktionsübertragung

Liegt keine Datenverarbeitung im Auftrag vor, ist für die Erhebung, Verarbeitung und Nutzung von personenbezogenen Gesundheitsdaten beim Dienstleister ein eigener Erlaubnistatbestand erforderlich. Demnach wäre nach § 4 Abs. 1 BDSG und § 68b Abs. 1 Satz 1 SGB X die Übermittlung von Gesundheitsdaten nur unter den genannten Voraussetzungen einer spezifischen Einwilligung oder einer spezifischen gesetzlichen Erlaubnisnorm zulässig.[60]

Eine Einwilligung des Betroffenen in den Umgang mit Gesundheitsdaten muss sich nach § 4a Abs. 3 BDSG und § 67a Abs. 1 Satz 4 SGB X ausdrücklich auf die spezifischen Gesundheitsdaten beziehen. Die Einwilligungsmöglichkeit nach § 4a BDSG soll nach einer Entscheidung des Bundessozialgerichts aus dem Jahr 2009 nicht für Sozialdaten gelten, da für diese das Sozialgesetzbuch eine abschließende Regelung enthält.[61] Dies kann zwar nicht für Gesundheitsdaten gelten, die in der

59 S. näher Jandt/Roßnagel/Wilke, RDV 2011, 228.

60 S. Kap. 2.1.

61 BSG, CR 2009, 460 ff.

Arztpraxis oder im Krankenhaus erhoben werden,[62] gilt aber für Sozialdaten, die dem Sozialgeheimnis nach § 35 Abs. 1 SGB I unterliegen. Für diese gibt es zwar die Möglichkeit, nach § 67d i.V.m. § 67b Abs. 1 SGB X in eine Übermittlung einzuwilligen. Diese Einwilligung gilt aber nur, wen die Übermittlung an eine der in § 35 Abs. 1 SGB I genannten Stellen erfolgt. § 35 Abs. 1 SGB I benennt abschließend die Stellen, durch die die Verarbeitung von Sozialdaten zulässig ist. Diese Begrenzung darf nicht durch eine datenschutzrechtliche Einwilligung in Bezug auf eine nicht in dieser Vorschrift genannte Stelle unterlaufen werden.[63] Selbst wenn nach diesen Regelungen eine Einwilligung möglich ist, muss berücksichtigt werden, dass individuelle Einwilligungen im Regelfall nicht für den systematischen Betrieb informationstechnischer Anwendungen geeignet sind.

Als gesetzliche Erlaubnisnormen kommen neben wenigen Spezialregelungen der Landeskrankenhausgesetze, der berufsrechtlichen Regelungen für Ärzte, Psychotherapeuten, und Apotheker sowie der gesetzlichen Krankenkassen im SGB V und sonstiger Sozialleistungsträger in §§ 69, 71, 73 und § 76 SGB X vor allem die Regelungen in § 28 Abs. 6 und 7 BDSG in Betracht. Danach dürfen Gesundheitsdaten grundsätzlich nur an ärztliches Personal oder sonstige Personen übermittelt werden, die einer entsprechenden Geheimhaltungspflicht unterliegen. Die Übermittlung muss für die Zwecke der Gesundheitsvorsorge, der medizinischen Diagnostik, der Gesundheitsversorgung oder Behandlung oder der Verwaltung von Gesundheitsdiensten erforderlich und auf diese begrenzt sein. Nach diesen Voraussetzungen scheidet eine Übermittlung von Gesundheitsdaten durch Leistungserbringer oder Leistungsträger an die betrachteten Dienstleister überwiegend aus.[64]

Erheben diese Dienstleister über Smart Watches, Fitness-Armbänder, Sensoren am Menschen oder in der Umgebung von Menschen Vitaldaten, gehen sie mit Gesundheitsdaten dieser Menschen um, ohne ärztliches Personal zu sein und ohne die Daten für die von § 28 Abs. 6 und 7 BDSG genannten Zwecke zu verwenden. Insbesondere ist mit der Verwaltung von Gesundheitsdiensten in § 28 Abs. 7 BDSG die administrative Seite der medizinischen Versorgung gemeint,[65] nicht die Verarbeitung von Gesundheitsdaten in Gesundheits-Apps oder anderen nicht von Ärzten genutzten Telemedien. Dieser Datenumgang ist daher allenfalls dann zulässig, wenn die Betroffenen den App-Anbietern eine Einwilligung nach

---

62 S. hierzu ausführlich Jandt/Roßnagel, MedR 2011, 144.

63 BSGE 102, 134 (144).

64 S. z.B. Simitis, in: ders. (Hrsg.), Bundesdatenschutzgesetz, 8. Aufl. 2014, § 28 Rn. 317.

65 S. z.B. Simitis (Fn. 64), Rn. 315.

§ 4a Abs. 3 BDSG erteilt haben. Diese kann in diesem Fall nach § 13 Abs. 2 TMG in elektronischer Form erteilt werden.[66]

## 5. Schweigepflicht und Gehilfentätigkeit

Während die datenschutzrechtlichen Regelungen die jeweilige Institution als verantwortliche Stelle verpflichten, gilt die berufliche Pflicht, über beruflich anvertraute Gesundheitsdaten zu schweigen, für die jeweilige Person. Sie ist von allen zu beachten, die in einem Heilberuf mit staatlich geregelter Ausbildung, in einer privaten Krankenversicherung oder privatärztlichen Verrechnungsstelle oder als Mitarbeiter in der gesetzlichen Sozialversicherung mit Gesundheitsdaten umgehen.

Diese persönliche Verpflichtung wirkt aber mittelbar auch für die Institution, in der die Verpflichteten arbeiten. Sie muss als Arbeitgeber den Umgang mit Gesundheitsdaten so organisieren und gestalten, dass von den persönlich Verpflichteten kein rechtswidriges Verhalten verlangt wird.[67]

### 5.1 Unbefugtes Offenbaren

Das unbefugte Offenbaren von anvertrauten Gesundheitsdaten ist gemäß § 203 Abs. 1 und 2 StGB strafbar. Ein Offenbaren ist immer dann gegeben, wenn einer anderen Person die Kenntnis der Gesundheitsdaten ermöglicht wird, die sie für ihre Berufsausübung nicht benötigt. Dies gilt auch für andere Heilberufsausübende, die mit der Behandlung des Patienten nicht befasst sind.[68] Auch jede innerorganisatorische Mitteilung der Daten an Dritte, die die Daten nicht für ihre arbeitsteilige Unterstützung in der Gesundheitsversorgung des Patienten benötigen, ist eine Offenbarung.[69]

Die Weitergabe der Gesundheitsdaten an einen Dritten ist nur dann kein Verstoß gegen die ärztliche Schweigepflicht, wenn sie befugt erfolgt. Die Befugnis zur Offenbarung von Patientengeheimnissen kann entweder aufgrund einer gesetzlichen Offenbarungspflicht oder einer wirksamen Entbindung von der Schweigepflicht durch den Patienten bestehen.[70]

---

66 S. Jandt/Schaar/Schulz, in: Roßnagel (Hrsg.), Recht der Telemediendienste, § 13 TMG, Rn. 66 ff.

67 Jandt/Roßnagel/Wilke, NSR 2011, 645.

68 S. z.B. BayOLG, NJW 1995, 1623.

69 Kühl, in: Lackner/Kühl/Hegner, StGB-Kommentar, 28. Aufl. 2014, § 203 Rn. 17.

70 S. Ostendorf, DRiZ 1981, 8.

Die Vorschriften zur Auftragsdatenverarbeitung kommen als Befugnisnorm zur Offenbarung allenfalls dann in Betracht, wenn sie die Leistungserbringer ausdrücklich dazu ermächtigen, auch Gesundheitsdaten ihrer Patienten in Auftragsdatenverarbeitung bearbeiten zu lassen, und zusätzliche Anforderungen stellen, um eine Offenbarung von Patientengeheimnissen zu verhindern.[71] Dagegen können die allgemeinen Vorschriften zur Auftragsdatenverarbeitung nicht unmittelbar als Befugnisnorm zur Geheimnisweitergabe verstanden werden.[72] Gemäß § 1 Abs. 3 Satz 2 BDSG und vergleichbarer Regelungen in den Landesdatenschutzgesetzen bleibt die Verpflichtung zur Wahrung von Geheimhaltungspflichten durch die allgemeinen Datenschutzvorschriften unberührt.[73] Gegen eine Befugnis durch die allgemeinen Vorschriften zur Auftragsdatenverarbeitung spricht auch, dass die Datenschutzgesetze und das Patientengeheimnis gerade unterschiedliche Adressaten verpflichten. Für die Einhaltung der Datenschutzvorschriften ist die verantwortliche Stelle verantwortlich, während die Verschwiegenheitspflicht jeden Arzt persönlich trifft.[74] Daher ist in der Regel eine Erklärung des Patienten über die Entbindung von der Schweigepflicht für eine Übermittlung von Gesundheitsdaten erforderlich.[75]

## 5.2 Kooperationspartner als „Gehilfen"

Allerdings stehen den zur Wahrung des Patientengeheimnisses Verpflichteten nach § 203 Abs. 3 Satz 2 StGB „ihre berufsmäßig tätigen Gehilfen … gleich". Diese unterliegen ebenfalls der Schweigepflicht. Auch sie machen sich durch eine unbefugte Offenbarung strafbar. Im Umkehrschluss bedeutet dies, dass eine Weitergabe von Gesundheitsdaten an die Gehilfen keine Offenbarung von Geheimnissen darstellt,[76] da diese zum „Kreis der zum Wissen Berufenen" gehören.[77]

Wenn Gesundheitsdaten an die neuen Beteiligten im Gesundheitssystem weitergegeben werden sollen, so ist dies nur zulässig, wenn diese als „Gehilfen" im Sinn des § 203 Abs. 3 Satz 2 StGB angesehen werden können. Gerade in Bezug auf

71 Dies ist in einigen Landeskrankenhausgesetzen so geregelt.

72 Hoenike/Hülsdunk, MMR 2004, 788; Mahlein, Das Krankenhaus 2004, 108.

73 Kroschwald (Fn. 1), 348; Conrad/Fechtner, CR 2013, 144f.; a.A. Buchner, MedR 2013, 339.

74 Hoeren, in: Roßnagel 2003, 4.6, Rn. 100; Jandt/Roßnagel/Wilke, NSR 2011, 645; Kroschwald (Fn. 1), 348.

75 S. z.B. Jandt/Roßnagel, MedR 2011, 144f.

76 BGH, NJW 1995, 2916; Kroschwald (Fn. 1), 345.

77 Conrad/Fechtner, CR 2013, 144.

neue Kooperationsformen – wie insbesondere Outsourcing[78] von Funktionen und Cloud Computing[79] – ist sehr umstritten, wer in welcher Funktion als „Gehilfe“ angesehen werden kann.

Ein enges Verständnis des Gehilfen fordert eine organisatorische Einbindung in die Organisation des Geheimnisträgers. Dies entspreche dem Gesetzeswortlaut, der „ihre berufsmäßig tätigen Gehilfen“ meint. Nur wenn ein tatsächliches Direktionsrecht bestehe, das durch die Einbindung der Person entstehe, könne sie Gehilfe sein. Nach dieser Ansicht muss also ein abhängiges Beschäftigungsverhältnis vorliegen.[80] Diese Ansicht entspricht dem traditionellen Verständnis der Gehilfentätigkeit, für die prototypisch die Arbeit der Sprechstundenhilfe steht. Sie ist allerdings auch auf dieses traditionelle Verständnis beschränkt und nicht offen für Änderungen in der Arbeitsteilung und der Arbeitsorganisation.

Diese Offenheit wird von einer weiten Auffassung der Gehilfentätigkeit betont. Sie lässt einen funktionalen Bezug zum Geheimhaltungsverpflichteten genügen. Dafür verweist sie auf die Vorschrift des § 53a StPO, nach der das Zeugnisverweigerungsrecht des Gehilfen auch von Selbstständigen in Anspruch genommen werden kann.[81] Entscheidend sei, dass der Patient darauf vertrauen könne, dass durch die Weitergabe der Informationen an den Gehilfen keine weiteren Risiken geschaffen werden.[82] Soweit dies gewährleistet sei, könnten auch Selbstständige als Gehilfen angesehen werden.[83] Dies entspricht allerdings nicht den Erwartungen des vertrauenden Patienten. Er vertraut seine Gesundheitsdaten dem zur Verschwiegenheit Verpflichteten an und erwartet, dass diese Informationen in der engen Sphäre dieser Person verbleiben.[84] Gegenüber einem Gehilfen muss somit ein persönlicher Einflussbereich bestehen. Eine vertragliche Verschwiegenheitszusage reicht hierfür nicht aus.[85] Allein aufgrund dieser kann der zur Verschwiegenheit Verpflichtete nicht gewährleisten, dass jeder Mitarbeiter in einer selbständigen „Gehilfen“-Institution die Pflicht zur Verschwiegenheit tatsächlich erfüllt.

Entscheidend sind das besondere persönliche Vertrauen des Patienten gegenüber dem zur Verschwiegenheit Verpflichteten und dessen persönliche

78 S. z.B. Hoenike/Hülsdunk, MMR 2004, 788 ff. m.w.N.

79 S. z.B. Kroschwald (Fn. 1), 345 m.w.N.

80 S. z.B. Bohnstedt (Fn. 1), 133; Härting, NJW 2005, 1249; Ehmann, CR 1991, 295.

81 Heghmanns/Niehaus, NStZ 2008, 61; Hoenike/Hülsdunk, MMR 2004, 789f.

82 Hartung, VersR 2012, 408; Lensdorf/Mayer-Wegelin/Mantz, CR 2009, 64f.; zu den veränderten Erwartungen von Patienten an Geheimnisse auch Giesen, NStZ 2012, 122.

83 Ehmann, CR 1991, 295; Heghmanns/Niehaus, NStZ 2008, 61; Bräutigam CR 2011, 415f.

84 S. z.B. Jandt/Roßnagel/Wilke, NSR 2011, 646f.; s. auch Langkeit, NStZ 1994, 7.

85 Kroschwald (Fn. 1), 347; Heghmanns/Niehaus, NStZ 2008, 61.

Verantwortung. Daher ist einer vermittelnden Meinung zu folgen, die zwar nicht auf die organisatorische Eingliederung abstellt, aber einen aus der persönlichen Verantwortung folgenden Einfluss auf die Verschwiegenheit des Gehilfen fordert. Dieser Einfluss muss sich unmittelbar auf die Person des Gehilfen beziehen, nicht auf eine andere Institution, die dann erst die Person, die das Geheimnis erfährt, anweist. Für die Gehilfenstellung wird daher eine gewisse persönliche Nähe zu dem Verpflichteten vorausgesetzt. Er muss ihm persönlich bekannt sein und ihm gegenüber eine tatsächliche Steuerungsmacht ausüben können.[86] Für diese kommt es vor allem auf die Dichte der Kontroll- und Sicherungsmaßnahmen,[87] der technischen und organisatorischen Sicherheitsvorkehrungen,[88] der Dispositionsbefugnisse des Verpflichteten über Arbeitsabläufe und Arbeitsverhalten[89] sowie auf den Einfluss bei der Auswahl des Gehilfen an.[90] Nur dann behält der Verpflichtete eine ausreichende Herrschaft über die ihm überlassenen Gesundheitsdaten auch während ihrer Bearbeitung durch den Gehilfen.[91]

## 5.3 Einordnung von Beispielsfällen

Der Begriff des Gehilfen ist also notwendiger Weise nur beschränkt auslegungsfähig. Daher können nicht alle Datenübermittlungen an die neuen Beteiligten im Gesundheitssystem, die Gesundheitsdaten für ihre arbeitsteiligen Leistungsbeiträge benötigen, durch die Anwendung des § 203 Abs. 3 Satz 2 StGB als Weitergabe an „zum Wissen Berufene“ angesehen werden. Bei dem Versuch einer Einordnung ist zu beachten, dass die Annahme einer Gehilfenstellung zwar eine Weitergabe von Gesundheitsdaten ermöglicht, die keine Offenbarung ist, zugleich aber die besondere Strafbarkeit des Gehilfen begründet, wenn er diese Daten weitergibt. Wie auch bei der Frage nach der Datenverarbeitung im Auftrag können für die genannten Beispielsfälle[92] drei Gruppen gebildet werden:

Die Dienstleister der ersten Gruppe können nicht als Gehilfen angesehen werden, weil sie organisatorisch verselbständigt sind, eigene Zwecke verfolgen und eigenständig agieren. Ihnen fehlt die ausschließliche Zwecksetzung, dem

86 So Heghmanns/Niehaus, NStZ 2008, 61f.; Hartung, VersR 2012, 409, Hoenike/Hülsdunk, MMR 2004, 791; Lensdorf/Mayer-Wegelin/Mantz, CR 2009, 64f; Szalai/Kopf, ZD 2012, 467f.

87 Hartung, VersR 2012, 409; Szalai/Kopf, ZD 2012, 467f.

88 Heghmanns/Niehaus, NStZ 2008, 61.

89 Jahn/Palm, AnwBl. 2011, 620.

90 Lensdorf/Mayer-Wegelin/Mantz, CR 2009, 65; Szalai/Kopf, ZD 2012, 467 f.

91 Kroschwald, (Fn. 1), 347; Heghmanns/Niehaus, NStZ 2008, 62.

92 S. Kap. 1.

Schweigepflichtigen zu helfen. Ihnen gegenüber hat dieser keine Weisungsbefugnisse. Unternehmen, die in Krankenhäusern und Arztpraxen Qualitätsprüfungen durchführen, dürfen gerade nicht gegenüber dem zu Prüfenden weisungsabhängig sein, wenn sie ihre Aufgabe tatsächlich erfüllen wollen. Factoring-Unternehmen erwerben die Forderung des Leistungserbringers und ziehen sie selbständig und im eigenen Interesse ein.[93] Auch Unternehmen, die medizinische Big Data-Analysen durchführen, verstehen sich nicht als Gehilfe des Arztes oder des Krankenhauses, sondern verfolgen mit den Datensammlungen und den Analysen eigene Interessen und wollen sowohl ihre Analysen als auch ihre „Datenschätze" Dritten ohne Weisungen eines Leistungserbringers anbieten.[94] Ebenso bieten Telemedien-Anbieter ihre Dienstleistung den Leistungserbringern als eigenen Dienst an.[95] Das Gleiche gilt für die Anbieter von Gesundheits- und Fittness-Apps oder von Wearable Computing-Anwendungen.[96] Schließlich sind auch die Anbieter informationstechnischer medizinischer Fachanwendungen nicht als Gehilfen anzusehen, da sie eine eigene Dienstleistung zur Verfügung stellen, die der Leistungserbringer kaufen oder abonnieren kann.

In der zweiten Gruppe bieten Dienstleister zwar ausdrücklich Hilfsleistungen für die zur Verschwiegenheit Verpflichteten an. Sie können aber dennoch nicht als Gehilfen angesehen werden, weil sie im Regelfall dem Verpflichteten nicht persönlich bekannt sind, er die Personen, die mit den Gesundheitsdaten umgehen, nicht aussuchen kann, er keine Dispositionsbefugnisse über ihre Arbeitsabläufe und ihr Arbeitsverhalten hat und er ihren Umgang mit den anvertrauten Daten nicht selbst und nicht wirksam steuern oder beeinflussen kann. Dies gilt in jeder Hinsicht für das Cloud Computing. Große Cloud-Anbieter wie Google, Amazon oder auch Telekom sind keine Gehilfen einer Arztpraxis oder eines Krankenhauses.[97] Ihr konkreter Umgang mit anvertrauten Daten ist für den Verpflichteten weder zu kontrollieren noch zu steuern. Vergleichbares gilt für Konzern-Rechenzentren, die für alle Unternehmen eines Gesundheitskonzerns die Datenverarbeitung übernehmen. Der einzelne Arzt in einem abhängigen Krankenhaus, der zur Verschwiegenheit verpflichtet ist, hat keine Chance, den Umgang mit den ihm anvertrauten Daten im Rechenzentrum des Konzerns zu kontrollieren oder

---

93 S. z.B. Jandt/Roßnagel, MedR 2013, 17 ff.
94 Becker/Schwab, ZD 2015, 151 ff.
95 Gitter (Fn. 53), § 2 TMG, Rn. 14 ff.
96 S. z.B. Jandt/Hohmann (Fn. 15), 15 ff.
97 S. Kroschwald (Fn. 1 ), 345 ff.

zu beeinflussen.[98] Schließlich hat der behandelnde Arzt auch keine wirksamen tatsächlichen Kontroll- und Weisungsmöglichkeiten gegenüber den Personen, die die Datenverarbeitung in einer Ubiquitous Computing-Anwendung in einem Krankenhaus betreuen, die zum Beispiel mit Hilfe von Smart Home-Techniken oder über Wearable Computing die Überwachung von Patienten unterstützt und Notfallsituationen meldet.

Die dritte Gruppe bilden Personen, für die ausnahmsweise die Voraussetzungen für eine Gehilfentätigkeit hergestellt werden kann. Sie müssten eine gewisse persönliche Nähe zu dem Verpflichteten haben und ihm persönlich bekannt sein. Er müsste sie auswählen und über ihre Arbeitsabläufe und ihr Arbeitsverhalten disponieren und vor allem ihren Umgang mit den ihm anvertrauten Gesundheitsdaten steuern können. Diese Voraussetzungen könnten eventuell hergestellt werden, wenn es um die Unterstützung durch Laborarbeiten, um Datenauswertungen, um Analyseleistungen oder um die Wartung oder Reparatur von IT-Geräten und Software geht.[99]

Hinsichtlich der Schweigepflicht der Angehörigen von Gesundheitsberufen bleiben mehr Fälle der Kooperation mit neuen Beteiligten des Gesundheitssystems, die nicht zufriedenstellend gelöst werden können, als bei der Frage nach einer Datenverarbeitung im Auftrag. Dies liegt daran, dass die Datenverarbeitung im Auftrag eine Auswahl, Kontrolle und Weisung der verantwortliche Stelle gegenüber dem Auftragsunternehmen voraussetzt, dagegen die Gehilfeneigenschaft, die eine Weitergabe von Gesundheitsdaten straffrei ermöglichen würde, die persönliche Auswahl, Kontrolle und Weisung der Person, die Gehilfe sein soll, durch den zur Verschwiegenheit Verpflichteten erfordert. Liegen diese Voraussetzungen nicht vor, ist der Empfänger der Gesundheitsdaten also kein Gehilfe des Verpflichteten, dann verstößt dieser durch eine Weitergabe von Gesundheitsdaten gegen seine Verschwiegenheitspflicht und macht sich strafbar.

## 6. Datenschutzgrundverordnung

Nach der Datenschutzgrundverordnung[100] wird sich für die hier untersuchten Fragestellungen nur sehr wenig ändern und nichts verbessern. Sie tritt in den Mitgliedstaaten am 25.5.2018 in Kraft.

---

98 Jandt/Roßnagel/Wilke, NSR 2011, 643f. am Beispiel von Krankenhäusern und Gesundheitskonzernen.

99 S. z.B. Knauer/Brose, in: Spickhoff (Hrsg.), Medizinrecht, § 203 StGB, Rn. 22.

100 Verordnung vom 27.4.2016, EU ABl. L 119 vom 4.5.2016, 1.

Die Datenschutzgrundverordnung verändert keine strafrechtlichen Vorschriften. Hierzu fehlt der Europäischen Union die Gesetzgebungskompetenz, strafrechtliche Regelungen in Form einer Verordnung zu treffen. Nach Art. 83 AEUV kann sie Regelungen nur zur Mindestharmonisierung und nur in Form von Richtlinien treffen.[101] Die Regelung zur Strafbarkeit der unbefugten Offenbarung von anvertrauten Gesundheitsdaten durch Berufsgeheimnisträger in § 203 StGB bleibt unverändert erhalten.

Die Verantwortung des für die Verarbeitung Verantwortlichen für die Verarbeitung (Art. 4 Nr. 7 DSGVO) bleibt nach Art. 5 Abs. 2 und 24 Abs. 1 DSGVO unverändert.

Besonders schützenswerte Daten sind in Art. 9 Abs. 1 DSGVO genau so definiert wie in § 3 Abs. 9 BDSG. Zu ihnen zählen auch Gesundheitsdaten. Diese sind in Art. 4 Nr. 15 DSGVO definiert als Daten, die sich auf die körperliche oder geistige Gesundheit einer Person beziehen, einschließlich des Angebots von Gesundheitsleistungen, aus denen Informationen über ihren Gesundheitsstatus hervorgehen. Sie unterliegen nach Art. 9 DSGVO dem gleichen Schutz wie bisher. Grundsätzlich besteht ein Verbot der Verarbeitung von Gesundheitsdaten. Von diesem Verbot sind in Art. 9 Abs. 2 DSGVO enge Ausnahmen vorgesehen, die weitgehend den bisherigen Regelungen in § 28 Abs. 6 bis 8 BDSG entsprechen. Nach Art. 9 Abs. 2 lit h und Abs. 4 DSGVO dürfen Gesundheitsdaten nur von Fachpersonal verarbeitet werden, die einer gesetzlichen Geheimhaltungspflicht unterliegen. Für den Schutz der in Art. 9 Abs. 1 DSGVO genannten Daten bestehen viele Regelungsmöglichkeiten der Mitgliedstaaten, so dass diese die bisherige Rechtslage weitgehend aufrechterhalten können. Daher bleiben die berufsrechtlichen Regelungen zum Umgang mit Gesundheitsdaten unverändert.

Für die Datenverarbeitung im Auftrag entfällt die Regelung, dass der Auftragnehmer kein Dritter und die Übertragung von personenbezogenen Daten an ihn keine Übermittlung ist und dass deswegen die Weitergabe von Daten an ihn nicht auf ihre datenschutzrechtliche Zulässigkeit geprüft werden muss. Jede Weitergabe von Daten an den Auftragnehmer ist nach der Verordnung eine rechtfertigungsbedürftige Phase der Datenverarbeitung. Auch künftig bleibt die Verantwortung bei einer Datenverarbeitung im Auftrag beim Auftraggeber. Der Auftragnehmer darf die Daten nach Art. 29 DSGVO nur auf dessen Anweisung hin verarbeiten. Der Auftraggeber muss nach Art. 28 DSGVO einen Auftragnehmer auswählen, der hinreichende Garantien dafür bietet, dass er die notwendigen technischen und organisatorischen Maßnahmen so durchführt, dass die Verarbeitung im Einklang

---

101 S. z.B. Satzger, in: Streinz, EUV/AEUV, 2. Aufl. 2011, Art. 83 AEUV, Rn. 2.

mit den datenschutzrechtlichen Anforderungen erfolgt und dass der Schutz des Betroffenen sichergestellt ist. Der Auftraggeber muss wie bisher mit dem Auftragnehmer einen detaillierten Vertrag schließen, ihm Weisungen erteilen und ihn kontrollieren. Eine Erleichterung gegenüber der bisherigen Situation kann die Möglichkeit bieten, die Einhaltung der datenschutzrechtlichen Vorgaben durch die Unterwerfung unter spezifische Verhaltensregeln nach Art. 40 DSGVO oder durch eine Zertifizierung nach Art. 42 DSGVO nachzuweisen. Ob die Übermittlung von Gesundheitsdaten an den Auftragnehmer und die Verarbeitung der Daten durch diesen zulässig ist, bestimmt sich nach der allgemeinen Vorschrift des Art. 9 DSGVO.[102]

## 7. Ergebnis

Folgende Erkenntnisse können als Ergebnis der Untersuchung festgehalten werden:

Ausgangspunkt aller rechtlichen Überlegungen nach geltendem Recht ist die Schweigepflicht des Leistungserbringers und des Leistungsträgers hinsichtlich der ihm in seiner Berufsausübung anvertrauten Informationen über den Patienten, insbesondere über seinen Gesundheitszustand.[103] Hinsichtlich dieser Schweigepflicht hat der Gesetzgeber eine klare Wertung zugunsten von Vertrauen und Verantwortung und zu Lasten situativer Erleichterungen durch Unterstützung Dritter im alltäglichen Betrieb des Gesundheitssystems getroffen.[104]

Die geltenden Rechtsregeln sind vom Ausgangspunkt der schweigepflichtigen Berufsträger aus konstruiert. Diese erheben die Gesundheitsdaten und sie haben die Verantwortung dafür, dass der weitere Umgang mit Gesundheitsdaten restriktiv erfolgt. Ein Datenfluss ist straf-, berufs- und datenschutzrechtlich nur unter ihrer weiterbestehenden Verantwortung denkbar. Durch diese Rechtsregeln entsteht ein abgeschotteter und auf die Beteiligten des traditionellen Gesundheitssystems[105] beschränkter Bereich, in dem Gesundheitsdaten weitergegeben werden.

Im Umgang mit Gesundheitsdaten ist eine Unterstützung und Entlastung der Geheimnisträger nur als Hilfsfunktion unter der weiterbestehenden Verantwortung des Schweigepflichtigen möglich. Die in der Wirklichkeit entstandene Differenzierung von Funktionen und die Arbeitsteilung im Gesundheitssystem[106] ist nur in das rechtliche Regelungssystem des Umgangs mit Gesundheitsdaten

102 S. hierzu näher Petri, ZD 2015, 308f.
103 S. Kap. 2.
104 S. Kap. 3.
105 S. Kap. 1.1.
106 S. Kap. 1.2 bis 1.4.

integrierbar, wenn die Beiträge der zusätzlichen Beteiligten des Gesundheitssystems als abhängige Unterstützung der schweigepflichtigen Berufsträger angesehen werden können: als Datenverarbeitung im Auftrag der verantwortlichen Stelle oder als Gehilfentätigkeit für den persönlich zum Schweigen Verpflichteten. In beiden Fällen ist eine sorgfältige Auswahl, Kontrolle und Weisung des Unterstützenden erforderlich.[107] Im Fall der Gehilfentätigkeit müssen zusätzlich eine persönliche Nähe und eine persönliche Steuerbarkeit des Datenumgangs gegeben sein.[108]

Die tatsächliche Entwicklung des Gesundheitssystems und die zunehmende Ubiquität von Gesundheitsdaten legt ein Neuverständnis der Begriffe des Gehilfen und der Datenverarbeitung im Auftrag nahe. Doch gibt der systematische Zusammenhang zwischen Vertrauen des Patienten und Verantwortung des zum Schweigen Verpflichteten nur einen sehr geringen Spielraum für ein erweitertes Verständnis des Gehilfen.[109] Auch einem erweiterten Verständnis der Datenverarbeitung im Auftrag sind Grenzen gesetzt. Auch nach der Datenschutzgrundverordnung muss die Verantwortung der verantwortlichen Stelle gewahrt bleiben. Der Wortlaut des § 11 BDSG erlaubt nur geringe Erleichterungen etwa in Bezug auf die notwendigen Kontrollen.[110]

Angesichts der Verarbeitung von Gesundheitsdaten durch Wearable Computing und Gesundheits-Apps könnte versucht werden, den Begriff der Gesundheitsdaten enger zu fassen und Fitness- und Lifestyle-Daten von Gesundheitsdaten abzugrenzen. Dies könnte dadurch geschehen, dass der Zweck und der Kontext in den Begriff hineingenommen werden. Alle diese Apps erheben und verarbeiten Daten über Körperfunktionen. Diese erlauben immer auch Aussagen über die körperliche oder geistige Gesundheit einer Person. Dennoch könnten diese Daten, wenn sie etwa nur dem Zweck der Trainingskontrolle, der Fitnessbeobachtung oder der Realisierung eines Lebensstils (z.B. „Quantified Self") dienen sollen, von den Daten unterschieden werden, die für Zwecke der Gesundheitsvorsorge, Gesundheitsfürsorge oder Gesundheitsleistungen gedacht sind. Aufgrund einer solchen Unterscheidung könnte – sicher nicht für alle, aber – für viele Fälle die erste Gruppe aus dem Begriff der Gesundheitsdaten und damit aus dem Anwendungsbereich der besonders schützenswerten Daten nach § 3 Abs. 9 BDSG ausgenommen werden. Unter die Strafnorm des § 203 BDSG fallen sie ohnehin nur, wenn sie einem schweigepflichtigen Berufsträger anvertraut worden sind.

107 S. Kap. 4.
108 S. Kap. 5.
109 S. Kap. 5.2.
110 S. z.B. Roßnagel (Fn. 46), 24.

Welche Präzisierungen der Zwecke und Kontexte für eine sinnvolle Abgrenzung erforderlich sind und welche Schutzvorkehrungen für die aus dem Begriff der Gesundheitsdaten ausgenommenen Daten über Körperfunktionen notwendig sind, bedürfte einer intensiven Diskussion.[111]

Im Ergebnis erlaubt das geltende Recht die arbeitsteilige Verarbeitung von Gesundheitsdaten nur in engen Grenzen unter der Verantwortung des Schweigepflichtigen. Alle darüber hinausgehenden arbeitsteiligen Beiträge zum Gesundheitssystem sind nur unter der individuellen Befreiung von der Schweigeplicht und einer auf die spezifischen Daten bezogenen Einwilligung möglich.

## 8. Rechtspolitische Schlussfolgerungen

Dieses Ergebnis ist unbefriedigend, weil die rechtlichen Möglichkeiten und Anforderungen nicht mit der Wirklichkeit eines sich ausdifferenzierenden, arbeitsteiligen und vernetzten Gesundheitssystems übereinstimmen. Hieraus ergeben sich Anforderungen an die Rechtspolitik.

Die Ausdifferenzierung, Arbeitsteilung und Vernetzung rückgängig zu machen, würde nicht gelingen. Sie wäre angesichts der Fortschritte des Gesundheitssystems auch nicht wünschenswert. Wenn die arbeitsteilige Zusammenarbeit der Leistungserbringer und der Leistungsträger mit den neuen Beteiligten ohne Probleme ermöglicht werden sollte, müssten alle Funktionsträger zum Schweigen verpflichtet werden. Dies wäre aber bereits aus praktischen Gründen nur in Grenzen sinnvoll und durchsetzbar.

Einen rechtlichen Neuansatz zu wählen und das Rechtssystem den Entwicklungen der Wirklichkeit anzupassen, wäre rechtlich weder möglich noch wünschenswert. Patientengeheimnis und Verschwiegenheit, Schutz der Daten und Zweckbegrenzung sind grundrechtlich geboten und geschützt. Außerdem sind sie von der Systemfunktionalität des Gesundheitssystems gefordert.

Möglich erscheint nur ein Mittelweg, der angesichts der Veränderungen der Wirklichkeit immer wieder prüft, welche Anpassungen bei Akzeptanz der verfassungsrechtlichen Anforderungen möglich sind. Dies kann auf zwei Wegen erfolgen: Zum einen können neue Möglichkeiten aufgegriffen und neu entstehende Fragen geklärt werden, indem das geltende Konzept konkretisiert und klargestellt wird. Zum anderen können Problemlösungen durch rechtliche und technische Gestaltung gefunden werden.

---

111 Zu den Risiken dieser Apps für Gesundheitsdaten s. Jandt/Hohmann (Fn. 15), 24f.; Art. 29-Datenschutzgruppe (Fn. 26).

Konkretisierungen und Klarstellungen, die zu mehr Rechtssicherheit und zur sinnvollen Ausnutzung von Spielräumen beitragen, wären sehr wünschenswert. Sie können sich auf Begriffe und Rechtsfolgen beziehen. Hier wäre vor allem eine gesetzliche Unterscheidung zwischen nicht gesundheitsbezogenen Körperdaten und im Gesundheitssystem erhobene und verwendete Gesundheitsdaten hilfreich. Für die nicht gesundheitsbezogenen Körperdaten müssten Anforderungen an die Zulässigkeit ihrer Erhebung und Verwendung sowie Schutzvorkehrungen gesetzlich festgelegt werden, die ihrem Missbrauchsrisiko adäquat sind.[112] Eine andere sinnvolle Klarstellung könnte sich zum Beispiel auf die Voraussetzungen der Datenverarbeitung im Auftrag beziehen: So könnten geprüfte Standardverträge oder Datenschutzerklärungen als im Voraus akzeptierte Weisung des Auftraggebers und Zertifizierungen als Fremdkontrollen angesehen werden, die eine Eigenkontrolle des Auftraggebers überflüssig machen.[113]

Problemlösungen durch rechtliche und technische Gestaltung könnten in vielen Fällen dazu führen, dass Funktionserleichterungen möglich werden und dennoch das Patientengeheimnis geschützt wird. So können etwa Krankenhausinformationssysteme genutzt werden, wenn sie mandantenfähig sowie zugangs- und zugriffsgeschützt, nur berechtigten Geheimnisträgern zugänglich sind und alle Zugriffe protokolliert werden.[114] Das Factoring von Forderungen aus Behandlungsverträgen ist dann zulässig, wenn keine personenbezogenen Daten an das Factoring-Unternehmen übermittelt werden und dieses in Form des unechten Factoring nur die Forderung erwirbt und im eigenen Namen bei der zuständigen Krankenversicherung einzieht.[115] Externe Qualitätsprüfungen von Ärzten und Krankenhäusern sind möglich, wenn sie – soweit möglich – mit anonymisierten oder pseudonymisierten Patientendaten arbeiten und – soweit dies nicht möglich ist – mit standardisierten Erklärungen zur datenschutzrechtlichen Einwilligung und zur Entbindung von der Schweigepflicht arbeiten, die spezifische Schutzvorkehrungen vorsehen (z.B. Übermittlung der Patientendaten nur an einen Arzt).[116] Diese Gestaltungslösungen sind weitgehend ohne gesetzliche Änderungen möglich, könnten aber durch diese unterstützt werden. Für diese würde es eventuelle ausreichen, wenn die Aufsichtsbehörden oder der Datenschutzausschuss nach Art. 64 DSGVO sie als Best Practice propagieren.

---

112 S. hierzu z.B. auch Jandt/Hohmann (Fn. 15), 26.

113 S. z.B. Roßnagel (Fn. 46), 25; Kroschwald (Fn. 1), 221 ff.; ähnlich Art. 26 DSGVO-E.

114 S. z.B. Jandt/Roßnagel, RDV 2011, 228.

115 S. z.B. Jandt/Roßnagel, MedR 2013, 23.

116 S. z.B. Jandt/Roßnagel, MedR 2011, 145.

Eine rechtlich-technische Gestaltung könnte schließlich auch darin liegen, dass die Nutzung der Telematikinfrastruktur für viele arbeitsteilige Kooperationen im Gesundheitssystem ermöglicht und gefordert wird. Das eHealth-Gesetz, durch das diese Infrastruktur eingerichtet wird,[117] verfolgt ohnehin das „Ziel, die Telematikinfrastruktur mit ihren Sicherheitsmerkmalen als die zentrale Infrastruktur für eine sichere Kommunikation im Gesundheitswesen zu etablieren und sie für weitere Anwendungen im Gesundheitswesen und für weitere Leistungserbringer zu öffnen".[118] Dies würde viele Risiken für den korrekten Umgang mit Gesundheitsdaten reduzieren und die rechtliche Anerkennung arbeitsteiliger Datenbearbeitungen künftig erleichtern.

117 S. §§ 291a bis g SGB V.

118 BT-Drs. 18/5298, 1 ff., 27f.

Gerrit Hornung / Manuela Sixt

# Cyborgs im Gesundheitswesen: Verfassungs- und sozialrechtliche Implikationen von IT-Enhancement

The article describes innovations in the field of IT-enhancement and expounds the legal challenges they pose. Besides human rights (human dignity, physical integrity, informational self-determination, confidentiality and integrity of IT systems), this concerns the laws of data protection and IT security.

> Most of us would like to live longer, to have healthier and happier lives; to be able to control the sex of our children when they are conceived, and afterwards to mould their bodies, intellects and temperaments into the best possible form; to reduce unnecessary pain to a minimum; to be able at will to whip up our energies to their fullest pitch without later ill effects.
>
> (*Julian Sorell Huxley*, What dare I think?, 1931)

## 1. Hintergründe und Abgrenzungen

Dass Menschen ihren Körper (in einem sehr allgemeinen Sinn) verbessern, ist keine neue Entwicklung. Schon in der Antike wurden bestimmte Ideale des äußeren Erscheinungsbilds und der körperlichen Leistungsfähigkeit propagiert.[1] Der Mythos von Daidalos und Ikaros zeugt nicht nur vom ewigen Traum des Menschen, sich in die Lüfte zu schwingen, sondern auch von der Phantasie, den eigenen Körper um künstliche Bestandteile zu erweitern. Mit der beginnenden Moderne verbinden sich diese Leitbilder mit der allgemeinen Technisierung des menschlichen Lebens. Zumindest in fiktionalen Darstellungen erstreckt sich der Einsatz neuer Technologien bald nicht nur auf die Umgebung des menschlichen Körpers, sondern auch auf diesen selbst.[2]

---

1 *Pröglhöf/Mixday-Schima*, in: Hergovich (Hrsg.), Psychologie der Schönheit. Physische Attraktivität aus wissenschaftlicher Sicht, 2002, 104 ff.; *Wiesing*, in: Gordijn/Chadwick (Hrsg.), Medical Enhancement and Posthumanity, 2009, 9 ff.; s. zum Streben nach Selbstverbesserung in Antike und Neuzeit *Runkel*, Enhancement und Identität, 2010, 14 ff.; *Glockentöger/Bittner/Fangerau*, Jahrbuch für Wissenschaft und Ethik 2012, 71, 72 ff.; s. ferner die Beiträge in Coenen/Gammel/Heil/Woyke (Hrsg.), Die Debatte über „Human Enhancement", 2010.

2 S. die Zusammenstellung unter https://en.wikipedia.org/wiki/Cyborgs_in_fiction.

Viele dieser Vorstellungen von hybriden, organisch-technischen Wesen sind nach wie vor Science Fiction und werden dies auf absehbare Zeit auch bleiben.[3] Andere umfassen relativ konkrete technische Visionen, die inzwischen teilweise umgesetzt sind oder in naher Zukunft umsetzbar sein werden. Während die ersten tatsächlich verfügbaren technischen Hilfsmittel zumeist mechanischer Art waren, lässt sich seit einigen Jahren ein deutlicher Trend zum Einsatz von Informationstechnologie beobachten.

Ab welchem Grad an Technikeinsatz man Menschen, deren Körperfunktionen durch solche Hilfsmittel wiederhergestellt oder erweitert werden, als „Cyborgs" bezeichnet, ist im Wesentlichen eine definitorische Frage. Bemerkenswert ist jedenfalls, dass dieser Begriff – der sich aus den Wörtern cybernetic und organism zusammensetzt[4] – vielfach in einem positiven Sinn verwendet wird. Betroffene, die aufgrund medizinischer Notwendigkeit oder technischer Begeisterung Prothesen, Körperimplantate oder andere elaborierte Hilfsmittel verwenden,[5] bezeichnen sich selbst als Cyborgs und organisieren Veranstaltungen zum Austausch über technische Innovationen und Erfahrungen.[6] Während im Bereich der fiktionalen Charaktere viele abstoßende Beispiele wie die Borg aus der Science Fiction-Serie „Star Trek" zu finden sind,[7] entspricht ein solches neutrales oder sogar positiv konnotiertes Verständnis sogar dem der Erfinder des Begriffs. Dieser wurde erstmals im Jahre 1960 durch *Clynes* und *Kline* im Titel eines Aufsatzes zur technisch

3 Zum Verhältnis von technofuturistischen Visionen und Science-Fiction-Literatur s. im hiesigen Zusammenhang *Gammel*, in: Coenen/Gammel/Heil/Woyke (Fn. 1.), 209 ff.

4 Er bezeichnet also ein hybrides Wesen, dessen organische Bestandteile durch „kybernetische" Elemente ergänzt oder erweitert werden, s. näher *Heilinger/Müller*, Jahrbuch für Wissenschaft und Ethik 2007, 23.; s.a. ebd., 21 ff. zu einzelnen Wesensmerkmalen; ferner *Clarke*, IEEE Technology and Society 30, 3 (2011), 49 ff.

5 Nach einer aktuellen Umfrage können sich 11% der Bevölkerung „sehr gut" und 40% „gut" vorstellen, sich Implantate zur Steigerung geistiger Fähigkeiten einpflanzen zu lassen, s. BMBF, Zukunftsmonitor 2015.

6 S. z.B. http://borgfest.com/: „a festival and expo to celebrate and support people interested in human augmentation, enhancement, body modification, and wearable technology". Verbindungen ergeben sich dabei auch zur „quantified self"-Bewegung, der es darum geht, durch Self-Tracking-Lösungen möglichst viele Daten über den eigenen Körper und das eigene Verhalten zu erheben und diese mit anderen auszutauschen.

7 Dabei handelt es sich um eine totalitäre, in der Art eines kollektiv agierenden Schwarms organisierte Gesellschaft aus Cyborgs, die andere Völker rücksichtslos assimiliert. Berühmt ist der (teilweise variierte) Ausspruch beim Kontakt mit diesen: „We are the borg. You will be assimilated. Resistance is futile".

unterstützten Anpassungsfähigkeit des Menschen an die Lebensbedingungen im Weltraum verwendet.[8]

Im Weiteren soll es weniger um die grundsätzlichen Utopien und Dystopien gehen, die sich mit dem Begriff des Cyborgs verbinden, sondern um konkrete Fragen der „Verbesserung" des menschlichen Körpers. Diese kann sich zum einen auf eine Wiederherstellung oder Aufrechterhaltung menschlicher Fähigkeiten beziehen, die aus medizinischer Sicht indiziert ist. Zum anderen finden sich auch erste Beispiele für nicht-indizierte Anwendungen. Diese zielen darauf, die geistige und körperliche Leistungsfähigkeit des menschlichen Körpers über das „Natürliche" hinaus zu steigern.

Einzelne Instrumente zu einer derartigen Verbesserung werden häufig als „Enhancement" bezeichnet. In der wissenschaftlichen Diskussion wird dieser Begriff überwiegend auf die Gruppe nicht medizinisch indizierter Eingriffe beschränkt.[9] Aus rechtlicher Sicht ist allerdings gerade die Abgrenzung zwischen indizierten und nicht indizierten Eingriffen besonders relevant.[10] Im Weiteren werden deshalb beide Fallgruppen behandelt. Ohnehin ist die Unterscheidung in Grenzbereichen schwierig, weil sie vom Begriff der Krankheit abhängt, der sowohl aus medizinischer als auch aus rechtlicher Sicht nicht unumstritten ist.

Innerhalb der verschiedenen Möglichkeiten der Verbesserung des menschlichen Körpers nimmt der Bereich der Informationstechnologie („IT-Enhancement") eine besondere Stellung ein. In ihm verbinden sich zwei Modernitätsdiskurse. Zum einen schließt IT-Enhancement an die allgemeinere Diskussion um das Enhancement – insbesondere durch den Einsatz von Psychopharmaka (Neuro-Enhancement) – an und stellt viele dort diskutierte Probleme[11] unter einen

---

8 *Clynes/Kline*, Cyborgs and space, Astronautics 1960, 26; frühe Beschreibungen auch bei *Rorvik*, As Man Becomes Machine: The Evolution of the Cyborg, 1971.

9 *Beck*, MedR 2006, 95; *Merkel*, ZStW 2009, 919, 929 f.; *Lindner*, MedR 2010, 463 f.; *Ruf*, Enhancements, 2014, 98 ff.; kritisch zur Unterscheidbarkeit *Groß*, in: Wienke/Eberbach/Kramer/Janke (Hrsg.), Die Verbesserung des Menschen, 2009, 85 ff; Ausarbeitung einer Unterscheidung zwischen Therapie und Enhancement bei *Hoffmann*, Jahrbuch für Wissenschaft und Ethik 2006, 201 ff., kritisch und für eine engere Abgrenzung *Synofzik*, Ethik Med 2006, 37 ff.

10 *Beck*, MedR 2006, 95, 96 ff.; *Eberbach*, in: Wienke/Eberbach/Kramer/Janke (Fn. 9), 16 ff.

11 *Chadwick*, in: Gordin/Chadwick (Fn. 1), 25 ff.; *Merkel*, ZStW 2009, 919 ff.; *Lindner*, MedR 2010, 463 ff.; *Kunz*, MedR 2010, 471 ff.; *Gärditz*, PharmR 2011, 46 ff.; medizinische Perspektiven bei *Förstl*, Der Nervenarzt 2009, 840 ff.; *Gründer/Bartsch*, Der Nervenarzt 2014, 1536 ff.; s. aus medizinethischer Sicht *Groß*, in: Wienke/Eberbach/Kramer/Janke (Fn. 9), 85 ff. sowie umfassend die Beiträge in Schöne-Seifert/Talbot/Opolka/Ach (Hrsg.), Neuro-Enhancement – Ethik vor neuen Herausforderungen,

neuen Blickwinkel. Zum anderen nimmt die Diskussion Grundfragen der Informationsgesellschaft auf, nämlich die Bedeutung technischer Hilfsmittel für das menschliche Leben, die damit verbundenen Veränderungen für das menschliche Selbstbild sowie die Möglichkeiten und Grenzen des Innovationsfolgenmanagements. Weitere Bezüge lassen sich zum Einsatz von Robotik im Gesundheitswesen[12] und zur Transplantationsmedizin[13] herstellen.

## 2. IT-Enhancement: Cyborgs ante portas?

In den letzten Jahren hat sich die Entwicklung technischer Hilfsmittel zur Unterstützung von Körperfunktionen erheblich beschleunigt. Die innovativen Technologien versprechen erhebliche Chancen, verursachen aber auch Risiken, die im Bereich der Gesundheitsversorgung bisher unbekannt waren.

### 2.1 Technische Innovationen

Unter dem Begriff des IT-Enhancements lässt sich eine Vielzahl technischer Innovationen zusammenfassen.

Eine erste Gruppe bildet die Verbesserung von Implantaten, die seit vielen Jahren in der Medizin Verwendung finden.[14] Moderne Herzschrittmacher können sich im Einzelfall auf die körperliche Beanspruchung des Trägers einstellen und den Herzschlag entsprechend anpassen.[15] Hierzu benötigen sie allerdings mehr Daten über die Herzfunktionen als ihre Vorgänger und eine gesteigerte Datenverarbeitungskapazität. Die Daten werden nicht nur einmalig für die Auslösung von Impulsen verwendet, sondern auch dauerhaft im Gerät gespeichert. Bei der

---

2009; philosophische Implikationen für die Vorstellung des „guten Lebens" bei *Glockentöger/Bittner/Fangerau*, Jahrbuch für Wissenschaft und Ethik 2012, 71, 84 ff.

12 Im Folgenden wird eine grobe Unterscheidung zwischen Eingriffen in den Körper sowie dem Einsatz von Implantaten (IT-Enhancement) einerseits und dem Einsatz externer Hilfsmittel (Robotik) andererseits vorgenommen. Die Grenzen werden perspektivisch allerdings verschwimmen, wenn beispielsweise Roboter durch neuronale Verbindungen dauerhaft mit dem menschlichen Körper verbunden werden; dazu noch unten 4.2.2.

13 Während die „normale" Übertragung menschlicher Organe eher nicht im Sinne eines Enhancements verstanden wird, werfen Xenotransplantationen und künstlich hergestellte Organe ähnliche ethische und rechtliche Probleme auf.

14 Der erste Schrittmacher wurde etwa schon im Jahre 1958 durch Åke Senning implantiert, s. http://www.cardiovascmed.ch/docs/2011/2011-04/2011-04-016.PDF.

15 S. zur Entwicklung *Fröhlig/Carlsson/Jung/Koglek/Lemke/Markewitz/Neuzner*, Herzschrittmacher- und Defibrillator-Therapie, 2. Auflage 2013.

Wartung des Schrittmachers und der Kontrolle des Einsatzes kann der behandelnde Arzt sodann die Informationen über den Herzrhythmus auslesen und auf diesem Wege eine Langzeitkontrolle durchführen. Neuere Entwicklungen ermöglichen die Datenabfrage auch durch den Patienten selbst, sodass dieser die Informationen kontinuierlich oder bei Beschwerden an seinen Arzt übermitteln kann.

Der Datenzugriff und die Konfiguration der Geräte werden perspektivisch auch über das Internet erfolgen. Bei Herzschrittmachern gibt es hierzu im Rahmen der Telenachsorge beziehungsweise des Telemonitorings je nach Anbieter schon länger Möglichkeiten zur Serveranbindung per GSM/GPRS oder über die Standardtelefonleitung.[16] Die Netzanbindungen sind in den letzten Jahren erheblich weiterentwickelt worden und ermöglichen deutlich gesteigerte Datenübertragungsraten. Insbesondere Mobilfunkstandards wie HSPA und LTE ermöglichen einen Breitbandzugang in Echtzeit über große Entfernungen auch im medizinischen Bereich.[17] Diese Weiterentwicklung wird zum Beispiel beim Telemonitoring und bei der Telenachsorge eine bessere Telepräsenz sowie ein drahtlos mobiles Home-Monitoring ermöglichen.[18]

Die Steuerung des menschlichen Körpers durch technische Geräte beschränkt sich seit einigen Jahren nicht mehr auf das Herz. Im Rahmen der so genannten tiefen Hirnstimulation (umgangssprachlich „Hirnschrittmacher" genannt) werden dem Patienten zunächst mithilfe einer stereotaktischen Operation Elektroden minimalinvasiv an einem bestimmten Punkt im Gehirn platziert, der zuvor durch eine magnetresonanz- und computertomografische Aufnahme des Gehirns bestimmt wird. In einer zweiten Operation wird dann der eigentliche Hirnschrittmacher unter die Brusthaut implantiert und mit den Elektroden verbunden.[19] Bisher werden die Geräte insbesondere bei motorischen Problemen eingesetzt, an denen vor allem Parkinson-Patienten leiden. Es gibt jedoch erste Erkenntnisse über die

---

16 *Rybak*, in: Goss/Middeke/Mengden/Smetak (Hrsg.), Praktische Telemedizin in Kardiologie und Hypertensiologie, 2009, 60.

17 *Wellnhofer/Jehle*, in: Jehle/Czeschik/Freund/Wellnhofer (Hrsg.), Medizinische Informatik Kompakt, 2014, 448 f.

18 *Wellnhofer/Jehle*, (Fn. 17) 449.

19 S. zu den technischen Hintergründen z.B. die Beiträge in Krauss/Volkmann (Hrsg.), Tiefe Hirnstimulation, 2004; *Vesper/Slotty*, Der Nervenarzt 2014, 169 ff. m.w.N.; ethische Probleme werden diskutiert z.B. von *Groß*, in: Wienke/Eberbach/Kramer/Janke (Fn. 9), 88 ff. und in den Beiträgen in Deutscher Ethikrat (Hrsg.), Der steuerbare Mensch, 2009; aus rechtlicher Sicht *Katzenmeier/Schmitz-Luhn*, in: Kern/Lilie (Hrsg.), FS zum 70. Geburtstag von Gerfried Fischer, 2010, 115 ff. sowie umfassend *Prütting*, Rechtliche Aspekte der Tiefen Hirnstimulation, 2013.

Möglichkeit der Beeinflussung von Gemütszuständen (die bisher vor allem als Nebenwirkungen auftreten), zur Steigerung der Gedächtnisleistung und anderer kognitiver Fähigkeiten.[20]

Auch der Bereich der Sinnesorgane scheint für IT-Implantate vielversprechend. Künstliche Augäpfel oder Retina-Implantate könnten in der Zukunft Blinden das Sehen ermöglichen; entsprechendes gilt für Implantate zur Verbesserung oder Wiederherstellung der Hörfähigkeit (vor allem Cochlea-Implantate).[21] Die technisch-medizinische Herausforderung dürfte insoweit insbesondere die Verbindung mit den entsprechenden Nerven zu sein. Ist dies gelungen, so wäre ein weiterer Bereich des Enhancements im engeren Sinne eröffnet, weil die Sensorik selbst technisch praktisch beliebig moduliert werden kann. Mit anderen Worten wäre es relativ unproblematisch möglich, mit künstlichen Augen Infrarotstrahlen oder mit künstlichen Ohren Ultraschallwellen zu erfassen und an die entsprechenden Nervenenden weiterzuleiten.[22]

Künstliche Gliedmaßen funktionieren schon heute in vielen Bereichen nicht nur rein physikalisch-mechanisch, sondern auch mit Informationstechnologie. Dies wird sich in Zukunft weiter verstärken, insbesondere im Bereich feinmotorischer Aktivitäten, also beispielsweise beim Greifen mit den Fingern. Im Unterschied zum Gehen, das mit rein mechanischen Unterschenkelprothesen gut bewerkstelligt werden kann, erfordern solche komplexen Vorgänge – wie auch immer geartete – Schnittstellen zum Nervensystem.[23]

Die Datenerhebung über menschliche Körperzustände könnte sich in vielen Bereichen in der Zukunft in den Körper selbst verlagern. In der Nähe des Herzens angebrachte Implantate können kontinuierliche EKGs aufzeichnen, die an mobile Endgeräte des Patienten außerhalb des Körpers übertragen und dort weiter

---

20 Z.B. *Groß*, in: Wienke/Eberbach/Kramer/Janke (Fn. 9), 90 f. m.w.N.; *Synofzik*, Der Nervenarzt 2013, 1175 ff.; s.a. die Nachweise bei *Beck*, in: dies. (Hrsg.), Jenseits von Mensch und Maschine, 2012, 10 ff. Eine Untersuchung mit 65 Probanden ergab z.B. einen leicht positiven Effekt der Tiefen Hirnstimulation auf die Fahrtüchtigkeit von Parkinson-Patienten, s. *Buhmann u.a.*, Neurology 2014, 32 ff. Insgesamt besteht hier offenbar noch erheblicher Forschungsbedarf.

21 S. z.B. www.heise.de/-1920784.html; aus medizinischer Sicht s. den Überblick bei *Carlson/Driscoll/Gifford/McMenomey*, Otolaryngologic clinics of North America 2012, 221 ff.; s.a. *Ruf* (Fn. 9), 29; McGee, in: Gordijn/Chadwick (Fn. 1), 207 ff.

22 *Eberbach*, in: Wienke/Eberbach/Kramer/Janke (Fn. 9), 8.

23 Zu den entsprechenden Forschungen im Bereich der Neuroprothetik s. *Stieglitz*, Bundesgesundheitsbl 2010, 783 ff.

ausgewertet werden.[24] Die Überwachung und Nachsorge für Patienten mit solchen Implantaten kann aus der Ferne im Wege eines Telemonitorings erfolgen,[25] das auch bei Cochlea-Implantaten viele Verbesserungen ermöglichen würde.[26] Die Anbindung nach außen kann dabei entweder über hergebrachte drahtlose Nahfeldkommunikationstechnologien wie Bluetooth erfolgen, oder perspektivisch durch den Körper selbst. Erste Forschungen zu so genannten „Smart Tattoos" versprechen, durch hauchdünne Implantate die menschliche Haut zum Ausgabegerät zu machen und etwa Daten über den Herzrhythmus, das Schlafverhalten oder Muskelaktivitäten anzuzeigen.[27]

In ihrer Gesamtheit könnten sich dauerhaft und temporär in den menschlichen Körper eingebrachte IT-Implantate, die beschriebenen Kommunikations- und Ausgabetechnologien, permanent mitgeführte Gesundheitsdatenspeicher wie Fitness-Armbänder und persönliche Endgeräte wie Smartphones zu einem „Wireless Body Area Network" verbinden. Ein solches Netzwerk enthielte dann eine Vielzahl von Daten über Fitness- und Gesundheitszustand, die Anzahl der täglich aufgenommenen Kalorien und der gemachten Schritte, den jeweiligen Aufenthaltsort, Daten über die Funktionstüchtigkeit von Organen, den Schlafrhythmus und vieles mehr.

## 2.2 Gemeinsamkeiten und aufgeworfene Rechtsfragen

Aus medizinischer Sicht adressieren die genannten technischen Innovationen des IT-Enhancements völlig unterschiedliche Krankheitsbilder, Indikationen, medizinische Fachdisziplinen und Behandlungsformen. Dennoch lassen sich Gemeinsamkeiten und übergreifend Rechtsfragen formulieren.

Die Gründe für die Einführung und Verwendung liegen typischerweise im Bereich der medizinischen Versorgung. Hier stellen sich allgemeine Fragen der medizinischen Sinnhaftigkeit, der Indikationen und Kontraindikationen sowie der Kostensteigerungen und Kosteneinsparungen insbesondere im Verhältnis zu

---

24 S. die Beispiele bei *Theißen*, Risiken informations- und kommunikationstechnischer (IKT-) Implantate im Hinblick auf Datenschutz und Datensicherheit, 2009, 25.

25 S. die Empfehlungen der AGs „Rhythmologie" und „Telemonitoring" der Deutschen Gesellschaft für Kardiologie – Herz- und Kreislaufforschung e. V. (DGK), Der Kardiologe 2013, 181 ff.

26 S. *Krüger-Brand*, DÄ 2013, A-2014 (www.aerzteblatt.de/archiv/148399).

27 S. http://www.dailydot.com/technology/tattoos-wearables/, www.heise.de/-3023957.html.

alternativen Behandlungsmethoden wie der dauerhaften Medikamentengabe.[28] Nicht-indizierte Einsatzmöglichkeiten wie die Steigerung von Leistungsvermögen und Wohlbefinden treten zunächst als Nebenwirkungen auf oder sind Ausdruck spezifischer, anfänglich vielleicht sogar eher ungerichteter Forschungsinteressen. Betrachtet man die sich stetig beschleunigende Verbreitung von Informationstechnologie und innovativen Anwendungen in allen menschlichen Lebensbereichen, so scheint allerdings die Prognose gerechtfertigt, dass der Bereich der IT-Implantate weitaus stärker als andere medizinische Innovationen zu einer nicht-indizierten Verwendung (Enhancement im engeren Sinne) tendieren wird. Betroffene können sich also schon in naher Zukunft von IT-Implantaten nicht nur im medizinisch-indizierten Bereich eine Heilung oder Besserung erhoffen, sondern auch eine Verbesserung ihrer motorischen und kognitiven Leistungsfähigkeit ohne jegliche medizinische Indikation.

Es ist absehbar, dass diese Entwicklung eine Fülle von Rechtsfragen aufwerfen wird. Das gilt zunächst für das Verfassungsrecht, insbesondere für die Grundrechte. Heilbehandlungseingriffe haben seit jeher eine erhebliche Grundrechtsrelevanz. Dies betrifft insbesondere das Recht auf Leben und körperliche Unversehrtheit (Art. 2 Abs. 2 GG) und das allgemeine Persönlichkeitsrecht (Art. 2 Abs. 1 in Verbindung mit Art. 1 Abs. 1 GG), bei weitreichenden Eingriffen auch die Menschenwürde (Art. 1 Abs. 1 GG).[29] Diese Grundrechte spielen – beispielsweise in Form des Selbstbestimmungsrechts des Patienten[30] – in jeder Behandlungssituation eine Rolle, auch wenn sie im Bereich der ärztlichen Routine typischerweise nicht thematisiert werden. Besondere Bedeutung erlangen Grundrechte dagegen in Grenzsituationen wie Sterbehilfe, Organtransplantationen oder dem Verweigern der Behandlung aus religiösen Gründen. Sie bilden hier mit dem ärztlichen Standesrecht und Berufsethos komplexe ethische Verflechtungen.

Neben diesen klassischen Grundrechtsfragen der Behandlung sind es die Beteiligten im Gesundheitswesen seit vielen Jahren gewöhnt, dass ihre Tätigkeit das

---

28 Die Gesamtkosten einer tiefen Hirnstimulation werden auf ca. 40.000 Euro geschätzt, s. die Nachweise bei *Prütting* (Fn. 19), 98. Die durchschnittlichen jährlichen Medikamentenkosten bei Parkinson-Patienten betrugen 2007 3.260 Euro, s. *Dodel/Spottke*, Nervenheilkunde 2007, 256, 258.

29 Zu den Fragen von Berufs- und Forschungsfreiheit s. in Bezug auf das Enhancement *Ruf* (Fn. 9), 184 ff., 301 ff.

30 Dieses wird seit BVerfGE 89, 120 (130) überwiegend in Art. 2 Abs. 2 GG verortet, s. *Zuck*, in Quaas/Zuck Medizinrecht, 3. Auflage 2014, § 2 Rn. 36; ebenso schon das Sondervotum in BVerfGE 52, 131 (174 f.), wo die Senatsmehrheit noch auf Art. 2 Abs. 1 GG abstellt.

Recht auf informationelle Selbstbestimmung als besondere Ausprägung des allgemeinen Persönlichkeitsrechts betrifft.[31] Dies betrifft insbesondere die Pflicht zur Patientendokumentation, die eine standesrechtliche Berufspflicht (Berufsordnungen analog § 10 MBO-Ä) und Teil des Behandlungsvertrags ist (herkömmlich als vertragliche Nebenpflicht zum Arztvertrag konstruiert,[32] seit dem Jahre 2013 in § 630f BGB spezifisch geregelt). Durch den Einsatz leistungskräftiger und vernetzter informationstechnischer Systeme vervielfachen sich die Probleme der informationellen Selbstbestimmung. Außerdem treten zwei weitere Grundrechte hinzu, nämlich das Grundrecht auf Gewährleistung der Vertraulichkeit und Integrität informationstechnischer Systeme (ebenfalls eine Ausprägung des allgemeinen Persönlichkeitsrechts)[33] und das Fernmeldegeheimnis (Art. 10 GG). Die damit verbundenen Auslegungs- und Konkurrenzfragen sind bisher noch nicht einmal andiskutiert.[34]

Auch auf der einfachgesetzlichen Ebene werden vielfältige Rechtsprobleme aufgeworfen. Das betrifft insbesondere den Bereich des Sozialrechts, in dem sich Fragen des Versorgungsauftrags der Gesetzlichen Krankenversicherung, aber auch des spezifischen Sozialdatenschutzes stellen. Je größer und aussagekräftiger die gewonnenen Datenmengen sind, desto größer wird das Interesse an den aus ihnen gewinnbaren Persönlichkeitsprofilen sein. Deren Nutzung kann im unmittelbaren Interesse des Patienten liegen, wenn Ärzte ihm individualisierte Präventionsmaßnahmen empfehlen. Wenn allerdings private Krankenversicherungen ihr Risiko erheblich genauer kalkulieren, Lebensversicherungen oder Banken an der persönlichen Lebenserwartung interessiert sind oder Arbeitgeber die statistische Wahrscheinlichkeit einer Berufsunfähigkeit berechnen, so sind die Risiken für die Betroffenen mit Händen zu greifen.[35]

---

31 Durch das Bundesverfassungsgericht im Volkszählungsurteil (BVerfGE 65, 1) anerkannt; s. monographisch z.B. die Darstellungen und Nachweise aus öffentlich-rechtlicher Sicht bei *Albers*, Informationelle Selbstbestimmung, 2005; aus zivilrechtlicher Sicht bei *Buchner*, Informationelle Selbstbestimmung im Privatrecht, 2006; zur Innovationsgeschichte s. *Hornung*, Grundrechtsinnovationen, 2015, 266 ff.

32 BGHZ 72, 132 (137); 85, 327 (329) in Abkehr von der vorherigen Rspr., die in ihr lediglich eine Gedächtnisstütze sah, s. BGH, VersR 1963, 168 f.; zur Neuregelung z.B. *Katzenmeier*, NJW 2013, 1714 ff.

33 BVerfGE 120, 274; zum Innovationsverlauf und der bisher eingeschränkten Rezeption s. *Hornung* (Fn. 31), 277 ff.

34 S. noch unten 4.2.2.

35 Erste Entwicklungen in diese Richtung sind Versicherungsmodelle, die Rabatte gegen die Übermittlung umfassender Profildaten gewähren. Dies plant etwa die Generali ab 2016, s. www.heise.de/-2750276.html.

Die Rechtsfragen beschränken sich indes nicht auf das Datenschutzrecht, sondern umfassen auch Standesrecht und vielfältige Fragen des Zivil- und Strafrechts.[36] Wenn der menschliche Körper auf komplexe Art und Weise mit technischen Artefakten interagiert, können Dritte zu Schaden kommen. Dies führt zu komplexen Haftungsproblemen. Zum einen können sich Gemengelagen aus Individual- und Produkthaftungsrecht ergeben, wenn ein Betroffener eine Prothese oder einen angeschlossenen Roboter steuert und es zu Fehlfunktionen kommt.[37] Noch komplizierter sind Fälle, in denen umgekehrt der menschliche Körper auf Impulse der Technik reagiert, wenn beispielsweise mittels der tiefen Hirnstimulation einzelne Aktionen ausgelöst oder als Nebenwirkung gefahrgeneigte Gemütszustände (Aggressivität, Veränderungen des Sexualtriebs und andere affektive Störungen, Kleptomanie, Suizidalität, Sprachstörungen und kognitive Einschränkungen)[38] auftreten. Aus strafrechtlicher Sicht stellen sich hier Fragen von Schuldunfähigkeit und actio libera in causa.[39] Konfiguriert der Arzt den Schrittmacher, kann medizinrechtlich außerdem die Nachbetreuungspflicht mit dem Selbstbestimmungsrecht des Patienten in Konflikt kommen.[40]

Je nach Lebensbereich kommen spezifische Fragestellungen hinzu. Dies betrifft beispielsweise das Prüfungsrecht.[41] Offenbar nimmt der Konsum von Aufputschmitteln zur Prüfungsvorbereitung zu.[42] So wird zum Beispiel Ritalin

---

36 S. den allgemeinen Überblick für das Enhancement bei *Eberbach*, in: Wienke/Eberbach/Kramer/Janke (Fn. 9), 19 ff.; zur Vertragstypologie s. *Kern/Richter*, ebd., 135 ff.; zur zivilrechtlichen Haftung *Ruf* (Fn. 9), 127 ff.; zur Strafbarkeit der Leistungserbringer im Falle von Selbst- und Fremdschädigungen durch die Patienten *Prütting* (Fn. 19), 112 ff.; zum Standesrecht ebd., 138 ff.

37 Hinzu treten eher klassische produkthaftungsrechtliche Fragen, die unlängst sogar den EuGH beschäftigt haben, s. EuGH, NJW 2015, 1163 (fehlerhafte Herzschrittmacher und implantierbare Cardioverte Defibrillatoren); dazu bereits *Backmann/Wagner*, MPR 2008, 29; zur Haftung für IT-sicherheitstechnische Risiken *Spindler*, Verantwortlichkeiten von IT-Herstellern, Nutzern und Intermediären, 2007; *Gruber*, KJ 2013, 356.

38 Derartige Nebenwirkungen sind zumindest in einigen Fällen beobachtet worden, s. *Friedrich*, in: Manzeschke/Zichy (Hrsg.), Therapie und Person, 2013, 55 f.; *Brukamp*, ebd., 140; *dies.*, in: Gruber/Bung/Ziemann, Autonome Automaten. Künstliche Körper und artifizielle Agenten in der technisierten Gesellschaft, 2013, 207 ff.; *Ruf* (Fn. 9), 31; *Witt*, Ethik Med 2013, 5, 6 f; s.a. ebd. zu den Auswirkungen auf die personale Identität der Patienten.

39 S. *Beck*, in: Spranger (Hrsg.), Aktuelle Herausforderungen der Life Science, 2010, 113 f.

40 *Katzenmeier/Schmitz-Luhn* (Fn. 19), 122 f.

41 S. für Psychopharmaka *Gärditz*, PharmR 2011, 46, 51 f.; für die tiefe Hirnstimulation *Prütting* (Fn. 19), 224 ff.

42 *Galert/Bublitz/Heuser/Merkel/Repantis/Schöne-Seifert/Talbot*, Gehirn&Geist 2009, 1; *Glockentöger/Bittner/Fangerau*, Jahrbuch für Wissenschaft und Ethik 2012, 71 ff.

von Gesunden konsumiert, um ihre Konzentrationsfähigkeit zu steigern. Schon bei dieser Form des Neuro-Enhancements, noch mehr jedoch bei leistungssteigernden IT-Implantaten,[43] wird sich das Problem der Chancengleichheit unter Prüflingen stellen – bis hin zu der Frage, ob die Prüfungsleistung unter Einfluss leistungssteigernder Substanzen überhaupt noch als eigene gewertet werden kann.

## 3. Grundsätzliche Fragen des Einsatzes

Die absehbaren technischen Möglichkeiten des IT-Enhancements werfen zunächst sehr grundsätzliche Fragen auf: Sind diese überhaupt zulässig? Darf man Menschen zu ihrem Einsatz verpflichten? Besteht umgekehrt in bestimmten Situationen ein Anspruch auf die Verbesserung des eigenen Körpers?

### 3.1 Verbot von Körperimplantaten?

Die Frage des völligen Verbots von Körperimplantaten (also auch im medizinisch indizierten Bereich) lässt sich relativ leicht beantworten. Mit Blick auf das Grundrecht des Art. 2 Abs. 2 GG und die sozialstaatlichen Pflichten des Gesetzgebers im Bereich der Gesundheitsversorgung[44] wäre ein allgemeines Verbot freiwillig durchgeführter, medizinisch erforderlicher Eingriffe nicht zu rechtfertigen. Zwar sind mit dem IT-Enhancement in Teilbereichen tiefgreifende Veränderungen des menschlichen Körpers und im Bereich neuronaler Implantate auch der menschlichen Persönlichkeit verbunden, sodass eine Bezugnahme auf die Menschenwürde nahe liegt. Diese verbietet aber nicht prinzipiell Eingriffe in den menschlichen Körper und seine Verbesserung; dies gilt auch für das Gehirn.

Deutlich komplexer ist die Frage, ob der Gesetzgeber das IT-Enhancement im engeren Sinne, also den nicht indizierten Bereich, regeln oder sogar verbieten könnte. Das allgemeine Persönlichkeitsrecht aus Art. 2 Abs. 1 i.V.m. Art. 1 Abs. 1 GG dient der Abwehr von Beeinträchtigungen der engeren persönlichen Lebenssphäre, der Selbstbestimmung und der Grundbedingungen der Persönlichkeitsentfaltung.[45] Es ermöglicht jedem Menschen, sein Leben autonom nach eigenen Wünschen selbst auszugestalten. Dazu zählt auch, dass der Mensch sich verändern, nach Verbesserung streben und seine Neigungen ausleben, mit anderen Worten:

---

43 Hier mag es ggf. möglich sein, diese während der Prüfung auszuschalten oder so zu konfigurieren, dass lediglich ein „normales“ Leistungsniveau erreicht wird. Ob dies technisch umsetzbar ist, ist derzeit aber völlig offen.

44 Dazu *Di Fabio*, in Maunz/Dürig, GG, Art. 2 II 1 Rn. 94; *Zuck*, in Quaas/Zuck (Fn. 30), § 2 Rn. 23 ff.

45 S. allgemein *Di Fabio* in: Maunz/Dürig (Fn. 44), Art. 2 Rn. 147 ff.

seine Persönlichkeit und sein Selbstbild schaffen und entfalten darf. In Bezug auf die Frage eines Neuro-Enhancements ist hierfür ein „Grundrecht auf neuronale Selbstbestimmung“ als besondere Ausprägung des allgemeinen Persönlichkeitsrechts vorgeschlagen worden.[46] Der Bedarf für eine solche weitere Ausprägung dürfte eher zweifelhaft sein. Zutreffend ist aber, dass die Verbesserung auch der kognitiven Fähigkeiten des Menschen Teil von Selbstbestimmung und Menschenwürde sind.

Will man in diesem Bereich eingreifen, so bedarf es eines legitimen Regelungszwecks. Dieser kann gerade im Gesundheitsbereich in der Vermeidung von Versorgungslasten für die Allgemeinheit liegen[47] und findet sich ansonsten typischerweise in der Verhinderung von Gefährdungen Dritter, wenn also wie in den vorgenannten haftungsrechtlichen Beispielen[48] die wechselseitige Beeinflussung von menschlichem Körper und Implantat dazu führt, dass Rechtsgüter anderer bedroht oder verletzt werden. Sofern hier Risiken bestehen, die das geltende Haftungsrecht nicht abdeckt, darf der Gesetzgeber regulierend eingreifen. Im Fall massiver Gefahren kann dies so weit gehen, entsprechende technische Innovationen zu verbieten.

Als legitimer Regelungszweck kommt auch die Sicherung der Selbstbestimmung in Betracht. Der Staat darf also Maßnahmen ergreifen oder vorschreiben, um den einzelnen vor einer Übervorteilung durch Dritte oder vor einer übereilten Entscheidung zu schützen, die er später möglicherweise bereut. Dies gilt grundsätzlich für jeden medizinischen Heileingriff und ebenso für nicht-indizierte Veränderungen des menschlichen Körpers.[49] Mit Blick auf die Pflicht des Staates, sich „schützend und fördernd“[50] vor die Grundrechte zu stellen, kann ein Handeln des Gesetzgebers sogar geboten sein. Sofern das allgemeine Berufsrecht der Leistungserbringer diese Fälle nicht ohnehin umfasst, ist dieser deshalb aufgerufen, entsprechende Aufklärungspflichten, Bestimmungen zur Sicherstellung

---

46 *Lindner*, MedR 2010, 463, 466 f.; allgemeiner für das Enhancement als Teil des Persönlichkeitsrechts *Eberbach*, in: Wienke/Eberbach/Kramer/Janke (Fn. 9), 32 ff.

47 S. für die Schutzhelmpflicht BVerfGE 59, 275 (279).

48 S.o. 2.2.

49 S. im hiesigen Kontext *Höfling*, in: Wienke/Eberbach/Kramer/Janke (Fn. 9), 125; *Gärditz*, PharmR 2011, 46, 52 f.; *Eberbach*, in: Wienke/Eberbach/Kramer/Janke (Fn. 9), 33; zu verschiedenen Formen des Paternalismus und ihren Problemen im hiesigen Kontext näher *Ruf* (Fn. 9), 212 ff.; *Brunhöber*, in: Hilgendorf (Hrsg.), Robotik im Kontext von Recht und Moral, 2014, 154 ff.

50 So die ständige Formulierung des Bundesverfassungsgerichts, s. BVerfGE 35, 79 (113); 39, 1 (1. Leitsatz und 42); 46, 160 (164); 53, 30 (57); 56, 54 (73); 85, 360 (384); 88, 203 (232); 90, 145 (149); 115, 25 (45); 115, 118 (153); 121, 317 (356).

der informierten Einwilligung, Regelungen zum Schutz Jugendlicher und zur Verhinderung externen Drucks (beispielsweise durch Arbeitgeber, die ein Interesse an der Leistungssteigerung haben könnten) vorzusehen. Entsprechende Schutzpflichten treffen die Gerichte bei der Anwendung bestehender rechtlicher Anforderungen. Wenn die Rechtsprechung beispielsweise an die Einwilligung in Schönheitsoperationen besonders hohe Anforderungen stellt,[51] so dürften diese im Bereich des IT-Enhancements eher noch höher sein.[52]

Wenn mithilfe dieser Schutzinstrumente sichergestellt ist, dass es sich tatsächlich um eine freiwillige, Dritte nicht gefährdende und für die Solidargemeinschaft finanziell risikoarme Veränderung des menschlichen Körpers handelt, wird es nur in extremen Fällen möglich sein, diese zu verbieten. Das gilt auch für Veränderungen des Gehirns, die Auswirkungen auf Einstellungen, Vorlieben und Verhalten haben. Mit anderen Worten kann – auch wenn dies philosophisch in komplexe Probleme der Selbstreferenzialität führt – auch die dauerhafte Veränderung der menschlichen Persönlichkeit gerade Ausdruck dieser Persönlichkeit sein.[53]

Nur in Ausnahmefällen bietet die nach überwiegender Auffassung nicht aufgebbare Menschenwürde Ansatzpunkte für einen Schutz der Betroffenen vor sich selbst. Die wenigen Fälle, in denen dies in der Rechtsprechung bisher bejaht wurde,[54] lassen dabei kaum Rückschlüsse auf das IT-Enhancement zu und sind selbst umstritten, weil Autonomie ein wesentliches Element der Würde des Menschen ist und damit ein Teil der Menschenwürde zum Schutz eines anderen Teils verletzt wird. Werden jedoch dauerhaft die Grundlagen der Würde vernichtet, also vor allem Vernunft und Selbstbestimmung, so lässt sich der Schutz der Grundrechtsträger vor sich selbst rechtfertigen.[55] Dies könnte den Fall einer

---

51 S. die Nachweise bei *Spickhoff*, in: Jorzig/Uphoff (Hrsg.), Lifestyle Medizin – von der medizinischen Indikation zum modischen Trend, 2012, 15 ff.

52 S. für das Beispiel der tiefen Hirnstimulation *Prütting* (Fn. 19), 53 ff.; zur Problematik eingeschränkt Willensfähiger *Beck*, in: Joerden/Hilgendorf/Thiele (Hrsg.), Menschenwürde und Medizin, 2013, 1006 ff.

53 S. *Lindner*, MedR 2010, 463, 469; *Gärditz*, PharmR 2011, 46, 50; *Ruf* (Fn. 9), 202 ff.; *Eberbach*, in: Wienke/Eberbach/Kramer/Janke (Fn. 9), 36; differenzierend z.B. *Groß*, ebd., 102 ff.; Diskussion weiterer Fragen von Autonomie und Identität bei *Runkel* (Fn. 1); *Brunhöber*, in: Beck (Fn. 20), 84 ff.; *dies.*, in: Hilgendorf (Fn. 49), 151 ff.

54 S. BVerwGE 64, 274 (Peep-Show); BVerwGE 115, 189 (Laserdrome); VG Neustadt NVwZ 1993, 98 (so genannter Zwergenweitwurf).

55 S. *Beck*, in: Joerden/Hilgendorf/Thiele (Fn. 52), 1009 f. am Beispiel eines Soldaten, der einen externen technischen Zugriff auf sein Gehirn gestattet sowie eines gesunden Menschen, der sich durch einen nicht ausschaltbaren Hirnschrittmacher der Beeinflussung neuronaler Vorgänge in seinem Gehirn aussetzt.

dauerhaften „Selbstversklavung", also die vollständige Unterwerfung unter steuernde Eingriffe eines Dritten mittels eines Hirn-Implantats betreffen. Könnte der Dritte den Betroffenen dann nach Belieben dazu bringen, sich vor anderen lächerlich zu machen oder sogar einen irreversiblen Zustand vollständiger Nicht-Autonomie (etwa eine schwere Geisteskrankheit) hervorrufen, so läge darin unabhängig von einer etwaigen Einwilligung ein Menschenwürdeverstoß.[56]

Nach geltendem Recht bietet auf einfachgesetzlicher Ebene § 228 StGB eine Handhabe. Da nach ständiger Rechtsprechung sogar medizinische Heilangriffe tatbestandlich Körperverletzungen sind,[57] gilt dies erst recht für den engeren Bereich des nicht-indizierten Enhancements. Die entsprechenden Körperverletzungen werden zwar durch Einwilligungen gerechtfertigt, diese Möglichkeit entfällt jedoch gemäß § 228 StGB, wenn die Tat gegen die guten Sitten verstößt. Alleine aus der Tatsache, dass kein Heilungserfolg bezweckt wird, lässt sich allerdings keine Sittenwidrigkeit des Eingriffs zum Zwecke des Enhancements ableiten. Zu verlangen sind zusätzliche Elemente, die eine Sittenwidrigkeit begründen, beispielsweise ein extremes Gesundheitsrisiko[58] oder – so man diese berücksichtigt – sittenwidrige Fernziele. Eine tiefe Hirnstimulation zum alleinigen Zweck der unzulässigen Leistungssteigerung in sportlichen Wettkämpfen käme dementsprechend zumindest ebenso in die Reichweite der Strafbarkeit wie das Doping mittels Medikamenten.[59] Ähnliches könnte gelten, wenn körperliche Veränderungen allein auf die unzulässige Steigerung der kognitiven Fähigkeiten für schulische oder universitäre Prüfungen abzielen.

---

56 S. *Hilgendorf*, in: Joerden/Hilgendorf/Thiele (Fn. 52), 870 ff.

57 Seit RGSt 25 375; medizinische Heileingriffe bedürfen daher der Rechtfertigung, vgl. BGHSt *11*, 111; *12*, 379; *16*, 303; *43*, 306; *45*, 221; *56*, 284; anders die herrschende Literatur: schon tatbestandlich keine Körperverletzung, s. näher *Eser*, in: Schönke/Schröder, § 223 Rn. 30.

58 S. *Prütting* (Fn. 19), 218 f.; *Ruf* (Fn. 9), 135 f.; s.a. *Merkel*, ZStW 2009, 919, 946 ff.

59 Das Verabreichen von Dopingmitteln ist regelmäßig nach § 6a Abs. 1 und § 95 Abs. 1 Nr. 2a AMG strafbar. Dennoch ist das Verabreichen in der Regel nur als sittenwidrig anzusehen, wenn man die sittenwidrigen Fernziele mit berücksichtigt oder schwerwiegende Folgeschäden im Raum stehen, s. *Joecks*, in MüKoStGB, § 223 Rn. 39; dies lässt sich mit Verweis auf die Wettbewerbsverfälschung durchaus begründen, s. die Nachweise bei *Ruf* (Fn. 9), 84 ff., 136; zur Übertragbarkeit auf das Enhancement s. *Beck*, MedR 2006, 95, 99 f.; beraten wird derzeit der Gesetzentwurf der Bundesregierung zu einem Anti-Dopinggesetz (BT-Drs. 18/4898).

## 3.2 Pflicht zum IT-Enhancement?

Die Frage, ob es zulässig ist, Menschen wider Willen zu Cyborgs zu machen, scheint auf den ersten Blick leicht zu beantworten zu sein. In bestimmten Situationen und für bestimmte Berufstypen wird aber durchaus diskutiert, ob man eine Verpflichtung zum IT-Enhancement einführen könnte. So wird der Einsatz leistungsfördernder oder enthemmender Psychopharmaka bei Soldaten offenbar schon seit Jahrzehnten praktiziert.[60] Zwar wäre eine Transformation von Soldaten in „Kriegsmaschinen" nicht mit der Menschenwürde vereinbar.[61] In Verbindung mit der allgemeinen Technisierung der Kriegsführung ließe sich durchaus thematisieren, ob es zu den besonderen Dienstpflichten von Angehörigen der Streitkräfte gehört, zumindest risikoarme Implantierungen zur Steigerung der Gefechtsfähigkeit hinzunehmen.[62] Die Darpa (Defense Advanced Research Projects Agency, die Forschungsagentur des Pentagon) wirkt jedenfalls offenbar aktiv an den technischen Entwicklungen mit und hat Anfang 2016 ein Programm für „Neural Engineering System Design" (Nesd) initiiert, um mit ca. 60 Millionen US-Dollar in den nächsten vier Jahren ein Hirnimplantat zu entwickeln, das eine Schnittstelle zwischen menschlichem Gehirn und IT-Anwendungen bilden soll.[63]

Zumindest in allgemeiner Hinsicht ist die Frage eines „Zwangs zur Medizin" jedenfalls im Sinne der Freiwilligkeit zu entscheiden. Die Patientenautonomie umfasst nach nahezu einhelliger Auffassung das Recht, auch sinnvolle Behandlungen abzulehnen.[64] Dies gilt auch dann, wenn mit dieser Ablehnung Gesundheit- oder Lebensgefahren verbunden sind.[65] Selbst bei Einwilligungsunfähigen erachtet das

---

60 S. z.B. http://www.theguardian.com/science/head-quarters/2013/oct/07/neuroscience-psychology; http://www.zeit.de/2005/19/Pentagon_Amphetamine; *Kiesewetter*, in: Bender/Kandischeider/Treml (Hrsg.), Enhancement oder die Verbesserung des Menschen: die zweite Evolution?, 2012, 262 f.

61 *Beck*, in: Joerden/Hilgendorf/Thiele (Fn. 52), 1003 f.

62 S. *Lindner*, MedR 2010, 463, 466; ablehnend aus medizinischer Sicht *Sehm/Ragert*, Frontiers in Human Neuroscience 2013, 553, DOI: 10.3389/fnhum.2013.00553.

63 S. http://www.darpa.mil/news-events/2015-01-19.

64 *Kern*, in: Laufs/Kern, Handbuch des Arztrechts, 4. Auflage 2010, § 50 Rn. 7; das BVerfG spricht von einer „Freiheit zur Krankheit", s. BVerfGE 58, 208 (226) und NJW 1998, 1774.

65 Zu den Einschränkungen (insbesondere bei Kindern und Jugendlichen) s. *Nebendahl*, MedR 2009, 197 ff.; *Coester-Waltjen*, MedR 2012, 553 ff.; *Sternberg-Lieben/Reichmann*, NJW 2012, 257 ff; allgemein: *Höfling*, in: Wienke/Eberbach/Kramer/Janke (Fn. 9), 121 ff.; zum Verhältnis von Therapiefreiheit und Selbstbestimmungsrecht s. *Zuck*, in: Quaas/Zuck (Fn. 30), § 2 Rn. 54.

Bundesverfassungsgericht eine Zwangsbehandlung nur dann für zulässig, wenn diese zum Schutze Dritter oder zur Verfolgung grundrechtlich geschützter Freiheitsinteressen des Betroffenen selbst erforderlich ist, zu deren Wahrnehmung dieser infolge krankheitsbedingter Einsichtsunfähigkeit nicht in der Lage ist.[66] Im konkreten Fall der Körperimplantate kommt hinzu, dass dieser einen höchstpersönlichen Raum der körperlichen Integrität und personalen Identität betrifft. Eine Pflicht zur Behandlung in diesem Bereich wäre aus rechtlicher Sicht verfassungswidrig; auch philosophisch dürfte sie nur von Extrempositionen aus begründbar sein.

Jenseits einer echten Rechtspflicht könnte sich in Zukunft ein mittelbar-faktischer Druck ergeben, wenn bestimmte Formen technischer Körperimplantate langfristig als „normal" anerkannt werden[67] oder mittelfristig wirtschaftlich erheblich günstiger als alternative Behandlungsmethoden (insbesondere Medikation) sein sollten.[68] Diese Gefahr ist ein allgemeines Problem des Ressourceneinsatzes im Gesundheitswesen. Sie dürfte jedoch in den hier diskutierten Fällen weniger als in anderen Bereichen relevant werden, weil die tiefgreifenden Veränderungen des Körpers verfassungsrechtlich und ethisch anders zu bewerten sind als die Unterstützung durch Pflegeroboter, Telemedizin und andere Innovationen. Es ist deshalb kaum damit zu rechnen, dass es insoweit zu einer besonderen Drucksituation kommen wird.

Gerade wegen dieser Besonderheiten mag es allerdings Fälle geben, in denen der Gesetzgeber aufgerufen ist, sich „schützend und fördernd"[69] vor die Selbstbestimmungsrechte der Grundrechtsträger zu stellen und diese vor allem in Konstellationen rechtlicher oder wirtschaftlicher Abhängigkeitsverhältnisse vor direktem oder indirektem Einfluss Privater zu bewahren.

### 3.3 Anspruch auf IT-Enhancement?

In vielen Fällen wird sich nicht die Frage einer Pflicht, sondern umgekehrt die eines Anspruchs auf IT-Enhancement stellen – nämlich, wenn die Betroffenen sich entweder in medizinisch indizierten Fällen eine Heilung oder Linderung oder allgemein eine Verbesserung motorischer oder kognitiver Fähigkeiten versprechen.

Aus rechtlicher Sicht sind diese beiden Fälle zu unterscheiden. Verfassungsunmittelbar besteht lediglich in engsten Bereichen ein Anspruch auf eine konkrete medizinische Behandlung. Das Bundesverfassungsgericht hat im Nikolaus-Beschluss festgestellt, dass es mit den Grundrechten und dem

---

66 BVerfGE 128, 282 (303 ff.).

67 Zu diesem Risiko *Groß*, in: Wienke/Eberbach/Kramer/Janke (Fn. 9), 109 f.

68 S. am Beispiel der tiefen Hirnstimulation oben Fn. 28.

69 S.o. Fn. 50.

Sozialstaatsprinzip nicht vereinbar ist, einem Versicherten, für dessen lebensbedrohliche oder regelmäßig tödliche Erkrankung eine allgemein anerkannte, medizinischen Standards entsprechende Behandlung nicht zur Verfügung steht, von der Leistung einer von ihm gewählten, ärztlich angewandten Behandlungsmethode auszuschließen, wenn eine nicht ganz entfernt liegende Aussicht auf Heilung oder auf eine spürbare positive Einwirkung auf den Krankheitsverlauf besteht.[70] Dies gilt auch für innovative Technologien im Bereich von Körperimplantaten, wenn deren medizinische Sinnhaftigkeit noch nicht letztgültig nachgewiesen ist. Es beschränkt sich aber auf die genannten schwersten Erkrankungen. Für den allgemeinen Bereich der Gesundheitsvorsorge hat der Gesetzgeber hingegen einen Auftrag zur einfachgesetzlichen Ausgestaltung, den er im SGB V umgesetzt hat. Insofern ist kein Raum für einen direkten verfassungsrechtlichen Anspruch.

Erst Recht besteht kein verfassungsrechtlich begründeter Anspruch auf ein nicht-indiziertes IT-Enhancement. Die Schutzpflicht des Staates bezüglich der körperlichen Integrität, die auch beim Enhancement betroffen sein kann, vermag sich nur auf die Erhaltung oder Wiederherstellung der Gesundheit zu beziehen, nicht aber auf die Veränderung der bereits bestehenden körperlichen Integrität.[71] Der wohl einzige Ansatzpunkt wäre eine gleichheitswidrige Begünstigung einzelner Grundrechtsträger oder Gruppen, indem der Eingriff nur für diese zugelassen oder finanziell begünstigt würde, für andere Grundrechtsträger oder Gruppen jedoch nicht. Demgegenüber handelt es sich bei einer faktischen Ungleichverteilung von Chancen auf Enhancement um ein allgemeines Phänomen der individuell unterschiedlichen wirtschaftlichen Leistungsfähigkeit, das als solches noch keine Handlungspflicht des Staates auslöst.[72]

Einfachgesetzlich kann der Anspruch auf die Gewährung konkreter Leistungen durch die Krankenversicherung nach den § 11 Abs. 1 Nr. 4 iVm §§ 27 ff. SGB V auch den Einsatz von Körperimplantaten umfassen. Gemäß § 27 Abs. 1 SGB V besteht ein Anspruch des Versicherten auf Krankenbehandlung nur, wenn sie notwendig ist, um eine Krankheit zu erkennen, zu heilen, ihre Verschlimmerung zu verhüten oder Krankheitsbeschwerden zu lindern. Diese Tatbestandsmerkmale

70 BVerfGE 115, 25; dazu z.B. *Kingreen*, NJW 2006, 877 ff.; *Padé*, NZS 2007, 352 ff.

71 *Ruf* (Fn. 9), 251.

72 Zur ökonomischen Gerechtigkeitsfrage z.B. *Beck*, MedR 2006, 95, 101; *Ruf* (Fn. 9), 86 ff.; zu etwaigen Ansprüchen ebd., 248 ff. Allerdings wird das Gleichheitsproblem von manchen perspektivisch als so gravierend beurteilt, dass sie für einen Verzicht auf Enhancement insgesamt plädieren, s. pointiert *Agar*, Humanity's End. Why We Should Reject Radical Enhancement, 2013.

sind im Einzelfall zu prüfen und lassen sich für den Fall der medizinischen Indikation beispielsweise im Bereich der tiefen Hirnstimulation bejahen.[73]

Dagegen gibt es – wie allgemein im Bereich der Wunschmedizin – keinen einfachgesetzlichen Anspruch auf ein IT-Enhancement im engeren Sinne.[74] Insoweit würde sich aus gesetzgeberischer Sicht sogar umgekehrt die Frage stellen, ob im Fall von nachfolgenden Komplikationen nicht ein Anspruchsausschluss oder zumindest eine wirtschaftliche Beteiligung der Betroffenen an den Folgekosten angemessen wäre.[75] Die entsprechende Regelung für medizinisch nicht indizierte ästhetische Operationen, Tätowierungen und Piercings in § 52 Abs. 2 SGB V ist nicht analogiefähig.[76] In ihr kommt aber die gesetzgeberische Wertung zum Ausdruck, dass freiwillige, nicht-indizierte Veränderungen des eigenen Körpers zwar einerseits rechtlich zulässig sind, andererseits jedoch die Allgemeinheit nicht das wirtschaftliche Risiko von Komplikationen nach derartigen Eingriffen tragen soll. Sollten sich Technologien des IT-Enhancements in der Zukunft weiterverbreiten, so wäre eine Ergänzung der Vorschrift konsequent.[77]

## 4. Datenschutz und IT-Sicherheit

Wichtige, für die medizinische Heilbehandlung neue rechtliche Besonderheiten ergeben sich durch den Einsatz von Informationstechnologie direkt im menschlichen Körper. Derzeit werden die technischen, sozialen und rechtlichen Probleme von Datenschutz und IT-Sicherheit vor allem für die vernetzten Strukturen und Anwendungen des Internets diskutiert. Perspektivisch könnte es dazu kommen, dass alle diese Probleme direkte, auch physische Auswirkungen auf die Identität und Integrität der Menschen haben.

---

73 *Prütting* (Fn. 19), 100 f., s.a. ebd., 13 ff. umfassend zur Verwendung im Rahmen der Heilbehandlung.

74 S. näher *Prehn*, NZS 2010, 260 ff.

75 S. *Beck*, MedR 2006, 95, 99.

76 Die Gesetzesfassung bis zum 1.7.2008 nannte die drei Fälle nur beispielhaft, während die aktuelle Fassung abschließend ist, s. BT-Drs. 16/7439, 96; *Lang*, in: Becker/Kingreen, SGB V, 4. Auflage 2014, § 52 Rn. 8; *Waltermann*, in: Knickrehm/Kreikebohm/Waltermann, Kommentar zum Sozialrecht, 4. Auflage 2015, § 52 II SGB V Rn. 4; zur verfassungsrechtlichen Problematik der Norm s. *Prehn*, NZS 2010, 260, 264 ff.; *Ruf* (Fn. 9), 263 ff.

77 Zu den Problemen einer Verallgemeinerung s. *Wienke*, in: Wienke/Eberbach/Kramer/Janke (Fn. 9), 169 ff.

## 4.1 Datenschutz

### *4.1.1 Besondere Risikolagen*

Der Einsatz von Informationstechnologie ist seit vielen Jahren integraler Bestandteil des Gesundheitswesens. Dies betrifft im Bereich der technisierten Medizin die Anamnese und Heilbehandlung selbst, insbesondere aber die begleitenden und nachgelagerten Datenflüsse. Je umfangreicher die Pflicht zur Dokumentation des Behandlungsgeschehens wird[78] und je mehr die Leistungserbringer im Rahmen von Überweisungen oder Konsiliarbehandlungen diese Dokumentationen austauschen müssen, desto wichtiger wird der Einsatz der Datenverarbeitungssysteme für den Alltag der Beteiligten. Mit der Einführung der elektronischen Gesundheitskarte und der sie umgebenden Telematik-Infrastruktur[79] versucht der Gesetzgeber seit einigen Jahren, die Datenflüsse unter Wahrung der informationellen und sonstigen Selbstbestimmung der Patienten zu ermöglichen und zu regeln. Das in der Endphase der Gesetzgebung befindliche E-Health-Gesetz[80] setzt diesen Weg fort, adressiert Fragen von IT-Implantaten jedoch nicht.

Gesundheitsinformationen gehören zu den sensibelsten personenbezogenen Daten. Es handelt sich um besondere Arten personenbezogener Daten (§ 3 Abs. 9 BDSG), die erhöhten datenschutzrechtlichen Anforderungen unterliegen. Einwilligungen müssen sich explizit auf diese Daten beziehen (§ 4a Abs. 3 BDSG), vielfach ist eine Vorabkontrolle durchzuführen (§ 4d Abs. 5 Satz 2 Nr. 1 BDSG) und es gelten höhere Anforderungen an die Erhebung und Verwendung (§ 13 Abs. 2, § 14 Abs. 5 und Abs. 6, § 16 Abs. 1 Nr. 2 Satz 2, § 28 Abs. 6 bis 9, § 29 Abs. 5, § 30 Abs. 5, § 30a Abs. 1 Satz 2 und § 42a Satz 1 Nr. 1 BDSG). Die besondere Schutzbedürftigkeit kommt auch in mehreren Alternativen von § 203 Abs. 1 StGB zum Ausdruck.

Im Fall von IT-Implantaten treten weitere Faktoren hinzu. Üblicherweise setzt die Erhebung von Gesundheitsdaten eine externe Beobachtung eines Menschen, eine Äußerung seinerseits oder eine Erhebung bei Dritten voraus. Dagegen wird im Fall von Implantaten direkt auf den menschlichen Körper zugegriffen. Dies hat insbesondere bei Neurodaten eine besondere Qualität, weil es eine entsprechende Verbindung zwischen dem datenschutzrechtlich Betroffenen (§ 3 Abs. 1 BDSG)

---

78 Zur rechtlichen Verortung s.o. 2.2.

79 Dazu z.B. *Hornung*, Die digitale Identität, 2005, v.a. 207 ff., 246 ff., 362 ff.; *ders.*, in: Anzinger/Hamacher/Katzenbeisser (Hrsg.), Schutz genetischer, medizinischer und sozialer Daten als multidisziplinäre Aufgabe, 2013, 51 ff.

80 Gesetzentwurf der Bundesregierung für Gesetz für sichere digitale Kommunikation und Anwendungen im Gesundheitswesen, BT-Drs. 18/5293.

und seinen personenbezogenen Daten in dieser Form ansonsten nicht gibt.[81] Ob und in welchem Umfang Informationen aus dem Inneren des Menschen nach außen kommuniziert werden, ist bisher eine höchstpersönliche Entscheidung des Einzelnen. Durch die unmittelbare Erhebung aus dem Körper (besonders aus dem Gehirn) wird ihm die Chance zur Selbstdarstellung, einschließlich die zur Lüge genommen. Schweigen und Unwahrheit können jedoch in bestimmten Situationen ethisch legitim[82] und rechtlich zulässig[83] sein. Diese Wertungen könnten perspektivisch in Gefahr geraten.

Die dauerhafte, unmittelbare Verbindung mit der Person führt überdies wie andere persistente Identifizierungsmerkmale zu datenschutzrechtlichen Risiken des Trackings und der Bildung von Persönlichkeitsprofilen.[84] Wenn der Körper selbst als mobiles Endgerät fungiert, gerät er überdies in die Reichweite der Vorratsspeicherung von Telekommunikations-Verkehrsdaten. Diese derzeit wieder neu diskutierte Maßnahme zielt zwar auf herkömmliche Endgeräte. Da sie jedoch an die Datenübermittlung mittels Telekommunikation anknüpft, besteht durch die Entwicklung zum Ubiquitous Computing die Gefahr, dass die Speicherpflicht ohne weitere Entscheidung des Gesetzgebers in neue Lebensbereiche „hineinwächst".[85]

Besondere Risikolagen entstehen schließlich durch das Aufkommen neuer Akteure. Durch die Analyse großer Datenmengen (Big Data) werden Erkenntnisse über statistische Zusammenhänge und künftige Entwicklungen möglich, die Aussagen über individuelle Risiken und Krankheitsverläufe zulassen. Erkennbar ist ein allgemeiner Trend zur Nutzung derartiger Erkenntnisse, beispielsweise im Bereich der polizeilichen Datenverarbeitung („predictive policing", etwa zur Entdeckung und Vorhersage von Schwerpunkten bei Wohnungseinbrüchen).[86]

---

81 Zu den datenschutzrechtlichen Implikationen s. *Hallinan/Schütz/Friedewald/de Hert*, Surveillance & Society 2014, 55 ff.

82 *Kants* Versuch, für die Lüge das Gegenteil nachzuweisen („Über ein vermeintes Recht aus Menschenliebe zu lügen", Akademie-Ausgabe Band VIII, 423 ff.) wird ganz überwiegend und zu Recht zurückgewiesen.

83 Es gibt keine allgemeine Rechtspflicht zur Kommunikation und auch kein allgemeines rechtliches Lügeverbot. In bestimmten Situationen besteht umgekehrt ein Recht zu Schweigen (bekanntestes Beispiel: nemo tenetur se ipsum accusare) oder sogar zur Lüge (etwa bei unzulässigen Fragen des Arbeitgebers im Bewerbungsgespräch), s. den Überblick bei *Armbrüster*, in: MüKoBGB, § 123 Rn. 41 ff. m.w.N.

84 Dazu im hiesigen Kontext *Theißen* (Fn. 24), 59 ff.

85 S. dazu *Hornung*, in: Hempel/Krasmann/Bröckling (Hrsg.), Sichtbarkeitsregime, Leviathan Sonderheft 25/2010, 245, v.a. 254.

86 In der letzten Zeit haben mehrere Landespolizeibehörden entsprechende Softwaresysteme angeschafft, s. http://www.zeit.de/digital/datenschutz/2015-03/predictive-policing-

Die analoge Entwicklung einer „predictive medicine“ verspricht Vorteile im Bereich der Vorsorge und Früherkennung, führt aber zugleich zu Risiken für diejenigen Betroffenen, denen mit einer hohen Wahrscheinlichkeit künftige Krankheiten vorhergesagt werden.

### 4.1.2 *Einfachgesetzliche Schutzinstrumente*

Wenn die entsprechenden Daten nicht anonymisiert oder pseudonymisiert werden (beispielsweise im Rahmen von Forschungsvorhaben), greifen die allgemeinen Regelungen des Datenschutzes im Gesundheitswesen.[87] Zunächst ist die verantwortliche Stelle (§ 3 Abs. 7 BDSG) zu bestimmen. Dies ist nicht der Betroffene selbst, auch wenn er die entsprechenden Implantate in seinem Körper mit sich führt und gegebenenfalls sogar teilweise bedient. Vielmehr wird regelmäßig der behandelnde Leistungserbringer im Rahmen einer dauerhaften Administration des jeweiligen Systems verantwortlich im Sinne des Datenschutzrechts sein. Durch die zunehmende Vernetzung kommen allerdings weitere Akteure hinzu. Dies betrifft insbesondere die Hersteller der entsprechenden Systeme, die im Rahmen von Wartungsverträgen, Notfall-Hotlines und anderen Angeboten viel stärker als bei bisherigen Medizinprodukten ins Spiel kommen werden. Soweit im Rahmen derartiger Dienstleistungen personenbezogene Daten anfallen, stellt sich die Frage einer gemeinsamen datenschutzrechtlichen Verantwortung mit den Leistungserbringern. Diese kann in Teilen vertraglich ausgestaltet werden, sodass auch eine Auftragsdatenverarbeitung nach § 11 BDSG in Betracht kommt.[88]

Rechtliche Grundlage für die entsprechenden Datenverarbeitungsvorgänge sind der Behandlungsvertrag (§ 28 BDSG) und die informierte Einwilligung des Betroffenen (§ 4 Abs. 1 und § 4a BDSG). Bei der Einwilligung ergeben sich dabei keine Unterschiede zwischen dem indizierten und dem nicht-indizierten IT-Enhancement,[89] wohl aber hinsichtlich § 28 BDSG. Dieser enthält erhöhte Anforderungen an die Verarbeitung von Gesundheitsdaten in § 28 Abs. 6 und

---

software-polizei-precobs; näher *Gluba*, Kriminalistik 2014, 347 ff.; aus US-Perspektive *Ferguson*, Emory Law Journal 2012, 259 ff. Nach einer Studie des LKA Niedersachsen ist der praktische Nutzen bisher noch nicht empirisch feststellbar, s. https://netzpolitik.org/wp-upload/LKA_NRW_Predictive_Policing.pdf.

87 S. dazu z.B. die Beiträge in Kingreen/Kühling (Hrsg.), Gesundheitsdatenschutzrecht, 2015.

88 S. zu den damit verbundenen Fragen des Outsourcings im Gesundheitswesen *Jandt/Roßnagel/Wilke*, NZS 2011, 641; *Paul/Gendelev*, ZD 2012, 315; *Menzel*, RDV 2013, 59.

89 S. zur datenschutzrechtlichen Einwilligung ausführlich *Rogosch*, Die Einwilligung im Datenschutzrecht, 2013.

Abs. 7 BDSG. § 28 Abs. 7 BDSG kann nicht-indizierte Eingriffe nicht legitimieren, weil es nicht um einen Zweck der Gesundheitsvorsorge, medizinischen Diagnostik, Gesundheitsversorgung oder Behandlung oder Verwaltung von Gesundheitsdiensten geht. Da regelmäßig auch § 28 Abs. 6 BDSG nicht eingreifen wird, ist im Ergebnis stets die Einwilligung erforderlich.

Eine zusätzliche Einschränkung ergibt sich für die Gesetzlichen Krankenkassen. Das Bundessozialgericht begreift die datenschutzrechtlichen Normen des SGB V als abschließend und nicht durch Einwilligungen erweiterbar.[90] Die Krankenkassen werden deshalb auch die durch IT-Implantate generierten Daten nur auf der Basis gesetzlicher Ermächtigungsgrundlagen erheben und verwenden dürfen.

Die geltenden datenschutzrechtlichen Bestimmungen sind Ausdruck einer Reihe allgemeiner Schutzinstrumente, die auch für das IT-Enhancement gelten: Transparenz, Erforderlichkeit der Datenverarbeitung, Zweckbindung der erhobenen Daten, Pflicht zur technisch-organisatorischen Datensicherheit, Betroffenenrechte (insbesondere das Recht auf Auskunft).[91] Diese müssen risikoadäquat umgesetzt werden, das heißt unter Berücksichtigung der besonderen Sensibilität der Daten und der Einflüsse und Interessen der genannten weiteren Akteure.

Auf einfachgesetzlicher Ebene werden überdies datenschutzrechtliche Regelungen relevant werden, die bisher im Gesundheitswesen keine oder nur eine untergeordnete Rolle gespielt haben. So ist die Bestimmung zu „mobilen personenbezogenen Speicher- und Verarbeitungsmedien" (§ 6c BDSG) durch den Gesetzgeber zwar für personalisierte Chipkarten eingeführt worden, jedoch so allgemein formuliert, dass sie auch implantierte Mikrochips mit entsprechenden Speicher-und Verarbeitungskapazitäten umfasst.[92] Damit werden insbesondere Informationspflichten hinsichtlich der Funktionsweise des Implantats, der Betroffenenrechte und der bei Verlust oder Zerstörung zu treffenden Maßnahmen ausgelöst (§ 6c Abs. 1 BDSG), eine Pflicht der verantwortlichen Stelle zur unentgeltlichen Bereitstellung der für die Wahrnehmung des Auskunftsrechts

---

90 BSGE 102, 134; s. z.B. *Brisch/Laue*, CR 2009, 265 ff.; *Kühling/Seidel*, GesR 2010, 231 ff.; *Leisner*, NZS 2010, 129 ff.; *Schneider*, VSSR 2009, 381 ff.

91 S. näher z.B. *Roßnagel/Pfitzmann/Garstka*, Modernisierung des Datenschutzrechts, 2001, 70 ff; *Simitis*, in: ders. (Hrsg.), BDSG, 8. Auflage 2014, Einl. Rn. 30 ff; *Trute*, in: Roßnagel (Hrsg.), Handbuch Datenschutzrecht, 2003, Kap. 2.5 Rn. 32 ff, jeweils m.w.N.

92 Es ist derzeit unklar, ob die Norm nach Abschluss der europäischen Reform (dazu statt vieler *Hornung*, in: Scholz/Funk (Hrsg.), DGRI Jahrbuch 2012, 2013, 1 ff. m.w.N.) weitergelten wird. Eine wahrscheinliche Variante ist, dass dies zumindest im Rahmen von Öffnungsklauseln für nationale Regelungen im Gesundheits- und Sozialdatenschutzrecht möglich sein wird (s. derzeit Art. 81 und Art. 82a der Entwürfe von Parlament und Rat).

erforderlichen Geräte und Einrichtungen statuiert (§ 6c Abs. 2 BDSG) und die Erkennbarkeit von Kommunikationsvorgängen vorgegeben, die auf dem Implantat eine Datenverarbeitung auslösen (§ 6c Abs. 3 BDSG).[93]

### *4.1.3 Notwendigkeit neuer Regelungen?*

In Umsetzung seiner verfassungsrechtlich begründeten Schutzpflicht[94] ist der Gesetzgeber aufgefordert, in Abhängigkeit vom konkreten Schutzbedarf die Persönlichkeitsrechte der Grundrechtsträger durch besondere gesetzliche Vorgaben zu schützen. Bisher erscheinen die technischen Funktionsweisen der verschiedenen Körperimplantate zu heterogen und die mit ihnen verbundenen persönlichkeitsrechtlichen Risiken noch zu wenig konturiert, um spezifische, auf die konkrete technische Funktionsweise bezogene datenschutzrechtliche Bestimmungen vorzugeben. Dies könnte sich jedoch in absehbarer Zeit ändern.

Rechtspolitisch könnte sich ein entsprechender Handlungsbedarf insbesondere aus einem Vergleich mit den sehr detaillierten Regelungen zur elektronischen Gesundheitskarte und zur Telematik-Infrastruktur ergeben.[95] Aus ihnen wird deutlich, dass die besonderen Risikolagen der Datenverarbeitung im Gesundheitswesen eine relativ hohe Regulierungsdichte erfordern. Unter dem Blickwinkel des Rechts auf informationelle Selbstbestimmung könnten IT-gestützte Körperimplantate perspektivisch mindestens ebenso große Risiken bergen wie die Datenerhebung, -verarbeitung und -nutzung medizinischer Informationen auf oder mittels der elektronischen Gesundheitskarte. Wenn der Gesetzgeber es dort für erforderlich gehalten hat, detaillierte Zugriffsregeln, technische Schutzmaßnahmen, Instrumente gegen den Datenmissbrauch und sogar besondere Straf- und Ordnungswidrigkeitentatbestände vorzusehen,[96] so spricht zumindest mittelfristig einiges für analoge Regelungen zum IT-Enhancement. Hierfür wird der deutsche Gesetzgeber voraussichtlich auch nach Abschluss der aktuellen europäischen Reform regelungsbefugt sein, weil diese Öffnungsklauseln für das nationale Gesundheitsdatenschutzrecht enthalten soll.[97]

---

93 S. näher zu den Anforderungen *Hornung* (Fn. 79), 253 ff.; *ders.*, DuD 2004, 15 ff.

94 S.o. 3.1.

95 S. Fn. 79.

96 Zu den Schutzinstrumenten s. insoweit *Hornung* (Fn. 79), 228 ff.

97 S. Fn. 92.

## 4.2 IT-Sicherheit

Datenschutz und IT-Sicherheit sind eng miteinander verbunden, aber nicht identisch.[98] Die Überwindung von IT-Sicherheitsmaßnahmen kann dazu dienen, widerrechtlich auf personenbezogene Daten zuzugreifen. Sie kann aber auch ohne einen solchen Zugriff die Manipulation eines IT-Systems bezwecken und dadurch den Nutzer – hier also den Träger eines IT-gestützten Körperimplantats – schädigen.

### *4.2.1 Risiken für Technik und Mensch*

Schon im Jahre 2008 wiesen erste Untersuchungen auf die Möglichkeiten von IT-gestützten Angriffen auf Herzschrittmacher und Defibrillatoren hin.[99] Im Jahre 2012 stellte der Wissenschaftsdienst des US-Kongresses einen erheblichen Verbesserungsbedarf fest, um Sicherheitsmängel von IT-Implantaten zu vermeiden, insbesondere wenn diese einen direkten Einfluss auf vitale Körperfunktionen haben (Herz- und Hirnschrittmacher, Insulinpumpen etc.).[100] Auf einer wissenschaftlichen Konferenz im selben Jahr demonstrierte ein Sachverständiger mögliche Angriffe auf ungeschützte Körperimplantate. Über eine externe, drahtlose Datenverbindung manipulierte er eine Insulinpumpe so, dass diese eine sehr hohe Hormonmenge ausschüttete, die im Falle des realen Einsatzes unmittelbar zur Ohnmacht und körperlichen Schädigung des Trägers führen würde. Drahtlos steuerbare Defibrillatoren und Herzschrittmacher wurden informationstechnisch so verändert, dass sie einen tödlichen 830-Volt-Impuls auslösten. Herzschrittmacher sollen nun vor Hackerangriffen besser geschützt werden. Neben klassischen IT-Sicherheitsmaßnahmen werden dabei auch innovative Methoden erforscht, die sicherstellen sollen, dass bestimmte Zugriffe nur aus der Nähe vorgenommen werden. Hierzu lässt sich beispielsweise die Erfassung von Herzschlagmustern einsetzen.[101]

---

98 S. zum Verhältnis allgemein *Ernestus*, in: Simitis (Fn. 91), § 9 Rn. 2 f. m.w.N.; *Heibey*, in: Roßnagel (Fn. 91), Kap. 4.5.

99 Halperin u.a., 2008 IEEE Symposium on Security and Privacy, DOI 10.1109/SP.2008.31.

100 S. *United States Accountability Office*, Medical Devices. FDA Should Expand Its Consideration of Information Security for Certain Types of Devices, August 2012, http://www.gao.gov/assets/650/647767.pdf; zu vergleichbaren Risiken beim Einsatz von Telechirurgierobotern s. http://www.heise.de/tp/artikel/45/45090/1.html.

101 S. *Talbot*, Die Herzschlag-Verschlüsselung, http://www.heise.de/-1972132.html. Dabei wird mittels eines Prüfgeräts das Herzschlagmuster des Patienten gemessen. Zur selben Zeit misst auch das Implantat das Signal und übermittelt es drahtlos nach

Schon die Funktionsweise von Herzschrittmachern zeigt, dass entsprechende Vorkehrungen und Maßnahmen getroffen werden müssen. Die Geräte enthalten neben dem Mikroprozessor auch elektronische Datenspeicher (RAM, ROM), auf denen die Programminformationen und Diagnosedaten gespeichert werden. Eine Kommunikation mit externen Programmiergeräten zur Datenübertragung und Programmänderung wird durch die integrierte Telemetriefunktion ermöglicht.[102] Aufgrund der großen Datenmengen, die bei kardiologischen Untersuchungen entstehen, wird aus betriebswirtschaftlichen Gründen empfohlen, die Daten bei externen Dienstleistern zu speichern.[103] Dies bringt freilich neue Angriffs- und Missbrauchsmöglichkeiten mit sich. Mittels effektiver Verschlüsselung kann darauf hingearbeitet werden, dass nur berechtigte Personen (Leistungserbringer und je nach Situation die Patienten selbst) Zugriff auf die Daten haben.[104] Je mehr Abläufe telemedizinisch umgesetzt werden, umso wichtiger wird dabei der Einsatz von Ende-zu-Ende-Verschlüsselung.[105] Eine besondere Herausforderung stellt der Einsatz von Cloud-Diensten dar.[106] Wenn dieser mit immer längeren Speicherfristen einhergeht, entsteht die Gefahr der Kompromittierung der verwendeten Algorithmen. Die Speicherung ist deshalb nach Möglichkeit von vornherein zu begrenzen.[107] In Notsituationen werden behandelnde Ärzte in Zukunft direkt auf den Herzschrittmacher zugreifen, um sofort die Daten auslesen und bestmöglich behandeln zu können.[108] Durch technische Zugriffsmöglichkeit auf Implantate besteht jedoch immer die Gefahr eines unautorisierten Zugriffs oder eines Hackerangriffs.[109]

Zur Funkkommunikation mit medizinischen Implantaten wie Schrittmachern wird als Mobilfunk-Standard Medical Implantable Communication (MIC) genutzt, wodurch der kurze Übertragungsweg mit der Kontrolleinheit wie etwa einem Gerät oder Smartphone hergestellt wird.[110] Bei derartigen Telemonitoring-Anwendungen bestehen besondere Herausforderungen hinsichtlich der Übertragbarkeit und der

---

außen. Stimmen beide Signale überein, so ist sichergestellt, dass jemand auf das Implantat zugreift, der tatsächlich in Kontakt mit der Person steht.

102 *Kogolek*, in: Fröhlig/Carlsson/Jung/Koglek/Lemke/Markewitz/Neuzner (Fn. 15), 220.

103 *Schütze/Kamler*, in: Goss/Middeke/Mengden/Smetak (Fn. 16), 25.

104 *Schütze/Kamler*, in: Goss/Middeke/Mengden/Smetak (Fn. 16), 26.

105 *Wellnhofer/Jehle*, (Fn. 17), 452.

106 Zum Einsatz von Cloud Computing im Gesundheitswesen s. *Hornung/Sädtler*, DuD 2013, 148.

107 *Wellnhofer/Jehle*, (Fn. 17), 452.

108 *Talbot* (Fn. 101).

109 Siehe hierzu unten unter 4.2.1. Risiken für Mensch und Technik.

110 *Wellnhofer/Jehle*, (Fn. 17), 459.

Speicherkapazität großer Datenmengen. Fraglich bleibt zudem, ob tatsächlich eine ordnungsgemäße Behandlung des Patienten aus der Ferne erfolgen kann.[111] Für eine ordnungsgemäße Behandlung essentiell sind die Integrität der Informationen sowie eine eindeutige Zuordnung zum Urheber (Authentizität). Dies kann durch elektronische Signaturen und Zeitstempel erreicht werden.[112]

Ein Problem der Telemedizin stellt zudem die Tatsache dar, dass als mobiles, drahtloses Gateway häufig eigene Endgeräte der Patienten wie Smartphones verwendet werden.[113] Schadsoftwareangriffe auf diese Geräte beeinträchtigen dann auch die Übertragungssicherheit der medizinischen Daten.[114] Werden die Daten nicht nur mittels Smartphone übermittelt, sondern auch auf diesen gespeichert, drohen im Falle von Diebstahl oder sonstigem Abhandenkommen die Kompromittierung der Daten oder sogar der Datenverlust, wenn keine Backups vorhanden sind. Soll das eigene Smartphone im Rahmen der Telemedizin zum Einsatz kommen, so bedarf es einer besseren Absicherung der Geräte.

Je nach Art des Implantats und technischer Funktionsfähigkeit kommen schlussendlich spezifische Risiken dazu. So könnte es zu unmittelbaren Verhaltensbeeinflussungen mittels der tiefen Hirnstimulation kommen, die in Tierversuchen bereits in den 50er Jahren des letzten Jahrhunderts demonstriert wurden.[115] Man mag darüber streiten, ob es für derartige Manipulationen ein realistisches Angreifermodell[116] gibt und wie hoch dementsprechend ihre Wahrscheinlichkeit im praktischen Einsatz ist. Mit Blick auf die massiven Gesundheitsrisiken der entsprechenden Angriffe wäre es aber jedenfalls nicht zu rechtfertigen,

---

111 Im deutschen Recht existiert kein allgemeines Fernbehandlungsverbot. Verboten ist nach § 7 Abs. 4 MBO-Ä aber die ausschließliche Behandlung über Print- und Kommunikationsmedien, vgl. *Wellnhofer/Jehle*, (Fn. 17), 452 f.; näher *Scholz*, in: Spickhoff, Medizinrecht, 2. Auflage 2014, § 7 MBO Rn. 14 ff. m.w.N.

112 S. im hiesigen Zusammenhang z.B. *Heydenreich/Jürgens/Trost*, Ophthalmologe 2009, 800, 803 f.

113 *Wellnhofer/Jehle*, (Fn. 17), 449.

114 S. *Wellnhofer/Jehle*, (Fn. 17), 454; allgemein BSI, Überblickspapier Smartphones, https://www.bsi.bund.de/SharedDocs/Downloads/DE/BSI/Grundschutz/Download/Ueberblickspapier_Smartphone_pdf.pdf?__blob=publicationFile; zu den rechtlichen Rahmenbedingungen derartiger mobiler Gesundheitsanwendungen s. allgemein *Rübsamen*, MedR 2015, 485 ff.

115 S. zu den Studien u.a. von *José Delgado* („ferngesteuertes" Anheben von Gliedmaßen, Stoppen von Bewegungen etc.) *Horgan*, Scientific American 2005, 66 ff.

116 Dieses ist Ausgangspunkt für die Beurteilung der Erforderlichkeit technischer IT-Sicherheitsmaßnahmen, s. *Eckert*, IT-Sicherheit. Konzepte – Verfahren – Protokolle, 6. Auflage 2014, 205, 207.

Körperimplantate nicht mit IT-Sicherheitsvorkehrungen auszustatten, die dem Stand der Technik entsprechen.

### *4.2.2 Grundrechtliche Konkurrenzsituationen*

Am Beispiel der Eingriffe in die IT-Sicherheit lässt sich besonders plastisch demonstrieren, welche neuen Grundrechtsfragen das IT-Enhancement aufwirft. Wird von außen gegen den Willen des Trägers auf die Implantate zugegriffen, so gehen unterschiedliche Formen des grundrechtlichen Integritätsschutzes eine völlig neuartige Verbindung ein: Betroffen sind die Integrität des Körpers, die menschliche Persönlichkeit und das informationstechnische System – eine Situation, in der die zunächst etwas reißerisch anmutende Frage des Schutzes eines „Cyborgs" aus grundrechtssystematischer Sicht tatsächlich Sinn ergeben könnte.[117]

Dies soll am Beispiel eines rechtswidrigen externen Zugriffs auf einen Hirnschrittmacher nebst der Veränderung der auf ihm gespeicherten Daten und Steuerbefehle verdeutlicht werden.[118] Da diese Daten personenbezogen sind, handelt es sich um einen Eingriff in das Recht auf informationelle Selbstbestimmung. Überdies wird es sich – zumindest in Zukunft – bei den entsprechenden Schrittmachern um informationstechnische Systeme handeln, die „allein oder in ihren technischen Vernetzungen personenbezogene Daten des Betroffenen in einem Umfang und in einer Vielfalt enthalten können, dass ein Zugriff auf das System es ermöglicht, einen Einblick in wesentliche Teile der Lebensgestaltung einer Person zu gewinnen oder gar ein aussagekräftiges Bild der Persönlichkeit zu erhalten".[119] Dies eröffnet den Schutzbereich des Grundrechts auf Gewährleistung der Vertraulichkeit und Integrität informationstechnischer Systeme.[120] Das Bundesverfassungsgericht hat herausgearbeitet, dass eine grundrechtlich

---

117 Zu den Problemen des graduellen Übergangs zwischen Mensch und „Mensch-Maschine-Hybrid" s. *Heilinger/Müller*, Jahrbuch für Wissenschaft und Ethik 2007, 21, 24 ff.

118 Die Frage der unmittelbaren Anwendung der folgenden Grundrechte (beim Zugriff durch staatliche Stellen) und der etwaigen mittelbaren Drittwirkung (beim Zugriff durch Private) bleiben im Folgenden außer Betracht. Demonstriert werden soll lediglich die Problematik der Grundrechtskonkurrenzen.

119 So die Schutzbereichsbeschreibung in BVerfGE 120, 274 (314).

120 Ebenso wie im Fall der so genannten Online-Durchsuchung liegt in dem externen Zugriff demgegenüber kein Eingriff in Art. 10 GG, weil der Eingriff zwar mittels Telekommunikation erfolgt, aber nicht auf Inhalt oder Umstände derselben zielt. Anders wäre es bei Eingriffen in die Datenübermittlung zwischen Steuergerät und Implantat zu beurteilen.

anzuerkennende Vertraulichkeits- und Integritätserwartung besteht, soweit der Betroffene das informationstechnische System als „eigenes nutzt und deshalb den Umständen nach davon ausgehen darf, dass er allein oder zusammen mit anderen zur Nutzung berechtigten Personen über das informationstechnische System selbstbestimmt verfügt".[121] Dies muss erst recht gelten, wenn das System dauerhaft mit dem menschlichen Gehirn verbunden ist. Dass die tiefe Hirnstimulation Einfluss auf das menschliche Verhalten nimmt und man deshalb etwas spitzfindig einwenden könnte, dass hier nicht der Betroffene das System, sondern umgekehrt das System den Betroffenen „nutzt", spricht nicht gegen, sondern gerade für die Eröffnung des Schutzbereiches und einen besonders schweren Eingriff.

Durch die Datenveränderung wird des Weiteren regelmäßig ein Eingriff in die körperliche Unversehrtheit vorliegen. Dies ist spätestens dann der Fall, wenn der Schrittmacher durch eine Manipulation in veränderter Art und Weise auf den Körper einwirkt.[122] Im Fall der Implantierung permanenter, mit neuronalen Strukturen verbundener IT-Systeme spricht überdies viel dafür, diese auch rechtlich als Teil des Körpers zu verstehen. Dies nimmt die überwiegende Meinung für fest verbundene Implantate wie Herzschrittmacher an, auch wenn diese operativ entfernt werden können.[123] Freilich führen solche Überlegungen perspektivisch zu komplizierten Abgrenzungsproblemen, weil die Grenzen des Körpers fließend werden. Wenn Körperimplantate durch drahtlose Datenverbindungen mit externen Komponenten interagieren oder das Gehirn durch neuronale Schnittstellen ganze IT-Systeme steuert, so stellt sich die Frage, ob nicht zumindest im Fall der Unterstützung essenzieller Körperfunktionen auch derartige externe technische Artefakte im Rechtssinn Teil des menschlichen Körpers werden können und dementsprechend grund-, zivil- und strafrechtlich geschützt werden müssen.

Spätestens dann, wenn die Veränderung der Steuerungswirkung nicht nur nachrangige Körperfunktionen, sondern die Persönlichkeit betrifft (Gemütszustände, Verhaltensweisen etc.), ist daneben das allgemeine Persönlichkeitsrecht, in Extremfällen auch die Menschenwürde betroffen.[124]

---

121 BVerfGE 120, 274 (315).

122 S. allgemein für das Neuro-Enhancement *Lindner*, MedR 2010, 463, 467.

123 S. aus zivilrechtlicher Sicht *Stresemann*, in: MüKoBGB, § 90 Rn. 28; *Fritzsche*, in: BeckOK BGB, § 90 Rn. 31; aus strafrechtlicher Sicht *Eschelbach*, in: BeckOK StGB, § 223 Rn. 15; differenzierend mit Blick auf den eintretenden Wandel zwischen Sache und Nicht-Sache *Eser/Bosch*, in: Schönke/Schröder, StGB, 29. Auflage 2014, § 242 Rn. 20 f.; *Schmitz*, in: MüKoStGB, § 242 Rn. 29.

124 Insbesondere bei Eingriffen in das Gehirn, s. *Lindner*, MedR 2010, 463, 466 f.; *Hilgendorf*, in: Joerden/Hilgendorf/Thiele (Fn. 52), 867 ff.

Im Ergebnis sind bei externen Zugriffen auf IT-Implantate also mindestens vier Grundrechte anwendbar, die auf je spezifische Weise Facetten der physischen und psychischen menschlichen Persönlichkeit schützen. Wie diese Situation auf der Konkurrenzebene aufzulösen ist, ist bislang völlig offen. Hinsichtlich des Zusammenspiels zwischen dem Recht auf informationelle Selbstbestimmung und dem Grundrecht auf Gewährleistung der Vertraulichkeit und Integrität informationstechnischer Systeme liegt dies hauptsächlich daran, dass das Verhältnis der beiden Grundrechte[125] insgesamt unklar ist.[126] Da das Grundrecht auf Gewährleistung der Vertraulichkeit und Integrität informationstechnischer Systeme strengere Anforderungen an die Rechtfertigung von Eingriffen aufstellt, wird es – unabhängig von der dogmatischen Konstruktion – im Ergebnis jedenfalls die größere Rolle spielen. Im Übrigen ließe sich nach der Zielrichtung des Eingriffs differenzieren. Richtet dieser sich maßgeblich auf das Implantat als IT-System (also die in ihm gespeicherten Daten und seine Funktionen), wäre das Grundrecht auf Gewährleistung der Vertraulichkeit und Integrität informationstechnischer Systeme vorrangig. Geht es demgegenüber vorrangig um die Dimension der persönlichen Selbstbestimmung und Lebenssphäre, liegt das allgemeine Persönlichkeitsrecht näher. Maßnahmen, die hauptsächlich physisch auf IT-Implantate wirken oder unmittelbarere Auswirkungen auf andere Körperteile haben, ließen sich dann nach dem Recht auf körperliche Unversehrtheit beurteilen. Vielfach wird freilich eine solche eindeutige Zuordnung kaum möglich sein.

### *4.2.3 Einfachgesetzliche Schutzinstrumente*

Auch in Bezug auf die Probleme der Manipulation von Systemen des IT-Enhancements trifft den Gesetzgeber mit Blick auf die erläuterten Gefahren für die Grundrechte eine Schutzpflicht. Nach dem Urteil des Bundesverfassungsgerichts zur Vorratsspeicherung von Telekommunikations-Verkehrsdaten umfasst der gesetzgeberische, grundrechtlich begründete Gestaltungsauftrag auch konkrete Regelungen zur IT-Sicherheit.[127]

---

125 Angesichts der klaren Schutzbereichsabgrenzung und eigenständigen Schrankendogmatik ist es gerechtfertigt, von selbständigen Grundrechten zu sprechen, s. *Hornung* (Fn. 31), 380 ff.

126 Zur Kritik an der Rechtsprechung des BVerfG s. insoweit z.B. *Britz*, DÖV 2008, 411, 412; *Volkmann*, DVBl. 2008, 590, 591 f.; *Böckenförde*, JZ 2008, 925, 927 f.; s.a. die Verteidigung zu diesem Punkt bei *Hoffmann-Riem*, JZ 2009, 1009, 1015 ff.

127 BVerfGE 125, 260 (325 ff.); speziell zu dieser Frage s. *Hornung/Schnabel*, DVBl. 2010, 824, 829.

Insoweit bieten sich insbesondere Instrumente zur Gefahrenvorsorge an. Dies sind allgemeine Fragen des Medizinprodukterechts, also der Vorabprüfung von Implantaten und Operationstechniken. Hier bestehen gesetzliche Anforderungen, die sich teilweise spezifisch auf „aktive implantierbare Medizinprodukte" beziehen (§ 7 Abs. 1, § 9 Abs. 1, § 12 Abs. 2, § 13 Abs. 1, § 22a Abs. 1 und § 23 MPG).

Implantate, die allein zu nicht-indizierten Zwecken des Enhancements vertrieben werden, fallen nicht in den Anwendungsbereich des Gesetzes (§ 2 Abs. 1 i.V.m. § 3 Nr. 1 MPG).[128] Für die datenschutzrechtlichen Anforderungen spielt dies freilich keine Rolle, da nach § 2 Abs. 4 MPG die Rechtsvorschriften über Geheimhaltung und Datenschutz unberührt bleiben und somit in jedem Fall anwendbar sind. Folglich sind IT-Sicherheitsmaßnahmen gemäß § 9 BDSG[129] und der entsprechenden Anlage schon heute rechtlich verpflichtend. Allerdings fehlt es hier sowohl an spezifischen gesetzlichen Vorgaben als auch an technischen Standards.[130] Vielen Verantwortlichen im Medizinproduktebereich dürften diese Anforderungen deshalb nicht bekannt sein.

Überdies stellt sich die Frage, wer konkret die verantwortlichen Stellen oder Auftragsdatenverarbeiter sind, die die Pflichten aus § 9 BDSG treffen.[131] Dies werden nur in Ausnahmefällen die Hersteller nach § 3 Nr. 15 MPG sein, wenn sie beispielsweise als Dienstleister für Leistungserbringer entsprechende Systeme betreiben. Im Übrigen nimmt das geltende Datenschutzrecht die Entwickler und Hersteller von IT-Systemen allgemein viel zu wenig in die Pflicht.[132]

Nicht nur für IT-Implantate, sondern allgemein für vernetzte Medizinprodukte wären bereichsspezifische Pflichten zur Einhaltung von IT-Sicherheitsmaßnahmen deshalb sinnvoll.[133] Dasselbe gilt für das reine Enhancement. Dabei sind Anforderungen zu formulieren, die die besonderen Auswirkungen auf den Körper berücksichtigen. Aufgrund der erweiterten Erhebungs- und

---

128 S. *Prütting* (Fn. 19), 207 ff.

129 Beziehungsweise (insbesondere im Krankenhausbereich) den entsprechenden landesrechtlichen Regelungen.

130 S. allgemein für vernetzte Medizinprodukte *Spyra*, MPR 2015, 15, v.a. 18 ff.

131 *Spyra*, MPR 2015, 15, 20, der für eine „Datenschutz-Compliance" des Medizinprodukte-Herstellers plädiert; zu den Problemen, die das Fehlen entsprechender Standards in der Praxis produziert, s. ebd., 21 ff.

132 Dazu *Hornung*, ZD 2011, 51, 52 ff.

133 Das soeben verabschiede IT-Sicherheitsgesetz des Bundes vom 17.7.2015 (Gesetz zur Erhöhung der Sicherheit informationstechnischer Systeme, BGBl. I, S. 1324) erfasst zwar auch den Gesundheitssektor, aber nur hinsichtlich Kritischer Infrastrukturen (§ 2 Abs. 10 BSIG), nicht in Bezug auf einzelne Medizinprodukte.

Verarbeitungskapazitäten dürfen entsprechende Tests nicht nur die medizinische Wirksamkeit und die Vermeidung von Nebenwirkungen umfassen. Erforderlich sind ebenso Standards für die IT-Sicherheit (Zugriffsschutz, Verschlüsselung, Protokollierung etc.) und ihre effektive Prüfung.

Beides darf sich nicht auf die einmalige Zulassung und Kontrolle im Moment der Implantierung beschränken. Vielmehr wird in vielen Fällen schon aus Gründen der Erhaltung und Verbesserung der Funktionalität eine Wartung erforderlich sein, die auch etwaige Updates umfasst. Dies betrifft auch und gerade IT-Sicherheitsmaßnahmen. Regelungen enthalten insofern Normen über die Instandhaltung von Medizinprodukten (vor allem § 3 MPBetreibV) sowie § 33 Abs. 1 Satz 4 SGB V. Danach umfasst der Anspruch der Versicherten auf Versorgung mit Hilfsmitteln auch die notwendige Änderung, Instandsetzung und Ersatzbeschaffung von Hilfsmitteln, die Ausbildung in ihrem Gebrauch und, soweit zum Schutz der Versicherten vor unvertretbaren gesundheitlichen Risiken erforderlich, die nach dem Stand der Technik zur Erhaltung der Funktionsfähigkeit und der technischen Sicherheit notwendigen Wartungen und technischen Kontrollen. Diese allgemeinen Bestimmungen bedürfen mit Blick auf das IT-Enhancement der Konkretisierung und Fortentwicklung.

## 4.3 Vorläufige Bewertung der Regulierungsbedürftigkeit

Insgesamt ist erkennbar, dass der Einsatz von IT-Implantaten Regulierungsfragen aufwirft. Einige dieser Probleme sind bereits erkennbar, andere noch zu undeutlich für belastbare Aussagen. Insbesondere hinsichtlich der grundsätzlichen Pflichten (Verbote, Pflichten und Ansprüche) besteht zumindest solange kein gesetzgeberischer Handlungsbedarf, wie sich die beschriebenen Risiken nicht realisieren.[134] Da im Übrigen vielfach allgemeine Regelungen anwendbar sind, sind diese auf ihre Angemessenheit zu überprüfen und gegebenenfalls zu spezifizieren.

Im Bereich des Datenschutzrechts bestehen die Herausforderungen vor allem in der neuartigen Form der Datenerhebung und den Informationsflüssen zu Leistungserbringern und neuen Dienstleistern. Beides könnte in den größeren Kontext des Telemonitorings von Patienten (und gesunden, an Enhancement interessierten Betroffenen) gestellt und reguliert werden, indem rechtliche Zugriffsregeln aufgestellt und technisch abgesichert, Profilbildungen verhindert, Löschungspflichten definiert sowie Instrumente gegen den Datenmissbrauch implementiert werden.

Einige Fragen werden durch das Medizinprodukterecht abgedeckt, bedürfen aber einer Spezifizierung für IT-Implantate. Überdies ist näher zu analysieren, ob

134 S.o. 3.

es dauerhaft angemessen ist, reine Enhancement-Systeme allein dem allgemeinen Produkthaftungs- und Datenschutzrecht zu überlassen. Vorgaben für die Erprobung technischer Implantate und ihre Evaluierung könnten sich auch auf die IT-Sicherheit erstrecken und in transparenten Verfahren (Datenschutzaudits)[135] Klarheit für die Betroffenen und die anwendenden Leistungserbringer erzeugen.

Von besonderer Bedeutung ist schließlich die Transparenz für die Betroffenen. Hier bieten die allgemeinen Aufklärungs- und Informationspflichten bereits einen relativ guten Schutz. Allerdings könnte beispielsweise die spezifische Informationspflicht für Implantate in § 10 MPBetreibV ausgebaut und auf reine Enhancement-Produkte erweitert werden.

## 5. Ausblick

Perspektivisch werden insbesondere die mit den Implantaten verbundenen weitreichenden Datenflüsse neue Rechtsfragen verursachen. Diese Übermittlungen werden zum einen innerhalb, zum anderen zunehmend auch außerhalb des hergebrachten Behandlungskontextes stattfinden.

Im ersten Bereich handelt es sich eher um graduelle Verschiebungen. Die behandelnden Leistungserbringer werden zunehmend Daten aus den Implantaten zur Kontrolle und Verbesserung der Behandlung erheben und diese im Rahmen der Konsiliarbehandlung und Überweisung an andere Leistungserbringer weitergeben. Auch Datenerhebungen zu Forschungszwecken kommen im Gesundheitswesen seit vielen Jahrzehnten standardmäßig vor. Mithilfe von IT-Implantaten werden aber neue Erhebungsmethoden möglich, die der Forschung aus ethischen Gründen bislang verschlossen waren. Dies betrifft insbesondere Erhebungen direkt aus dem menschlichen Gehirn.[136]

Neue Probleme stellen sich demgegenüber im zweiten Bereich, weil hier neu Akteure auftreten: neben den Krankenversicherungen[137] insbesondere die Hersteller der entsprechenden Implantate und Verfahren sowie die Krankenversicherungen.

---

135 Dazu grundlegend *Roßnagel*, Datenschutzaudit. Konzeption, Durchführung, gesetzliche Regelung, 2000; mit Blick auf die europäische Reform *Hornung/Hartl*, ZD 2014, 219 ff.

136 S. *Engel/Moll/Fried/Ojemann*, Nature reviews Neuroscience 2005, 35 ff.; zu den Rechtsfragen s. *Prütting* (Fn. 19), 167 ff.

137 Die Datenflüsse zu den Gesetzlichen Krankenversicherungen sind im geltenden System des sozialrechtlichen Datenschutzes begrenzt und in den §§ 284 ff. SGB V rechtlich stark durchstrukturiert. Insbesondere im Rahmen der Tätigkeit des medizinischen Dienstes der Krankenkassen (MDK) nach §§ 275 ff. SGB V wird es aber auch insoweit zu neuen Datenübermittlungen kommen.

Bisher haben Medizinproduktehersteller typischerweise keinen direkten Kontakt zu den Patienten und erheben von diesen keine personenbezogenen Daten. Etwaige Verkaufs- und Marketingaktivitäten konzentrieren sich deshalb auf die Leistungserbringer. IT-gestützte Körperimplantate werden es in ihrer Vernetzung den Herstellern jedoch viel stärker als heute ermöglichen, direkt und unter völliger oder teilweiser Umgehung der behandelnden Leistungserbringer mit dem Patienten zu kommunizieren. Wie in anderen wirtschaftlichen Bereichen werden die Interessen der Hersteller dabei vielfältig sein und etwa die eigene Produktverbesserung, Standardberatungen und Notdienste, das Anbieten kostenpflichtiger Premium-Dienste (etwa über individuelle Gesundheitsleistungen)[138] oder die allgemeine Kundenbindung umfassen.

Auch eher praktische Probleme können im Ergebnis zu diesen fundamentalen Verschiebungen beitragen. Je komplexer die verwendeten technischen Systeme sind, desto wichtiger werden Fragen der Benutzbarkeit (Usability) und der technischen Kompetenz der Beteiligten. Dies betrifft die Patienten, die sich die technischen Fertigkeiten zur Bedienung der Geräte im Alltag aneignen müssen. Veränderungen ergeben sich aber auch für die Leistungserbringer. Es genügt für sie nicht mehr, die chirurgischen Fähigkeiten für den Eingriff mitzubringen. Insbesondere sensible Anwendungen wie die tiefe Hirnstimulation bedürfen einer exakten Konfiguration und Nachbetreuung, die außerhalb spezialisierter Krankenhausabteilung ein erhebliches Problem darstellen wird. Wenn die behandelnden Ärzte nicht über die entsprechenden Kompetenzen verfügen, werden sie selbst gezwungen, in Zweifelsfällen und bei technischen Problemen die Hersteller zu kontaktieren; dabei wird es in vielen Fällen erforderlich sein, Behandlungsinformationen an diese zu übermitteln. Wenn in dieser Situation letztlich die Akteure auf Herstellerseite die maßgeblichen Entscheidungen über die Konfiguration des IT-Systems und damit über den weiteren Verkauf der Behandlung fällen, würde dies die Verantwortlichkeiten erheblich beeinflussen.

Dies könnte perspektivisch zu grundsätzlichen Veränderungen des Arzt-Patient-Verhältnisses führen, weil bisher der Arzt mit seinem überlegenen Wissen die Interessen seiner Patienten auch gegenüber anderen Akteuren im Gesundheitswesen wahrnimmt. Dies verschiebt sich, wenn nunmehr neue Akteure ins Spiel kommen und bisherige Informations- und Wissensmonopole aufgeweicht werden.

---

138 Zu diesen so genannten „IGeL"-Leistungen s. aus rechtlicher Sicht z.B. *Clausen*, in: Terbille/Clausen/Schroeder-Printzen (Hrsg.), Münchner Anwaltshandbuch Medizinrecht, 2. Auflage 2013, § 7 Rn. 301 ff.; *Schuldzinski*, VuR 2007, 428.

Die Leistungserbringer verlieren also ein Stück weit ihre starke Position,[139] und es ist bisher unklar, welche konkreten Auswirkungen dies auf die Kommunikation mit den Patienten während des Behandlungsprozesses und den Heilungserfolgt insgesamt hat.

Die erweiterten Datenströme auch zu den Herstellern führen überdies zu der komplexen Frage, wem die durch Körperimplantate produzierten Daten eigentlich „gehören", wer also über sie verfügen und sie gegebenenfalls wirtschaftlich nutzen darf. Dieses Problem stellt sich auch in anderen Lebensbereichen wie dem vernetzten Automobil, in denen auf einmal neue Akteure mit innovativen Dienstleistungen ins Spiel kommen.[140] Das Problem der Verfügungsbefugnis stellt sich umso drängender, je mehr lokal (durch Implantate, Automobile, Endgeräte etc.) generierte Daten auf externen Server-Infrastrukturen des Cloud Computings gespeichert und weiterverarbeitet werden.

Viele dieser Fragen werden durch geltendes oder künftiges Datenschutzrecht determiniert werden. In vielen Fällen wird es auch im Interesse der Patienten sein, den Herstellern zur Verbesserung der Funktionalität, zur Wartung etc. den Zugriff auf ein IT-Implantat zu ermöglichen. Am Horizont droht indes die Gefahr, dass Ärzte wegen des unterlegenen Wissens und der nicht oder nur unzureichend vorhandenen IT-Kompetenz zu ausführenden Stellen der Hersteller werden. Einer solchen Entwicklung ist mit Blick auf die besondere Bedeutung der Vertraulichkeitsbeziehung zwischen Arzt und Patient für den medizinischen Heilerfolg und die Funktionsfähigkeit des Gesundheitswesens insgesamt[141] vorzubeugen. Die Frage nach dem Cyborg bleibt insoweit immer die Frage nach dem Menschen.[142]

---

139 Dies unterscheidet die hier beschriebenen Entwicklungen von anderen Risiken für das Arzt-Patient-Verhältnis, wenn beispielsweise Ärzte ihr überlegenes Wissen nutzen, um zweifelhafte „IGeL"-Leistungen (s. Fn. 138) anzubieten. Zur verfassungsrechtlichen Perspektive aus Ärztesicht näher *Ruf* (Fn. 9), 301 ff.

140 Dazu *Hornung/Goeble*, CR 2015, 265 ff.; *Hornung*, DuD 2015, 359 ff.

141 S. BVerfGE 32, 370 (380); EGMR, Z ./. Finnland, Urteil v. 25.2.1997 (http://www.echr.coe.int/Eng/Judgments.htm), Abs. 95.

142 S. die Formulierung bei *Heilinger/Müller*, Jahrbuch für Wissenschaft und Ethik 2007, 21, v.a. 33 ff.

Jubin Dejam

# Gefühlsdatenschutz

IT's technical progress has enabled us access to real time assessments of human beings' emotional conditions. This development poses difficult legal questions that have not been discussed legally yet. The author addresses these issues for the necessary debate.

## I. Einleitung[1]

Der Datenschutz hat sich in den vergangenen Jahren von einem Betätigungsfeld weniger Spezialisten zum Mittelpunkt breiter gesellschaftlicher und rechtspolitischer Diskussionen entwickelt, in deren Zentrum die Zunahme der Quantität von Datenerhebungs- und Datenverarbeitungsprozessen stand. Vorratsdatenspeicherung, Big Data und NSA Affäre sind nur einige der besonders intensiv diskutierten Themenfelder.[2] Die zentralen Akteure waren – neben (inländischen und ausländischen) staatlichen Stellen – insbesondere private Unternehmen. Kaum beachtet wurde hingegen, dass der technische Fortschritt nicht nur die Anzahl der Datenerhebungs- und Datenverarbeitungsprozesse erhöht hat, sondern zugleich bislang dem Zugriff von außen bislang verschlossene Bereiche der menschlichen Persönlichkeit erschlossen hat oder zu erschließen droht.[3] Im Schatten der gewachsenen Zahl von Datenerhebungs- und -verarbeitungsprozessen, schritt auch die Entwicklung hinsichtlich der Qualität der erhebungsfähigen Daten voran. In diesem Beitrag soll ein Überblick über aktuelle, technische Neuerungen gegeben werden, die datenschutzrechtlich von hoher Brisanz sind.

---

1 Besonderer Dank geht an Frau Prof. Dr. Spiecker gen. Döhmann für ihre Ermutigung und Begleitung. Außerdem danke ich Herrn Alexander Benecke für seine zahlreichen hilfreichen Anmerkungen.

2 In der datenschutzrechtlichen Fachdiskussion kann die zuvor genannte Liste um Dash Cams, die intelligente Videoüberwachung, die Black Box im Kraftfahrzeug, das Cloud Computing, den Einsatz privater Drohnen und die Industrie 4.0 ergänzt werden.

3 Ausnahmen bilden hierbei Zoebisch, DuD 2011, 394 ff., der das sog. Audioprofiling datenschutzrechtlich analysiert und gleichfalls über die fehlende Diskussion verwundert ist, Beck, JR 2006, 146 ff. zu bildgebenden Verfahren als Alternative zum sog. Polygraphen; Schneider, Der Einsatz bildgebender Verfahren im Strafprozess, 2010; sowie Hallinan/Schütz/Friedwald/de Hert, Neurodata and Neuroprivacy: Data Protection Outdated?, Surveillance & Society 12 (1), 55 ff.

## II. Die technischen Neuerungen

Konnten vor einigen Jahren nur Behörden nach richterlicher Anordnung über den Einsatz von IMSI Catchern den Standort einer Person bestimmen, ist dies mittlerweile durch Smartphones mit GPS Sendern auch privaten Dienstleistern ohne Weiteres möglich[4]. Musste man sich vor einigen Jahren noch in einer Klinik oder bei niedergelassenen Ärzten[5] einfinden, um eine EKG Messung durchzuführen, ist nun jedermann in der Lage Daten ähnlicher Qualität über sog. Wearables zu erheben.[6] Datenerhebungs- und -verarbeitungsprozesse haben sich also von einigen wenigen, auf eine unüberschaubare Vielzahl potentieller Akteure verlagert. Während die Qualität der so gewonnenen Daten über lange Zeit stagnierte, scheint sich die Entwicklung nach einer Phase, in der die Persönlichkeitsgefahren vornehmlich durch die *Zunahme der Akteure* wuchsen, in der *Intensivierung der Nutzung* diesen Akteuren zur Verfügung stehender Daten fortzusetzen. Typisch für die rechtlich bisher kaum diskutierten Neuerungen ist die technische Überwindung der Barriere zum sog. innersten Bezirk, der nach ständiger Rechtsprechung des BVerfG als Kern- oder Intimbereich die innere Gedanken- und Gefühlswelt umfasst.[7]

### 1. Echtzeitdaten aus dem menschlichen Gehirn – WINCS und MINCS

Die Therapierung neurologischer Leiden erfordert die Kenntnis ihrer pathologischen Ursachen. Dies rückt dasjenige Organ, das die höchste Dichte neuronaler Systeme im menschlichen Organismus aufweist, in das Zentrum jener Ursachenforschung – das Gehirn. Dort finden zwischen neurologischen Einheiten, die Motorik und Belohnungssystem regulieren, zugleich diejenigen Prozesse statt, die für die Entwicklung und Entfaltung der menschlichen Persönlichkeit[8] verantwortlich

4 http://www.heise.de/ct/hotline/GPS-Daten-automatisch-aufzeichnen-lassen-1109417.html (zuletzt abgerufen am 27.04.2016).

5 Die Verwendung der männlichen Form schließt die weibliche Form mit ein.

6 Zudem besteht teilweise die Möglichkeit, mittels der Weitergabe an die eigene Krankenversicherung Tarifvorteile zu erhalten – etwa durch die Axa Versicherung in Frankreich; http://www.computerwoche.de/a/deutsche-sehen-gesundheitsdaten-tracking-von-versicherern-skeptisch,3092445 (zuletzt abgerufen am 27.04.2016).

7 Statt aller: BVerfG, Urteil vom 03. März 2004–1 BvR 2378/98, 1 BvR 1084/99 –, BVerfGE 109, 279–391, Rn. 124, juris.

8 Etwa durch Gedanken, Gefühle, Eindrücke, Erfahrungen und spätere Handlungen.

sind.[9] Damit könnten neuartige diagnostische wie therapeutische Verfahren, die im oder am menschlichen Gehirn ansetzen, zugleich neue Erkenntnisse über die menschliche Persönlichkeit zutage fördern. An einem solchen neuartigen Verfahren arbeiten z.B. Wissenschaftlicher der Mayo Clinic in Minnesota: dem sog. Wireless Instantaneous Neurotransmitter Concentration System (WINCS). Zielgruppe des WINCS sind Patienten, die für eine Behandlung mittels der Tiefen Hirnstimulation (THS) in Betracht kommen, also insbesondere Personen die an bestimmten neurologischen Erkrankungen leiden[10] und durch die elektrische Stimulation bestimmter Hirnregionen eine Linderung der Symptome erfahren. Dieses medizinische Instrument besteht im Wesentlichen aus mehreren Sensoren, durch die u.a. die Gehalte an Serotonin, Noadrenalin und Dopamin in der Hirnflüssigkeit eines lebenden Patienten während einer Operation[11] in Echtzeit gemessen und diese Daten an ein externes Empfangsgerät übertragen werden sollen.[12] Die nächste Entwicklungsstufe des WINCS soll auch nach der Operation im Körper verbleiben und kontinuierlich Daten generieren.[13] Das Sensorsystem selbst wird dabei lediglich zu Forschungs-, nicht aber zu Therapiezwecken eingesetzt.[14] Es soll diejenigen pathologischen neuronalen Prozesse im Hirn des Patienten sichtbar machen, die als Auslöser der Parkinsonkrankheit

9 Sejnowski/Churchland, Brain and Cognition, in: Posner (Hrsg.) Foundations of Cognitive Science, 2. Auflage 1990, 300 f.

10 Mittels THS behandelt werden bereits Patienten, die an Parkinson, Dystonie und essentiellem Tremor erkrankt sind – als Schwellentherapie kommt sie zudem bei chronischen Schmerzen, Epilepsie, Tourette Syndrom, Depressionen, Suchterkrankungen sowie bei Zwangsstörungen zum Einsatz, vgl. Chang et al., Development of the Mayo Invesigational Neuromodulation Control System: toward a closed-loop electrochemical feedback system for deep brain stimulation, J Neurosurg 119, 1556 ff., 1556.

11 Diese Operation wird dabei nicht allein zum Zwecke der Datenerhebung mittels des WINCS durchgeführt. Die ohnehin notwendige und umfangreiche Operation zur Implantierung der THS Elektrode wird zugleich für den Einsatz des WINCS genutzt.

12 Bledsoe et al, Development of the Wireless Instantaneous Neurotransmitter Concentration System for intraoperative neurochemical monitoring using fast-scan cyclic voltammetry, J Neurosurg 2009 Oct 111(4), 712 ff., 717; Chang et al., (Fn. 10), 1557; Agnesi et al., Wireless Instantaneous Neurotransmitter Concentration System-based amperometric detection of dopamine, adenosine, and glutamate for intraoperative neurochemical monitoring, J Neurosurg. 2009 Oct 111(4), 701 ff., 704.

13 Kasasbeh et. al., Wireless Neurochemical Monitoring in Humans, Stereotactic and Funktional Neurosurgery 2013, 141 ff., 145.

14 Van Gompel et al., Development of Intraoperative Electrochemical Detection: Wireless Instantaneous Neurochemical Concentration Sensor for Deep Brain Stimulation Feedback, Neurosurgical focus 29.2 (2010): E6, 4.

gelten. Bislang beruht der Einsatz der THS auf korrelativen Beobachtungen von Medizinern, durch elektrische Stimulation bestimmter Hirnareale, eine Linderung der typischen Krankheitssymptome an Parkinson oder Depressionen erkrankter Patienten bewirken zu können.[15] Das WINCS befindet sich momentan in der klinischen Erprobungsphase.[16] Dabei ist der künftige Einsatzzweck dieses Instruments schon konkret umschrieben: Sollte eine pathologische Verminderung der Dopaminausschüttung für die Symptome der Parkinsonkrankheit verantwortlich sein und durch die THS eine Erhöhung der Dopaminausschüttung herbeigeführt werden können, sollen die Sensoren des WINCS in ein späteres sog. Closed Loop System – namens MINCS[17] – integriert werden.[18] Das bedeutet, dass gemessene Daten unmittelbar über einen integrierten Prozessor verarbeitet und zur exakten Dosierung der Impulse über die gleichfalls integrierte Elektrode genutzt werden. Das MINCS würde in diesem Fall dauerhaft im Körper verbleiben.[19] Durch diese Anpassung erhoffen sich die Forscher eine schonendere und effektivere Behandlung der Patienten.[20] Die Messgenauigkeit soll sich im Millisekundenbereich bewegen.[21] Die technischen Besonderheiten im Gegensatz zu bisherigen Verfahren zur Ermittlung von Hirndaten – wie dem fMRT[22], dem PET[23], dem SPECT[24], dem EEG[25] oder der Mikrodialyse – liegen darin, dass invasiv chemische Daten

15 Grahn et al., A neurochemical closed-loop controller for deep brain stimulation: toward individualized smart neuromodulation therapies, Frontiers in Neuroscience 2014, vol.8, Artikel 169, 2.

16 In den Vereinigten Staaten von Amerika; https://clinicaltrials.gov/ct2/show/NCT01705301 (zuletzt abgerufen am 27.04.2016).

17 Mayo Investigational Neuromodulation Control System, vgl. Chang et al, (Fn. 10), 1558.

18 Grahn et al., (Fn. 15), 4; Chang et al., (Fn. 10), 1557; ein solches Closed-Loop System existiert bereits für Epilepsie Patienten – das sog. NeuroPace, vgl. Kasasbeh et al., (Fn. 13), 145.

19 Chang et al., (Fn. 10), 1563.

20 Grahn et al., (Fn. 15), 2.

21 http://www.nature.com/news/implant-aims-to-track-brain-signals-in-real-time-1.14153 (zuletzt abgerufen am 27.04.2016).

22 Funktionelle Magnetresonanztomographie.

23 Positronen-Emissions-Tomographie.

24 Single Photon Emission Computed Tomography/Einzelphotonen-Emissionscomputertomographie.

25 Elektroenzephalografie.

erhoben werden, die Datenerhebung in den Alltag integriert werden kann[26] und die zeitliche Auflösung der Echtzeit nahe kommt.

Das Sensorsystem und die Arbeitsweise des WINCS können datenschutzrechtlich von Relevanz sein, weil nach *Hugo Lövheim* Daten über die Konzentration von Dopamin, Serotonin und Noadrenalin Aufschluss über die augenblickliche Gefühlsverfassung eines Menschen geben können sollen.[27] Die Aussagekraft ginge sogar so weit, dass einzelne sog. Grundgefühle[28] bestimmt werden könnten.[29] Auch wenn für die medizinische Forschung mittels des WINCS Daten über die Gefühlsverfassung des Patienten (noch) keine Rolle spielen und das System zunächst allein temporär während der Operation verwendet werden soll, ermöglicht die Perspektive des Closed-Loop Systems einen Alltagseinsatz des Systems, bei dem solche Daten möglicherweise als Nebenprodukt anfallen werden. Auf die so generierten Daten könnte zu einem späteren Zeitpunkt zurückgegriffen werden. Da von einer unverminderten Aussagekraft der Daten auszugehen ist, bestünde ein erhebliches Gefahrenpotential für die Persönlichkeit der Patienten.

## 2. Affective Computing

Mit der automatisierten Ermittlung und Verarbeitung von Gefühlen befasst sich ein eigener interdisziplinärer[30] Forschungsstrang – das sog. Affective Computing. Anknüpfungspunkte für die automatisierte Ermittlung und Verarbeitung sind u.a. Mimik, Gestik und Stimme. Ergebnisse dieser Forschung sind informationstechnische Anwendungen – sog. Emotion Analytics -, die über Mimikerkennung und Stimmauswertung Wahrscheinlichkeitsprognosen hinsichtlich der momentanen Gefühlsverfassung, Krankheiten und des Persönlichkeitsprofils von Analysierten ermöglichen.

---

26 Was bei raumfüllenden technischen Geräten wie dem MRT oder nuklearmedizinischen Verfahren wie dem PET oder dem SPECT undenkbar ist.

27 Lövheim, A new three-dimensional model for emotions and monoamine neurotransmitters, Medical Hypotheses 78 (2012), 341 ff., 343.

28 Mit einigen Abweichungen werden zumeist Angst, Scham, Trauer, Freude, Überraschung und Wut hierunter subsumiert – Lövheim bezieht sich hierbei auf die von Silvan S. Tomkins eingeführte Klassifizierung, vgl. Lövheim, (Fn. 27), 343.

29 Lövheim, (Fn. 27), 343 f.

30 U.a. Informatik, Psychologie und Kognitionswissenschaft.

### *a) Mimikerkennung*

Den Grundstein für die moderne, computerbasierte Mimikerkennung legten *Paul Ekman* und *Wallace Friesen* im Jahr 1976 mit dem Kodierungssystem FACS[31]. Die Grundannahme war, dass sich alle emotionalen Regungen des Menschen in Gesichtsausdrücken äußerten.[32] Gesichtsausdrücke wiederum setzten sich zusammen aus unterschiedlichen Kombinationen von Anspannung bzw. Entspannung der Gesichtsmuskulatur. *Ekman* und *Friesen* haben hieraus 46 Anspannungs- bzw. Entspannungszustände der Gesichtsmuskulatur identifiziert, die sog. Action Units (AU), aus denen komplexe, Gefühle abbildende Gesichtsausdrücke bestünden.[33] Die informationstechnische Mimikerkennung soll in der Lage sein, diese AU zu identifizieren und in Echtzeit die Gefühlslage des Probanden mit einiger Wahrscheinlichkeit zu errechnen. Diese Gefühlserkennung soll über kulturelle und ethnische Grenzen hinweg funktionieren.[34] Eine eigene Software zur Gefühlserkennung qua Mimik hat beispielsweise das Fraunhofer Institut für Integrierte Schaltungen entwickelt. Die „Shore" genannte Applikation soll über die Google Datenbrille als Trägermedium auch zu medizinisch-therapeutischen Zwecken – etwa zur Kommunikationserleichterung für autistische Menschen – eingesetzt werden.[35] Nicht-medizinische, kommerzielle Einsatzmöglichkeiten der Technologie liegen v.a. in der Werbung und Marktforschung. Dort wird die Mimikerkennung durch das Start-Up „Affectiva" – eine Cloud basierte Anwendung, die u.a. von Rosalind Picard[36] mit entwickelt wurde – bereits eingesetzt, um Reaktionen von Kunden auf Werbeanzeigen und Produkte auszuwerten. „Affectiva" soll einmal Teil eines gefühlsbewussten Internets werden.[37]

---

31 Facial Action Coding System; Ekman & Friesen, Measuring Facial Movement, Environmental Psychology and Nonverbal Behaviour 1(1), Herbst 1976, 62 ff., 69.

32 Eine These die bereits Guillaume Benjamin Amand Duchenne de Boulogne 1862 und Charles Darwin 1872 entwickelt haben, vgl. Ekman, Friesen & Tomkins, Facial Affect Scoring Technique: A First Validity Study, Semiotica 1971, 37 m.w.N.

33 Ekman & Friesen, (Fn. 31), 64 f.

34 F.A.Z. vom 10.03.2015 – Die gläserne Seele, http://www.faz.net/aktuell/feuilleton/debatten/big-data-und-die-emotionserkennung-in-gesichtern-13439706.html (zuletzt abgerufen am 27.04.2016).

35 http://www.iis.fraunhofer.de/de/pr/2014/20140827_BS_Shore_Google_Glass.html (zuletzt abgerufen am 27.04.2016).

36 Diejenige, die diese Disziplin mit Ihrem Werk „Affective Computing" begründet hat.

37 http://news.mit.edu/2014/with-emotion-tracking-software-affectiva-attracts-clients-mood-aware-internet-0731 (zuletzt abgerufen am 27.04.2016).

### b) Stimmauswertung

Seit mehr als 70 Jahren wird an der Identifizierung von Gefühlen mittels der Stimmauswertung geforscht.[38] Schon früh wurden hierbei Parameter bestimmt, die, ähnlich den AU für die Mimikerkennung, die Identifizierung der Gefühlsverfassung des Sprechers ermöglichen: Amplitudenvariation, Geschwindigkeit, Tonhöhe, die Hüllkurve und einige mehr.[39] Ähnlich der Vorgehensweise bei der Mimikerkennung, können Grundgefühle durch das Zusammentreffen unterschiedlicher zuvor genannter Parameter ermittelt werden. Hierbei kommt es weder auf die verwendete Sprache noch auf deren Inhalt an; allein die Werte der oben genannten Parameter charakterisieren ein bestimmtes Gefühl. Aufgrund dieser Kodierungsmöglichkeit - d.h. der Kodierung bestimmter Messwerte in Gefühle und umgekehrt - ist auch die Stimmerkennung eine Schlüsseltechnologie des Affective Computing. Die Treffsicherheit bei der Auswertung von Stimmproben lag schon in den analogen Anfangsjahren der Forschung bei 50–65% und war damit bereits fünf Mal höher als die Wahrscheinlichkeit eines Zufallstreffers.[40] Die heutige Treffsicherheit im Rahmen automatisierter Verarbeitung liegt teilweise bei 70–98% in standardisierten Versuchsaufbauten.[41] Über die Ermittlung der Gefühlsverfassung hinaus enthalten Stimmproben möglicherweise detaillierte Informationen über Krankheiten - nachweisbar seien Depressionen, ADHS und die Parkinsonkrankheit.[42] Die Aussagekraft gehe sogar so weit, dass das Erstellen umfassender Persönlichkeitsprofile unter Einschluss der sog. „Big Five" sowie akkurate Vorhersagen zur Stabilität von Ehen[43] bereits technisch realisierbar seien.[44] Unter den „Big Five" sind die fünf Hauptdimensionen der Persönlichkeit zu verstehen: Emotionale Labilität, Begeisterungsfähigkeit, Offenheit,

---

38 Scherer, Expression of Emotion in Voice and Music, Journal of Voice 1995, Vol.9, Nr.3, 235 ff., 237 m.w.N.

39 Scherer/Oshinsky, Cue Utilization in Emotion Attribution form Auditory Stimuli, Motivation and Emotion, 1977, Vol.1, Nr.4, 331 ff., 339.

40 Scherer, (Fn. 38), 237.

41 Wu et al., Automatic speech emotion recognition using modulation spectral features, Speech Communication 53 (2011), 768 ff., 776.

42 https://clinicaltrials.gov/ct2/show/NCT01104623 (zuletzt abgerufen am 27.04.2016); http://www.parkinsonsvoice.org/science.php (zuletzt abgerufen am 27.04.2016).

43 Nasir, Xia et al., Still Together? The Role of Acoustic Features in Predicting Marital Outcome, Interspeech 2015, 2499 ff., 2502.

44 Die Welt vom 06.03.2015 – Diese Stimmanalyse entlarvt all unsere Geheimnisse, http://www.welt.de/wissenschaft/article138138577/Diese-Stimmanalyse-entlarvt-all-unsere-Geheimnisse.html (zuletzt abgerufen am 27.04.2016).

Gewissenhaftigkeit und Verträglichkeit.[45] Die medizinischen Einsatzfelder dieser Technologie könnten, neben der Frühdiagnose der Parkinsonkrankheit, denjenigen der Mimikerkennung gleichen. Darüber hinaus könnten solche Anwendungen etwa in der psychiatrischen und psychotherapeutischen Tätigkeit, zur Unterstützung bei der Erstellung von Gutachten in Strafverfolgung und -vollzug sowie der Gefahrenabwehr dienen.[46] Daneben bieten sich vielfältige Anwendungsmöglichkeiten im privaten nicht-medizinischen Bereich. Da schon mittels einer Stimmprobe und dem dazugehörigen Algorithmus Ergebnisse generiert werden können[47], könnte sich die Technologie in eine App integrieren lassen und wäre damit auf jedem Smartphone verfügbar. Hierdurch würde jedermann in die Lage versetzt, vorhandene Stimmproben, sei es in Fernsehinterviews, auf Pressekonferenzen, im Radio oder im Internet auf Plattformen wie Youtube, eigenständig neu auszuwerten. Gefühle, Erkrankungen, der Zustand intimer zwischenmenschlicher Beziehungen und sogar die wesentlichen Züge der eigenen Persönlichkeit wären der Öffentlichkeit preisgegeben; die darüber hinaus in bestimmten Fällen zeitlich vor dem Betroffenen selbst Kenntnis von diesen Informationen erlangen könnte.

Auch wenn die Genauigkeit der Ergebnisse der vorgenannten Anwendungen noch nicht eindeutig belegt ist, scheint sich ein Paradigmenwechsel abzuzeichnen. Die technischen Möglichkeiten nähern sich dem bisher verschlossen gebliebenen, innersten Bereich der menschlichen Persönlichkeit und haben diesen zum Teil zugleich sogar als unmittelbares Anwendungsziel.

## III. Rechtlicher Rahmen für die Erhebung und Verarbeitung von Gefühlsdaten

Ein signifikanter technischer Fortschritt im Tatsächlichen kann zunächst die Aktualität, Vollständigkeit und Tauglichkeit der bestehenden rechtlichen Regelungen in Frage stellen und erfordert möglicherweise eine rechtliche Neubewertung des bestehenden Schutzkonzepts. Für die in diesem Beitrag erörterte Problematik ist zunächst eine Präzisierung der Diskussionsgrundlage – namentlich eine Annäherung an den Begriff des „Gefühls" – erforderlich. Hiernach sind bestehende

45 Asendorpf/Neyer, Psychologie der Persönlichkeit, 5. Auflage 2012, 107 f.

46 In Großbritannien wird die Technologie darüber hinaus bereits in Call-Centern der Sozialämter eingesetzt, um betrügerische Absichten von Anrufern zu enttarnen – vgl. hierzu Zoebisch, (Fn. 3), 394.

47 Frankfurter Rundschau vom 30.05.2012 – Die Stimme kann nicht täuschen, http://www.fr-online.de/wissenschaft/die-stimme-kann-nicht-taeuschen,1472788,16384826.html (zuletzt abgerufen am 27.04.2016).

einfachgesetzliche Normen daraufhin zu überprüfen, ob sie den grundrechtlichen Anforderungen genügen. Zudem muss ermittelt werden, ob die bestehende grundrechtliche Dogmatik hinreichend ausdifferenziert ist, um die Herausforderungen der neuen Technologie bewältigen zu können.

### *1) Bestimmung des Begriffs „Gefühl"*

Das „Gefühl" ist kein Rechtsbegriff, taucht jedoch häufig in der rechtlichen Diskussion um den als Kernbereich privater Lebensgestaltung oder Intimsphäre genannten, höchstpersönlichen Lebensbereich auf:

> „Zur Entfaltung der Persönlichkeit im Kernbereich privater Lebensgestaltung gehört die Möglichkeit, *innere* Vorgänge wie Empfindungen und *Gefühle* sowie Überlegungen, Ansichten und Erlebnisse höchstpersönlicher Art ohne die Angst *zum Ausdruck zu bringen*, dass staatliche Stellen dies überwachen.[48]"

Erschwert wird die rechtliche Kontextualisierung dadurch, dass es weder eine einheitliche Definition noch eine gefestigte Auslegung des Begriffes gibt. Vielmehr konkurrieren unterschiedliche Fachdisziplinen – und innerhalb derer verschiedene Strömungen – um eine zutreffende Begriffsbestimmung. Neben der Philosophie und Psychologie befassen sich u.a. auch die Neurowissenschaften mit dem „Gefühl" als Phänomen. Die Schwierigkeit für die Rechtswissenschaft besteht darin, dass die rechtliche Beurteilung eines tatsächlichen Phänomens einen feststehenden Begriffsinhalt, eine eindeutige Definition, erfordert. Eine Möglichkeit der Konkretisierung bietet die Suche nach einer Schnittmenge an Phänomenen, die ein Großteil der Fachdisziplinen als unter den Begriff des „Gefühls" subsumierbar erachtet, eine *Konsensualiserung* als Identifikation von disziplinübergreifenden gemeinsamen Merkmalen des „Gefühls". Innerhalb der zuvor genannten Disziplinen lässt sich ein solcher Konsens für das Phänomen der sog. „Grundgefühle"[49] finden. Auch wenn sich – mit Ausnahmen – die einzelnen Definitionen nicht nur von Fach zu Fach, sondern sogar innerhalb der einzelnen Disziplinen teils erheblich unterscheiden, so lassen sich in jeder Disziplin gewichtige Stimmen finden, die *jedenfalls* die Grundgefühle dem zuvor genannten Begriff des „Gefühls" unterfallen lassen[50]. Damit zählen Phänomene wie Wut, Freude, Scham, Trauer und Angst

48 BVerfG, Urteil vom 03. März 2004–1 BvR 2378/98, 1 BvR 1084/99 –, BVerfGE 109, 279–391, Rn. 124, juris.

49 Hierzu zählen z.B. Angst, Wut, Freude, Trauer, Scham.

50 Vgl. etwa Aristoteles, aus Rhetorik, 1378b7, 20: *„Die Emotionen sind die Dinge, durch welche sich (die Menschen), indem sie sich verändern, hinsichtlich ihrer Urteile unterscheiden und welchen Lust oder Schmerz folgt, wie zum Beispiel Zorn, Mitleid, Furcht*

zu den Gefühlen[51]. Schwierigkeiten bereiten die weiteren Schutzbereichselemente „innere [Gefühlswelt]“ bzw. „zum Ausdruck bringen“. Aus der Zusammenschau der beiden Elemente ergibt sich jedoch, dass jedenfalls noch nicht zum Ausdruck gebrachten – d.h. willentlich in die Außenwelt entlassenen – Informationen über die inneren Gefühle der besondere Schutz des Kernbereichs zukommen soll. Eben jene Daten stehen im Zentrum dieses Beitrages.

### 2) *Ausdrückliche Regelung des „Gefühlsdatenschutzes“?*

Einfachgesetzliche Normen, die den Umgang mit „Gefühlsdaten“ im zuvor genannten Sinne als eigenständige Datenkategorie ausdrücklich und in besonderer Weise regeln, sind weder im bereichsspezifischen noch im allgemeinen Datenschutzrecht zu finden. Gefühlsdaten sind jedoch Kernbereichsdaten und als solche besonderen Regelungen unterworfen, vor allem zur Beschränkung des Staates, insbesondere im Strafprozess- und Gefahrenabwehrrecht. Dort hat der Gesetzgeber in Folge des Urteils des BVerfG zum großen Lauschangriff die §§ 100c ff. StPO novelliert[52]. Doch dürfen selbst jene staatlich erhobenen Kernbereichsdaten gem. §§ 100c Abs. VI S.1 HS.2, 100d Abs. V Nr. 2 StPO (nur) in eng umgrenzten Ausnahmefällen verarbeitet werden.[53]

Besondere Normen für den Umgang mit Kernbereichsdaten und damit auch für Gefühlsdaten im privaten Bereich bestehen dagegen nicht. Als personenbezogene Daten unterfallen diese jedoch dem BDSG. Ein späterer Einsatz von Verfahren und Technologie wie MINCS, Mimikerkennung und Sprachanalyse zu

---

*und was es sonst noch Derartiges gibt sowie die Gegenteile von diesen.*“; James, What is an Emotion?, Mind, Vol. 9, Nr. 34 (Apr., 1884), 188 ff., 189: „*Surprise, curiosity, rapture, fear, anger, lust, greed and the like, become then the names of the mental states with which the person is possessed. The bodily disturbances are said to be the “manifestation” of these several emotions, their “expression” or “natural language”; and these emotions themselves, being so strongly characterized both from within and without, may be called the standard emotions.*”; Panksepp, Affective Neuroscience of the Emotional BrainMind: Evolutionary Perspectives and Implications for Understanding Depression, Dialogues in Clinical Neuroscience 12.4 (2010), 533 ff., 537: “*Brain research supports the existence of at least seven primary-process (basic) emotional systems—SEEKING, RAGE, FEAR, LUST, CARE, GRIEF (formerly PANIC), and PLAY—concentrated in ancient subcortical regions of all mammalian brains.*”

51 So auch Zoebisch, (Fn. 3), 395 – der sich hinsichtlich der Definition des Begriffs „Emotion“ gleichfalls auf die Grundgefühle bezieht.

52 BT-Drucks. 15/5486, 2.

53 Bruns, in: Karlsruher Kommentar zur Strafprozessordnung, 7. Auflage 2013, § 100d Rn. 17.

medizinischen Zwecken im Bereich von Diagnostik und Therapeutik, würde dem gesetzlichen Erlaubnistatbestand des § 28 Abs. 7 S.1 BDSG unterfallen. Zudem wäre eine Erlaubnis für den Datenumgang auch auf Grundlage einer Einwilligung des Betroffenen möglich. Während der klinischen Prüfung der Geräte und Anwendungen[54] fände das Medizinproduktegesetz (MPG) Anwendung. Hiernach wären momentan die Einschränkungen weitergehend: Nach § 20 Abs. 1 S. 4 Nr.2 MPG dürfen Datenerhebungen in der klinischen Erprobungsphase *allein* mittels einer informierten Einwilligung des Patienten stattfinden. Eine alternative gesetzliche Grundlage sieht das MPG nicht vor.

Hierbei stellen sich zwei zentrale Fragen, die für die verfassungsrechtliche Beurteilung der zuvor genannten Technologien von besonderer Bedeutung sind:

Wenn man Gedanken und Gefühle *inhaltlich* als kernbereichsrelevante und unmittelbar dem Schutz des Art. 1 Abs. 1 GG[55] unterfallende Teile der menschlichen Persönlichkeit ansieht, die „absoluten Schutz[56]" genießen sollen, muss deren „absoluter Schutz" im medizinischen Bereich dann nicht auch gegen den Willen des Betroffenen durchgesetzt werden?

Kann das Instrument der Einwilligung - das willentlichen Entscheidungen rechtliche Bedeutung verleihen soll – ohne weiteres auch auf solche Datenverarbeitungsvorgänge angewendet werden, die unwillkürliche körperliche Reaktionen zum Gegenstand haben?

Der *Informationsgehalt* der erhobenen Daten und der *Modus* ihrer Erhebung – die allen Technologien gemeine Fokussierung auf unwillkürliche körperliche Reaktionen – stellen die Annahme einer wirksamen Einwilligung vor schwierige Probleme.

## 1. Datenerhebungen und -verarbeitungen auf gesetzlicher Grundlage

Im Falle des § 28 Abs. 7 S.1 BDSG dürfen Daten ohne Einwilligung des Betroffenen dann erhoben und verarbeitet werden,

---

54 Auch Software kann die Voraussetzungen des „Medizingerätes" erfüllen, vgl. § 3 Nr.1 MPG.

55 BVerfG, Urteil vom 03. März 2004–1 BvR 2378/98, 1 BvR 1084/99 –, BVerfGE 109, 279–391, Rn. 136, juris; BVerfG, Urteil vom 27. Februar 2008–1 BvR 370/07, 1 BvR 595/07 –, BVerfGE 120, 274–350, Rn. 271, juris.

56 St.Rspr. BVerfG, Beschluss vom 31. Januar 1973–2 BvR 454/71 –, BVerfGE 34, 238–251, Rn. 30, juris; BVerfG, Urteil vom 03. März 2004–1 BvR 2378/98, 1 BvR 1084/99 –, BVerfGE 109, 279–391, Rn. 122, juris.

> „wenn dies zum Zweck der Gesundheitsvorsorge, der medizinischen Diagnostik, der Gesundheitsversorgung oder Behandlung oder für die Verwaltung von Gesundheitsdiensten *erforderlich* ist und die Verarbeitung dieser Daten durch ärztliches Personal oder durch sonstige Personen erfolgt, die einer entsprechenden Geheimhaltungspflicht unterliegen."

Der Begriff der „Erforderlichkeit" eröffnet die Möglichkeit, grundrechtliche Wertungen in die Auslegung einfließen zu lassen. Von besonderer Bedeutung könnte hierbei der Einfluss der Menschenwürde, Art. 1 Abs. 1 GG sein, seitdem das BVerfG den Schutz des Kernbereichs privater Lebensgestaltung rechtlich nicht mehr mit dem allgemeinen Persönlichkeitsrecht Art. 2 Abs. 1 i.V.m. 1 Abs. 1 GG[57], sondern allein mit Art. 1 Abs. 1 GG begründet.[58] Könnte die besondere Bedeutung von Gedanken und Gefühlen für die Identität und Persönlichkeit des Menschen, die Nähe dieser Daten zur Menschenwürde und die normative Verankerung von Kernbereichsdaten bei Art. 1 Abs. 1 GG[59], ein grundsätzliches und ausnahmsloses Verbot der Erhebung solcher Daten mittels *gesetzlicher* Grundlage erfordern[60], und zwar unabhängig davon, welcher Zweck verfolgt wird? Für den eng umgrenzten strafprozessualen Bereich wird ein ausdrückliches Erhebungsverbot auf gesetzlicher Grundlage durch das Verbot der Erhebung und Verarbeitung von Kernbereichsdaten bereits angeordnet.[61] Dieses Verbot gilt jedoch nur, sofern Zweck der Verarbeitung die Strafverfolgung ist; für den vorgelagerten gefahrenabwehrrechtlichen Zweck gilt dieses „absolute" Verarbeitungsverbot schon nicht.[62]

---

57 St. Rspr. vor BVerfGE 109, 279–391 – vgl. BVerfG, Beschluss vom 14. September 1989–2 BvR 1062/87 –, BVerfGE 80, 367–383, Rn. 14f., juris; BVerfG, Beschluss vom 31. Januar 1973–2 BvR 454/71 –, BVerfGE 34, 238–251, Rn. 30, juris.

58 BVerfG, Urteil vom 27. Februar 2008–1 BvR 370/07, 1 BvR 595/07 –, BVerfGE 120, 274–350, Rn. 271, juris.

59 Als unmittelbar drittwirkende Norm: BVerfG, Entscheidung vom 29. Juli 1968–1 BvL 20/63, 1 BvL 31/66 –, BVerfGE 24, 119, Rn. 58, juris; sowie ausdrücklich BVerwG, Urteil vom 15. Dezember 1981–1 C 232/79 –, BVerwGE 64, 274–280, Rn. 20.

60 Gegen eine solche absolute Eingriffsgrenze argumentiert Simitis, in: Simitis (Hrsg.), Bundesdatenschutzgesetz, § 1 Rn. 94 ff. m.w.N.

61 Vgl. § 100c Abs. 4 S.1 StPO.

62 Vgl. § 100d Abs. 5 Nr.2 S.1 StPO; ob diese Unterscheidung nach Zwecken bei einem würderechtlich begründeten Schutz überhaupt möglich ist, bleibt zweifelhaft. Die Besonderheit dieses absoluten Schutzes liegt gerade darin, dass dessen Relativierung zugunsten bestimmter Zwecke *stets* unzulässig ist. So gibt es auch zwischen repressiver Folter und „Rettungsfolter" keinen würderechtlich relevanten Unterschied, vgl. hierzu die eindrückliche Begründung im Fall Daschner, LG Frankfurt a.M., NJW 2005, 692 ff., 693, 694: „Die Achtung der Menschenwürde ist die Grundlage dieses Rechtsstaats. Der Verfassungsgeber hat sie ganz bewusst an den Anfang der Verfassung gestellt. Das Recht

Zudem treffen Strafprozessordnung und Polizeigesetze über den privaten Bereich naturgemäß überhaupt keine Entscheidung. Läge in der Verarbeitung von Gefühlsdaten tatsächlich ein Würdeverstoß, so wäre ein ausdrückliches, einfachgesetzliches Verbot ihres Umgangs ähnlich dem § 100 Abs. 4 S.1 StPO auch für den privaten Bereich angezeigt.

## 2. Erhebungen und Verarbeitungen mit Einwilligung

Einen alternativen Erlaubnistatbestand für Eingriffe in das Recht auf informationelle Selbstbestimmung bildet die *Einwilligung*, vgl. § 4 Abs. 1 Var.2 BDSG. Die Voraussetzungen der datenschutzrechtlichen Einwilligung ergeben sich einfachgesetzlich aus § 4a Abs. 1 BDSG. Hierzu gehören die Dispositionsbefugnis, die Freiwilligkeit und die Informiertheit der Einwilligung. Darüber hinaus ist auch die Widerruflichkeit– obwohl nicht ausdrücklich in § 4a Abs. 1 BDSG genannt – integraler Bestandteil der datenschutzrechtlichen Einwilligung.[63] Nur so kann der grundrechtlich auf Art. 2 Abs. 1 i.V.m. 1 Abs. 1 GG gestützte, umfassende Schutz informationeller Selbstbestimmung als Recht über Preisgabe und Verwendung der eigenen personenbezogenen Daten *selbst zu bestimmen* gewährleistet werden.

### *1) Höchstpersönlichkeit der Daten*

Auch auf den Umgang mit Gefühlsdaten auf Grundlage einer Einwilligung könnte sich Art. 1 Abs. 1 GG auswirken. Zur Dispositionsbefugnis stellt § 4a Abs. 1 BDSG allein fest, dass diese dem „Betroffenen“ zustehe. Dabei muss sich eine Konkretisierung dieses Begriffes an der grundrechtlichen Grundlage des einfachgesetzlichen Datenschutzes, dem Recht auf informationelle Selbstbestimmung gem. Art. 2 Abs. 1 i.V.m. 1 Abs. 1 GG orientieren. Für Gefühlsdaten, die dem Kernbereich privater Lebensgestaltung zugeordnet werden, rückt insoweit die Nähe zur Menschenwürde in den Fokus der Betrachtung. Die Menschenwürde wird durch

---

auf Leben und körperliche Unversehrtheit dagegen ist erst in Art. 2 Abs. 2 GG normiert. Dies hat seinen Grund in der Geschichte dieses Staates. Die Dokumente aus der Zeit der Entstehung der Bundesrepublik Deutschland machen unschwer deutlich, dass den Mitgliedern des Parlamentarischen Rates die Gräueltaten des nationalsozialistischen Regimes noch sehr deutlich vor Augen standen. Sein fundamentales Anliegen war, so etwas wie damals nie wieder entstehen zu lassen und mit der Fassung dieses Grundgesetzes einen deutlichen Riegel vor jegliche Versuchung zu schieben. Der Mensch sollte nicht ein zweites Mal als Träger von Wissen behandelt werden können, das der Staat aus ihm herauspressen will, und sei es auch im Dienste der Gerechtigkeit. So ist zu erklären, dass Art. 1 Abs. I S.1 GG unabänderlich ist.“

63 Simitis, (Fn. 60), § 4a Rn. 94.

das BVerfG als etwas „unverfügbares[64]“ und durch das BVerwG – das sich insoweit auf das BVerfG beruft –, als „objektiver, unverfügbarer Wert, auf dessen Beachtung der einzelne nicht wirksam verzichten kann[65]“ bezeichnet.[66] Handelt es sich bei Kernbereichsdaten, deren Schutz das BVerfG gleichfalls allein auf Art. 1 Abs. 1 GG stützt,[67] damit um Daten, über die der Einzelne nicht verfügen kann? Diese Frage stellt das BVerfG in seinen Entscheidungen zum Kernbereich privater Lebensgestaltung mit derselben Regelmäßigkeit, mit der es die Antwort offenlässt.[68]

In besonderer Weise zugespitzt zeigt sich das dahinterstehende Wertungsproblem für die Einwilligung in den Datenumgang im medizinischen Bereich. Muss die Erhebung und Verarbeitung von Gefühlsdaten allein wegen ihres besonderen Informationswertes verboten werden, selbst wenn der Patient die Datenerhebung und -verwendung *ausdrücklich* wünscht? Auf den ersten Blick erscheint schon die Fragestellung ungewöhnlich und kontraintuitiv. Weshalb sollte Patienten eine solche Einwilligungsmöglichkeit verwehrt bleiben? So bezeichnete der BGH es als ungerechtfertigt, einem Angeklagten das Einbringen rechtswidrig erhobener, aber entlastender Kernbereichsdaten als Beweismittel in den Prozess mit der Begründung zu verbieten, dass der Schutz seiner Menschenwürde ein derartiges Verhalten nicht erlaube.[69] Im medizinischen Bereich, in dem die Preisgabe jener besonders aussagekräftigen Daten dem Patienten – durch größtmögliche Effektivität und Nebenwirkungsfreiheit der Therapie – eine wesentliche höhere Lebensqualität und -erwartung ermöglichen könnte, müsste eine derartige Entscheidung erst recht als schwer vollstellbar bezeichnet werden. Hierfür spricht auch, dass die Preisgabe gegenüber Ärzten – also nichtstaatlichen Akteuren – und aus freien Stücken erfolgt. Andererseits konnten jene Argumente in anderen, weniger „makellosen“ Konstellationen wie etwa im Falle der Peep-Show[70] Zweifel an der Würdewidrigkeit nicht ausräumen. Behörden

---

64 BVerfG, Urteil vom 21. Juni 1977–1 BvL 14/76 –, BVerfGE 45, 187–271, Rn. 146, juris.

65 BVerwG, Urteil vom 15. Dezember 1981–1 C 232/79 –, BVerwGE 64, 274–280, Rn. 22, juris.

66 Mit weiteren Nachweisen zur vielfältigen Literatur, selbst jedoch a.A.: Amelung, Die Einwilligung in die Beeinträchtigung eines Grundrechtsgutes, 1981, 46.

67 BVerfG, Urteil vom 27. Februar 2008–1 BvR 370/07, 1 BvR 595/07 –, BVerfGE 120, 274–350, Rn. 271, juris.

68 BVerfG, Beschluss vom 14. September 1989–2 BvR 1062/87 –, BVerfGE 80, 367–383, Rn. 18, juris; BVerfG, Beschluss vom 18. August 1981– 2 BvR 166/81 –, Rn. 3, juris.

69 BGH, Urteil vom 17. Dezember 1998–1 StR 156/98 –, BGHSt 44, 308–328, Rn. 34, juris.

70 BVerwG, Urteil vom 15. Dezember 1981–1 C 232/79 –, BVerwGE 64, 274–280, Rn. 22, juris; BVerfG, Kammerbeschluss vom 16. Mai 1990–1 BvR 450/90 –, Rn. 2, juris.

und Gerichte erachteten die Einschränkung der Handlungsfreiheit der Betroffenen in jenem Fall für geboten, um diese vor einer Selbstentwürdigung zu schützen. Die bundesverfassungsgerichtliche normative Anknüpfung des Kernbereichs an Art. 1 Abs. 1 GG hat damit Widersprüche geschaffen, die das Vorliegen der Dispositionsbefugnis bei Einwilligungen zur Preisgabe von Kernbereichsdaten in Zweifel ziehen.[71]

### *2) Die Unwillkürlichkeit*

Stimmauswertung und Mimikerkennung zielen auf die Auswertung unwillkürlicher Körperreaktionen[72] der untersuchten Person ab; WINCS und MINCS bieten zumindest die Möglichkeit der Auswertung unwillkürlicher Körperreaktionen. Die Unwillkürlichkeit der Datenerhebung ist eine Herausforderung für jede einzelne Voraussetzung einer wirksamen Einwilligung: Es scheint schwer vorstellbar willentlich über das Unwillkürliche – dessen Charakteristikum das Fehlen willentlicher Beeinflussbarkeit ist – zu entscheiden.

#### *a) Unwillkürlichkeit und Dispositionsbefugnis*

Die Dispositionsbefugnis könnte auch durch den *Modus der Erhebung* in Frage gestellt sein. In seiner Entscheidung zur strafprozessualen Verwertbarkeit einer Befragung unter Zuhilfenahme eines sog. Polygraphen („Lügendetektor") erkannte das BVerfG aufgrund des Modus der Erhebung die Nähe durch Aufzeichnung und Auswertung unwillkürlicher Reaktionen erlangter Daten zum absolut geschützten Kernbereich privater Lebensgestaltung an:

> „Eine derartige „Durchleuchtung" der Person, welche die Aussage als deren ureigenste Leistung entwertet und den Untersuchten zu einem bloßen Anhängsel eines Apparates werden läßt, greift in unzulässiger Weise in das durch Art 2 Abs 1 in Verbindung mit

71 Ähnliche Fragen stellen sich zum Einsatz von Polygraphen und den Grenzen der Einwilligung im sog. Realitätsfernsehen. Zu ersteren s. statt vieler Schwabe NJW 1982, 367 zur BVerfG Entscheidung über den Einsatz eines Polygraphen im Strafprozess; zu letzteren s. Klass, Rechtliche Grenzen des Realitätsfernsehens, 144 f.

72 Frankfurter Rundschau vom 30.05.2012 – „Bioakustik-Forschung: Die Stimme kann nicht täuschen": „Zwar könne man versuchen, lauter zu sprechen, um bessere Stimmung vorzugeben, doch der Millisekunden-Bereich, den der Computer erfasst und darstellt, lässt sich vom Menschen nicht willentlich beeinflussen.", http://www.fr-online.de/wissenschaft/bioakustik-forschung-die-stimme-kann-nicht-taeuschen,1472788,16131162.html (zuletzt abgerufen am 27.4.2016); Ekman, Expression and the nature of Emotion, in Scherer/Ekman: Approaches to emotion, 1984, 323.

> Art 1 Abs 1 GG geschützte Persönlichkeitsrecht des Betroffenen ein, das der Wahrheitserforschung im Strafverfahren Grenzen setzt.[73]"

Die Besonderheit jenes Modus der Erhebung liegt darin, dass der Wille des Angeklagten bedeutungslos wird. Allein durch die technische Überbrückung dieses Willens wird die Intensität des Datenerhebungs- und -verarbeitungsprozesses derart erhöht, dass eine besondere Nähe zum absolut geschützten Kernbereich privater Lebensgestaltung und damit zur Menschenwürde gegeben ist. Hierdurch wird erneut – nun nicht aufgrund des *Informationswertes* der Daten, sondern wegen des *Modus ihrer Erhebung* – die Frage nach der Dispositionsbefugnis aufgeworfen[74].

> „An der Unzulässigkeit einer derartigen Beweiserhebung ändert auch die Einwilligung des Beschwerdeführers nichts. Selbst wenn man es als erlaubt ansehen wollte, dem Beschwerdeführer die Dispositionsmacht über die in Frage stehenden Rechte einzuräumen, schiede hier eine wirksame Einwilligung aus.[75]"

Die Frage nach der Dispositionsbefugnis führt dann aber in dasselbe Dilemma wie zuvor. Die Menschenwürderelevanz unwillkürlich preisgegebener Daten könnte die Unverfügbarkeit jener Daten für den Einwilligenden zur Folge haben.

### *b) Unwillkürlichkeit und Freiwilligkeit der Einwilligung*

Die Freiheit der Entscheidung ist eine in § 4a Abs. 1 BDSG genannte Voraussetzung der Einwilligung, die gleichermaßen der Erörterung bedarf. Sie ist im Falle des medizinischen Einsatzes der eingangs erläuterten Technologien aus zwei Gründen in Zweifel zu ziehen. Zum einen erscheint es fraglich, ob überhaupt von einer freien Entscheidung gesprochen werden kann, wenn der Akt der Preisgabe willentlich nicht beeinflusst werden kann. Setzt die „freie Entscheidung", wie in § 4a Abs. 1 BDSG beschrieben, die willentliche Beeinflussbarkeit der konkreten Preisgabe des einzelnen Datums voraus?

Das andere Problem adressiert das BVerfG ebenfalls in seiner Entscheidung zum Einsatz des Lügendetektors:

> „Eines Schutzes gegen staatliche Eingriffe bedarf nur derjenige nicht, der wählen kann. Diese Freiheit hat der von empfindlicher Freiheitsstrafe bedrohte Angekl. tatsächlich

73 BVerfG, Beschluss vom 18. August 1981–2 BvR 166/81 –, Rn. 2, juris.

74 So auch seitens des BVerfG, das jene Frage erneut nicht abschließend entscheidet, vgl. BVerfG, Beschluss vom 18. August 1981–2 BvR 166/81 –, Rn. 3, juris; Kritik über diese Vorgehensweise äußert Schwabe in NJW 1982, S.367.

75 BVerfG, Beschluss vom 18. August 1981–2 BvR 166/81 –, Rn. 3, juris.

> nicht, dem sich die Untersuchung durch den "Lügendetektor" als eine günstige Gelegenheit darstellen muß, die er nicht ausschlagen darf.[76]"

Wie weit reicht die Entscheidungsfreiheit des Patienten, dem sich der Einsatz des MINCS als einzige Möglichkeit darstellen könnte, eine Linderung und/oder Heilung seiner gravierenden, lebensbedrohlichen Krankheit[77] zu erhalten? Es erscheint zweifelhaft, ob ein solcher Patient zwischen willkürlichen und unwillkürlichen Daten unterscheiden könnte und sich der Beherrschbarkeit der einen wie der Unbeherrschbarkeit der anderen bewusst wäre. Kann man diesem Patienten überhaupt die grundsätzliche Fähigkeit zu freiwilligem Handeln zugestehen oder muss man nicht vielmehr von struktureller Unfreiwilligkeit ausgehen?

### *c) Unwillkürlichkeit und Widerruflichkeit der Einwilligung*

Die Unwillkürlichkeit körperlicher Reaktionen könnte zudem die Widerruflichkeit der Einwilligung in Frage stellen. Die Widerruflichkeit ist integraler Bestandteil der Einwilligung, da nur mit ihrer Hilfe eine nachträgliche Korrektur zu spät erkannter Risiken für das eigene Recht auf informationelle Selbstbestimmung möglich ist.[78] Hierbei ist Bezugspunkt für die Einwilligung – wie für deren Widerruf –, ein bestimmter Verarbeitungsvorgang.[79] Im medizinischen Bereich umfassen mögliche Verarbeitungsvorgänge die Erhebung von Daten etwa zur Herzfrequenz, zur Körpertemperatur oder zum Blutdruck. Während der Personenbezug der zuvor genannten Daten im klinischen Alltag regelmäßig zu bejahen sein wird, ist die Frage, inwieweit es sich hierbei um einzelne Verarbeitungsvorgänge handelt, schwieriger zu beantworten. Gerade die bundesverfassungsgerichtliche Aussage

> „[...] insoweit gibt es unter den Bedingungen der automatischen Datenverarbeitung kein „belangloses" Datum mehr.[80]"

zwingt dazu, den Begriff des Verarbeitungsvorganges soweit wie möglich auf das einzelne Datum zu verengen. Bei punktuellen Verarbeitungsvorgängen, wie der Blutdruckmessung, fällt dies leichter als bei länger andauernden Messvorgängen, etwa einem Langzeit EKG. Unschärfen in der Bestimmung des Verarbeitungsvorganges und mithin des Bezugspunktes von Einwilligung und Widerruf lassen sich

76 BVerfG, NStZ 1981, S.446, S.447.
77 So etwa bei einer Parkinson-Erkrankung.
78 Simitis, (Fn. 60), § 4a Rn. 94.
79 Simitis, (Fn. 60) § 4a, Rn. 77.
80 BVerfG, Urteil vom 15. Dezember 1983–1 BvR 209/83, 1 BvR 269/83, 1 BvR 362/83, 1 BvR 420/83, 1 BvR 440/83, 1 BvR 484/83 –, BVerfGE 65, 1–71, Rn. 152, juris.

bisweilen schwer vermeiden, fallen jedoch bei gleichbleibender Aussagekraft und Verarbeitungszweck der Daten auch nicht zu stark ins Gewicht.

Für Gefühle trifft diese Annahme nicht gleichermaßen zu. Grundgefühle etwa lassen sich in die Kategorien der positiv, negativ und neutral konnotierten unterteilen[81] und treten situativ – zumeist als direkte Folge äußerer Reize wie Fragen, Bilder, Geräusche und Ähnlichem – auf[82]. Sie unterscheiden sich hinsichtlich der Bedeutung für die eigene Persönlichkeit wesentlich voneinander und sind zudem hinsichtlich ihres Auftretens nicht in gleicher Weise berechenbar wie ein Herzschlag, da sie spezifische – insbesondere durch persönliche Erfahrung erlernte – Reaktionen auf äußere Ereignisse ermöglichen sollen.[83] Wie könnte man unter den gegebenen Möglichkeiten der Gefühlsauswertung qua unwillkürlicher Daten ausschließen, dass Daten erhoben werden, die der Patient nicht preisgeben wollte, weil sie weit mehr über seine Persönlichkeit verraten als er ursprünglich zum Zeitpunkt der Erklärung seines Einverständnisses für möglich hielt? Dieses Problem mag sich im Bereich „einfacher" medizinischer Daten nicht stellen, da alternativ zur patientenseitigen Einwilligung § 28 Abs. 7 S.1 BDSG als gesetzliche Ermächtigungsgrundlage herangezogen werden könnte.[84] Zumal im öffentlichen Bereich aufgrund der Gesetzesbindung der Verwaltung, eine Wahlfreiheit zwischen gesetzlicher Erlaubnisnorm und Einwilligung und damit einhergehend die Parallelität dieser beiden Erlaubnistatbestände, nur in wenigen Fällen zu bejahen sein wird.[85] Trotzdem kann – insbesondere in Fällen, in denen keine gesetzliche Grundlage für die Datenerhebung zur Verfügung steht[86] wie auch im sonstigen nicht-öffentlichen Bereich, der im Mittelpunkt dieses Beitrages steht -, die Bedeutung der Einwilligung als Grundlage für Datenverarbeitungsvorgänge kaum überschätzt werden.

Wenn angenommen wird, dass eine Gefühlsregung eine „juristische Sekunde" vor dem Bewusstwerden dieser Gefühlsregung bereits technisch nachweisbar wäre[87], dann könnte nicht angenommen werden, dass der Patient seine zuvor

---

81 Lövheim, (Fn. 27), 343 m.w.N.

82 James, (Fn. 50), 191 ff., 194, 203; Ortony/Clore/Collins, The Cognitive Structure of Emotions, 1999, 1.

83 Ortony/Clore/Collins, (Fn.82), 177.

84 Auch wenn dies strittig ist, vgl. etwa Rogosch, Die Einwilligung im Datenschutzrecht, 2013, 141, 142; Simitis, (Fn. 60), § 4a Rn. 14 ff. m.w.N.

85 Simitis, (Fn. 60), § 4a Rn. 15, Rn. 17.

86 Wie etwa im Bereich der medizinischen Forschung.

87 Diese Annahme trifft jedenfalls auf Stimmproben zu, weil sich die messbaren und relevanten Veränderungen im Millisekundenbereich vollziehen und der willentlichen

erteilte Einwilligung rechtzeitig widerrufen könnte. Die verantwortliche Stelle darf nach einem einmal erteilten Einverständnis grundsätzlich darauf *vertrauen*, dass die Willensrichtung des Einwilligenden sich ohne Widerruf zwischenzeitlich nicht ändert.[88] Die rechtfertigende Wirkung der Einwilligung beruht damit zu einem großen Teil auf der Annahme, dass ein dauerndes Einverständnis mit Eingriffen bestimmter Intensität zu einem bestimmten Zweck – auch ohne regelmäßige Erneuerung der Einwilligung – vorliegt, getragen von der grundsätzlichen Möglichkeit des rechtzeitigen Widerrufs. Sofern die Einwilligung jedoch nicht rechtzeitig widerruflich ist, könnte der rechtfertigenden Wirkung der zeitlich unbegrenzten und allein hinsichtlich Eingriffen bestimmter Art und Intensität beschränkten Einwilligung die Grundlage dadurch entzogen sein, dass darin gesetztes Vertrauen möglicherweise nicht mehr schutzwürdig wäre. Es bleibt damit die Frage offen, wie sich die fehlende Rechtzeitigkeit des Widerrufs auf die rechtfertigende Wirkung der Einwilligung auswirkt.

### *d) Unwillkürlichkeit und Informiertheit der Einwilligung*

Zudem schlägt die wesentliche Unterschiedlichkeit und Situationsabhängigkeit von Gefühlen – die bereits zu jenem zuvor erörterten Problem der rechtzeitigen Widerruflichkeit führt – auch auf die Informiertheit der Einwilligung durch. Ähnlich liegen die Dinge im Falle umfangreicher Befragungen, bei denen die Befragten über den genauen Zweck und den Umfang der erhobenen Daten bis zum Ende der Befragung zumeist im Unklaren gelassen werden.[89] Der Unterschied ist, dass bei bloßen Befragungen die situative Preisgabe einzelner Daten regelmäßig willentlich beeinflussbar ist, während jene Möglichkeit zur Auswahl bei unwillkürlich preisgegebenen Daten ausscheidet. Erfordert also die Erhebung unwillkürlicher Daten eine praktisch nicht erfüllbare Aufklärung und schiede sie allein deshalb schon aus?

---

Beeinflussung seitens des Probanden entzogen sind – nach der nicht unbestrittenen sog. James-Lange Theorie trifft dies darüber hinaus auch auf die Mimikerkennung und das WINCS/MINCS zu, da körperliche Auswirkungen (wie das Formen von Gesichtsausdrücken, die Stimmlippenspannung oder die Ausschüttung von Neurotransmittern) dem Bewusstwerden des Gefühlszustandes zeitlich vorgelagert wären, vgl. James, (Fn. 50), 189 f.

88 Simitis, (Fn. 60), § 4a Rn. 102.

89 Simitis, (Fn. 60), § 4a Rn. 28.

## IV. Fazit

Bislang lag die Bedeutung des Gefühlsdatenschutzes, wenn er denn überhaupt gesehen wurde, als Teil des Kernbereichs privater Lebensgestaltung vornehmlich in der Abwehr staatlicher Gefahren für das Recht auf informationelle Selbstbestimmung. Den Persönlichkeitsgefahren durch heimliche Telekommunikationsüberwachung und Staatstrojanern wurde regelmäßig durch eine immer stärkere Argumentation mit dem Menschenwürdegehalt des Rechts auf informationelle Selbstbestimmung begegnet; letztlich sogar durch die unmittelbare normative Anknüpfung an Art. 1 Abs. I GG. Dabei hat diese Fixierung auf den Menschenwürdegehalt einerseits zu Verwerfungen innerhalb der Kernbereichsdogmatik hinsichtlich staatlicher Datenerhebungen und -verarbeitungen geführt, wie sich an den zahlreichen Ausnahmen zur Kernbereichsbetroffenheit ablesen lässt. Zum anderen wurde vernachlässigt, dass der Vorteil des nominell stärkeren Schutzes im staatlichen Bereich mit Widersprüchen im nicht-staatlichen Bereich erkauft wurde. Insbesondere im medizinischen Bereich können diese Widersprüche zum Vorenthalten therapeutisch oder diagnostisch sinnvoller Technologien führen, was letztlich neue Gefahren für andere grundrechtlich bedeutsame Rechtsgütern, wie Leben, Gesundheit und körperliche Unversehrtheit zur Folge hat. Andererseits würden diese Vorteile mit Risiken erkauft. Die Folgen eines möglichen Verlustes jenes Rückzugsraumes, dem für die Entwicklung und Entfaltung der eigenen Persönlichkeit wesentliche Bedeutung beigemessen wird, können kaum abgeschätzt werden. Auch die Sorge, dass ein solcher Verlust irreversibel sein könnte, ist nicht unbegründet. Angesichts des Digitalisierungs- und Vernetzungsgrades unserer Gesellschaft, erlangen solche Gefahren regelmäßig gesamtgesellschaftliche Bedeutung. Daher sollte man sich bewusst sein, dass die (grund-)rechtliche Bewertung dieser Technologien keine abschließende Entscheidung darüber beinhaltet, ob und – bejahendenfalls – unter welchen Voraussetzungen deren Einsatz in Zukunft erlaubt sein sollte. Die Antwort auf diese Frage kann vielmehr nur das Ergebnis eines breiten, gesellschaftlichen und rechtspolitischen Diskurses sein, in dem die Vorteile der Technologien gegen ihre Gefahren in einer politischen Entscheidung sorgfältig abgewogen werden. Da die genannten Technologien teilweise bereits am Markt eingesetzt werden, sollte das verbleibende Zeitfenster genutzt und mit dieser Diskussion zügig begonnen werden. Hierfür soll die grundrechtliche Beurteilung zugleich Anstoß und Orientierungshilfe sein.

Indra Spiecker gen. Döhmann

# Apps, Bewertungsportale und mehr: Zusammenfassung, Ausblick und Schlusswort

Smart health applications, fitness apps, smart implants and telemedicine are elements of new IT in healthcare. Where does that lead us? How can we fit new processes, new data, new results into our existing public health care system? Which problems can we solve with it, which problems newly arise?

## Einleitung

Informations- und Kommunikationstechnologie verändert die Welt. Sie verändert die Märkte und Wertigkeiten, sie verändert Produktionsabläufe und Bildungsbedingungen, sie verändert staatliche Kontrolle und staatliche Regulierung. Die vorliegenden Beiträge, entstanden für, präsentiert vor und diskutiert mit den Teilnehmern der Tagung „IT-Entwicklungen im Gesundheitswesen – Herausforderungen und Chancen" machen die unglaubliche Spannbreite dieser Entwicklungen kenntlich und zeichnen sowohl die großen Linien dieser Veränderungen als auch einzelne Erscheinungen mit besonderem Blick auf das Gesundheitswesen nach.

Wer IT im Gesundheitswesen für randständige, Technikfreaks vorbehaltene Erscheinungen hält, wird bei näherem Blick allein auf die Verbreitung von neuen gesundheitsrelevanten Produkten unter Einbindung von Informations- und Kommunikationstechnologie schnell eines Besseren belehrt. Nach einer aktuellen, im Juni 2015 vorgestellten Studie der Universitätsklinik Freiburg, kamen monatlich ca. 1.000 neue Apps neu hinzu und existierten bereits ca. 200.000 Apps (jeweils für iOS und Android Systeme) mit Gesundheitsbezug.[1] Diese messen verschiedenste Daten und Datenströme; zum Teil geben sie sogar direkte Verhaltensempfehlungen an die Nutzer weiter, so dass sie sich nicht allein auf Datenerhebung

---

1 Gesundheits- & Versorgungs-Apps, Report 2015: Einsatzgebiete, Qualität, Trends und Orientierungshilfen für Verbraucher, Dr. Ursula Kramer, https://www.tk.de/centaurus/servlet/contentblob/724458/Datei/143237/TK-Pressemappe-Digitale-Gesundheit-Praesentation-Dr-Kramer.pdf (zuletzt abgerufen am 27.04.2016); http://de.statista.com/statistik/daten/studie/343114/umfrage/anzahl-der-gesundheitsapps-nach-therapiebereich/ (zuletzt abgerufen am 27.04.2016).

und -weitergabe beschränken, sondern die Daten auch auswerten, bewerten und darauf Entscheidungen basieren.

Identifizieren lassen sich verschiedene Trends und Entwicklungen im Bereich der Digitalisierung und der Verbreitung von Informations- und Kommunikationstechnologie, die hier noch einmal kurz in Erinnerung gerufen und systematisiert werden sollen.

## Individualisierte Medizin

Deutlich wird, dass wir einen Trend zur „individualisierten Medizin“ beobachten können, und zwar in allen Bereichen des Gesundheitswesens.

Das betrifft zum einen die Administration und Vertragsgestaltung: Private Krankenversicherer haben längst begonnen, neue Tarifstrukturen zu entwickeln und auf dem Markt zu erproben. Wer bereit ist, sein gesundheitsrelevantes Verhalten – und hier darf bereits die erste Frage gestellt werden: Wer bestimmt, was gesundheitsrelevantes Verhalten überhaupt ist und wie die Parameter zur Beurteilung gesetzt werden? – , wer also bereit ist, sein gesundheitsrelevantes Verhalten prüfen und nachverfolgen zu lassen, kann unter Umständen mit geringeren Krankenversicherungsbeiträgen rechnen. Damit werben die Versicherer – gleichzeitig wird aber auch deutlich, dass von diesen Effekten engmaschiger Datenverarbeitung derjenige ausgenommen ist, der einem nicht beeinflussbaren Risiko ausgesetzt ist und auch derjenige, der nicht bereit ist, seine höchstpersönlichen Daten auf diese Weise monetarisieren zu lassen. Dies ist umso bemerkenswerter, als die jüngsten Angriffe auf Krankenhäuser und andere Einrichtungen aus erpresserischen Motiven sichtbar machen, dass das Interesse an diesen Daten aus den unterschiedlichsten Motiven nicht allein auf die Krankenversicherer beschränkt ist, dass enorme Begehrlichkeiten geweckt sind. So ist längst auch der – illegale – Weiterverkauf von Daten durch Krankenversicherungen aktenkundig geworden. Für diese Bereiche aktive Schutzmaßnahmen zu entwickeln, die den Einzelnen und die Allgemeinheit schützen, ist eine zentrale Herausforderung für alle beteiligten Akteure.

Individualisierte Medizin findet sich aber nicht nur in Administration und Vertragsgestaltung. In der medizinischen Versorgung ist sie schon lange ein Thema. Evidenzbasierte Ausgestaltung von Versorgungsleistungen, Heranziehung von Big Data und die statistische Untermauerung von Vorsorgeleistungen haben längst individualisierte Medizin auch im Bereich der Versorgung zum Thema gemacht. Die sog. Fitness-Apps sind dazu ein wichtiges Instrument: Sie erlauben die Erhebung und Nutzung von Daten in einer Breite und Tiefe direkt beim Betroffenen, die bisher so kaum möglich war. Die Angst vor Bewegungsprofilen, die im Rahmen von staatlichen Maßnahmen wie der Vorratsdatenspeicherung thematisiert wird, wirkt angesichts der umfassenden und zum Teil höchstpersönlichen Daten, die durch diese Apps gewonnen und verbreitet werden, geradezu banal – und die Bereitwilligkeit der Betroffenen zur Produktion und Weitergabe dieser Daten ist offenkundig.

Aber gefordert sind dadurch auch die Leistungserbringer; ihre Realität wird zunehmend davon beeinflusst, dass Patienten eigene Messdaten mitbringen und individualisierte Therapieansätze auf dieser Basis einfordern. Ob die Qualität dieser Daten ausreicht, um darauf Diagnose und Therapie zu stützen, ist noch offen; eine Zulassung, etwa durch die Einbeziehung in das Medizinproduktegesetz, fehlt. Gleichzeitig lässt sich mit dem Einsatz solcher IT aber möglicherweise auch (besser) überprüfen und vor allem nachweisen, ob und wie Patienten Therapieanweisungen umsetzen und befolgen; eine konkrete Kontrolle und eine individualisierte Zuschreibung von Krankheitsverläufen wird anders möglich als dies bisher der Fall war. Die Fragen, die sich an das Recht aus diesem Themenfeld stellen, liegen auf der Hand: Unter welchen Umständen kann die Erhebung dieser Daten von den Patienten aktiv eingefordert werden? Dürfen, wenn diese Daten nicht preisgegeben werden, daraus negative Schlussfolgerungen gezogen werden? Wer trägt die Mehrkosten daraus? Wie kann eine Qualitätssicherung der Patientendaten, die sie selbst ermitteln, gewährleistet werden, wenn nach der bisher geltenden Rechtslage weitgehend keine (staatliche) Zulassung oder Instrumente der Selbstregulierung der Wirtschaft greift?

Eine Entwicklung, die nun die Versorgungsleistungen erreicht hat, ist erst recht in den Laboren und in der Forschung allgegenwärtig. Auch hier ist Informations- und Kommunikationstechnologie in all ihren Facetten nicht mehr wegzudenken, wenngleich der Fokus eher auf der Nutzung von Big Data bis hin zur Qualitätssicherung von Daten und der Nutzbarmachung von bestimmten Daten einschlägig sein dürfte, etwa sog. Primärdaten für andere Forscher. Angefangen davon, dass ein breiter Datenaustausch in einheitlichen Standards und Formaten angestrebt wird oder dass zunehmend Datenbanken international geführt werden, so sind zudem gänzlich neue Therapieformen oder Diagnosetechniken mit Hilfe von computerbasierter Technologie in der fortgeschrittenen Entwicklung. Die Steuerung des Stoffwechsels durch eine individualisierte Insulinpumpe in Abhängigkeit vom konkreten Blutzuckerspiegel ist dabei sicherlich eines der massentauglichsten Vorhaben, aber auch die Entwicklung von Informations- und Kommunikationstechnologie-gesteuerter Prothetik oder weitergehender Steuerung von Emotionen und Befindlichkeiten gehören in diesen Bereich. Damit sind gleich ganz grundsätzliche Problemfelder der Forschungsfreiheit, der Würde des Menschen und der Ethik erreicht.

## Verschwimmen von Dienstleistungen und Produkten für das Gesundheitswesen

Informations- und Kommunikationstechnologie führt aber nicht nur zu einem neuen Verständnis von Medizin und medizinischen Leistungen. Aus einem anderen Blickwinkel betrachtet, werden eine Reihe von neuen Dienstleistungen im Gesundheitswesen durch Informations- und Kommunikationstechnologie vorangetrieben und zum Teil überhaupt erst möglich. Die Grenze zwischen einer menschlichen Dienstleistung und einem technischen Produkt ist dabei oftmals fließend und löst sich unter dem Einfluss von Informations- und Kommunikationstechnologie zudem zunehmend auf. Dies wird etwa deutlich an der Entwicklung von Pflegerobotern zur Unterstützung der Leistungserbringer bis hin zum völligen Austausch von Pflegedienstleistungen durch Informations- und Kommunikationstechnologie, und zwar sowohl im ambulanten als auch im stationären Bereich. Häufig kann die Pflegedienstleistung selbst nahezu vollständig ersetzt werden und kann eine Maschine die jeweilige Leistung zunehmend selbständig, zum Teil sogar selbst-entscheidend und selbst-lernend, übernehmen.

Dies gilt etwa auch für den Bereich der Sturzdetektion im Krankenhaus und im Smart Home, wo man eher vorgelagerte Informations- und Kommunikationstechnologie-Einsätze beobachten kann: Intelligente Messsysteme messen Abweichungen vom Normalverhalten, gleichen dies mit dem sonstigen Verhalten des Patienten ab und können eigenständig Hilfeleistungen initiieren. Sie tragen im Idealfall dazu bei, dass die Aufnahme in Pflege- und Versorgungseinrichtungen später erfolgen und damit die Sozialsysteme umfassend entlastet werden können. Weitergedacht könnten smarte Instrumente im häuslichen Bereich Krankheiten früher erkennen helfen. Die ablösende Funktion von Dienstleistungen durch Produkte gilt auch für den bereits angesprochenen Bereich der Telemedizin: Fehlende Mobilität kann dadurch unter bestimmten Umständen aufgefangen werden; Zeitverluste durch die Koordination und Organisation von Hausbesuchen können dem Patienten zugewendet werden. Standardisierte Abfrageprotokolle durch häusliche Selbst-Vermessung können aufwendige individualisierte Messvorgänge ersetzen.

Sind diese Veränderungen der Informations- und Kommunikationstechnologie zumeist als Ersatzleistungen auf der Ebene von Dienstleistungen einzuordnen, weil ursprünglich eine persönliche Dienstleistung eines Leistungserbringers erfolgte, bewegt sich die Verschmelzung von Produkt und Dienstleistung auch in umgekehrter Richtung. Produkte und scheinbar erprobte Hilfsmittel erhalten durch ihre Aufwertung mit Informations- und Kommunikationstechnologie Dienstleistungscharakter. Selbstfahrende Rollstühle oder Mobilitätssysteme, die den individuellen Bewegungsradius vergrößern und Orientierungsdefizite, etwa bei Demenzkranken, auffangen können, lassen sich hier ebenso aufführen wie mitdenkendes Mobiliar (sturzdetektierende Fußmatten, intelligente Videoüberwachung mit Rückkoppelung an Einsatzzentralen oder kalorien-kontrollierende Speisegeräte) bis hin zu Wohnzubehör, das den Lebensmittel- und Nährstoffverbraucht kommentiert und reguliert. Der Phantasie sind kaum Grenzen gesetzt, und die Informations- und Kommunikationstechnologie hat längst mit Schritt gehalten.

## Kommunikation

Nicht vergessen darf man schließlich, dass sich die Kommunikation im Gesundheitswesen massiv verändern wird und bereits verändert hat auf der Basis von Informations- und Kommunikationstechnologie. Herausforderungen durch die demographische Entwicklung sucht man u.a. durch die Einführung von Telemedizin zu begegnen, die auf den Einzelnen abgestellt wird. Die Informationsverteilung zwischen konkretem Leistungserbringer und Patient verändert sich; die Kompetenzen des Leistungserbringers werden individuell anders nachgefragt. Und auch die Qualitätssicherung kann auf einer anderen Basis erfolgen – ein Beispiel hierfür sind, in die eine Richtung, Bewertungsportale; in die andere Richtung sind typisch hierfür mögliche Instrumente zur Überprüfung therapiegerechten Verhaltens. Dass hier noch lange nicht das Mögliche ausgeschöpft ist, zeigt die schier unendliche Diskussion um die Einführung einer elektronischen Patientenakte, die gleichzeitig auch illustriert, wie wenig die Ausgestaltung von Informations- und Kommunikationstechnologieleistungen im Einvernehmen von Recht und Technik erfolgt und welchen rechtlichen, ethischen und gesellschaftlichen Hürden ihr Einsatz begegnet. Nicht immer werden hier konstruktive Lösungen gefunden, und nicht immer – und dies mit gutem Grund – kann alles Machbare jenseits von normativen Schwierigkeiten verwirklicht werden.

## Der Einsatz von Informations- und Kommunikationstechnologie zur Problemlösung

Umgekehrt schließlich kann Informations- und Kommunikationstechnologie auch unter dem Aspekt des Lösungspotentials für drängende Problembereiche des Gesundheitswesens betrachtet werden. Die Telemedizin ist bereits angesprochen worden: Sie kann dazu beitragen, die Unterversorgung des ländlichen Bereichs, die Defizite durch Landflucht und die demographische Entwicklung zumindest auszugleichen, wenn dadurch räumliche Distanzen überwunden werden können.

Auch der Fachärztemangel in bestimmten Bereichen kann möglicherweise mit der Hilfe von Informations- und Kommunikationstechnologie in den Folgen abgemildert werden. Eine Zweitmeinung oder sogar eine erste Konsultation auf der Basis von Informations- und Kommunikationstechnologie-Leistungen ist zumindest gut vorstellbar. Umgekehrt ermöglicht die Telemedizin womöglich auch eine stärkere Einbindung von teilzeitbeschäftigtem Gesundheitspersonal, etwa durch die Ermöglichung von Heimarbeit. Internationale Erfahrungen und Erkenntnisse können durch Informations- und Kommunikationstechnologie einfacher integriert werden. Qualitätskontrolle bis hin zur Therapiekontrolle mag durch Informations- und Kommunikationstechnologie einfacher werden und damit gleichzeitig in erheblicher Weise den Miss- und Fehlgebrauch von Medikamenten senken, was insgesamt zu besseren Ergebnissen der Behandlung führt. Die Kontrollierbarkeit von Diagnosen und damit auch die Detektion von Fehldiagnosen kann durch Informations- und Kommunikationstechnologie einfacher werden, nicht zuletzt weil durch Standardisierung und Informationskontrolle („Decision Support Systeme") eine größere Vergleichbarkeit geschaffen werden kann. Informations- und Kommunikationstechnologie erleichtert zudem die Abrechnung bis hin zur Überprüfung potentieller Mißbrauchsfälle.

Insgesamt erlaubt auch Informations- und Kommunikationstechnologie eine individuelle Wahrnehmung von Patienten und ihren Bedürfnissen; sie kann umgekehrt die Bedürfnisse der Leistungserbringer und der Versicherer gezielt erfassen und adäquat bearbeiten; räumliche und personelle Distanzen werden überbrückt und eine effektive Ressourcenverteilung unterstützt bis hin dazu, dass Vollzugsdefizite bei allen Beteiligten, die sich häufig als Steuerungshindernis erweisen, mit Hilfe von Informations- und Kommunikationstechnologie anders angegangen werden können.

## Problemfelder

Gleichwohl ist Informations- und Kommunikationstechnologie kein Allheilmittel und keine Wunderwaffe gegen die Übel im Gesundheitswesen.

Juristen interessieren sich – wie Mediziner und sonstige Leistungserbringer des Gesundheitswesens – vor allem für die pathologischen Fälle, für die Probleme, die hinter neuen Entwicklungen stehen. Und so ist auch der Einsatz von Informations- und Kommunikationstechnologie nicht ganz unproblematisch und sind durch die neue Technologie einige Fragestellungen aufgerufen, die zum Teil dringend nach Bearbeitung rufen.

Eine Reihe dieser Problembereiche ist nicht unbedingt typisch für den Einsatz von moderner Informations- und Kommunikationstechnologie im

Gesundheitswesen, sondern erfährt hier vielmehr erst eine Zuspitzung. Dies resultiert nicht zuletzt aus dem Umstand, dass häufig sog. besonders sensible und damit besonders geschützte Daten mittels Informations- und Kommunikationstechnologie bearbeitet werden. Zu diesen grundlegenden Schwierigkeiten beim Einsatz gehört etwa die Frage nach den Datenströmen und der Kontrolle darüber: Wie kann sichergestellt werden, dass die Vereinfachungsfunktionen von Informations- und Kommunikationstechnologie genutzt werden können, gleichzeitig aber der Einzelne weiterhin weiß, wer seine Gesundheitsinformationen erhält und nutzt? Vergleichbar sind auch die mit dem Einsatz von Informations- und Kommunikationstechnologie fast zwangsläufig verbundenen Netzwerkeffekte zu bearbeiten: Pfadabhängigkeiten, Innovations hindernisse, fehlende Einstiegs-/Ausstiegsoptionen führen zu möglicherweise unerwünschten Verbindlichkeiten, Monopolbildung und – im Zeitalter der Ökonomisierung der Gesundheitssysteme – zusätzlichen Marktversagenserscheinungen. Zudem weckt die Vernetzung Begehrlichkeiten auf die transportierten Daten: IT-Sicherheitsanforderungen sind in diesem Bereich gesteigert zu formulieren und zu berücksichtigen. Ähnlich ist auch das Problem der Kontrolle der Ergebnisse von Informations- und Kommunikationstechnologie zu beurteilen: Wie kann sichergestellt werden, dass eine Algorithmus-Abhängigkeit kontrollierbar und regulierbar bleibt, dass die Basis der Informations- und Kommunikationstechnologie-Vorgänge, auf denen dann Entscheidungen gefällt werden, korrekt ist und bleibt und auch Einzelfällen gerecht wird? Gerade dies ist für die Entscheidung über eine medizinische Behandlung dann aber auch schon ein gegenüber vielen anderen Entscheidungen, die auf Informations- und Kommunikationstechnologie gestützt werden (können), herausgehobener Belang. Naheliegend ist es dann um die Folgeproblematik bestellt, wer im Falle von Fehlern haftet und wem diese überhaupt zurechenbar sind. Wird dieser Fragenkreis insbesondere bei selbstlernenden Robotern derzeit intensiv diskutiert, mag sich das Problem im Gesundheitswesen angesichts der gesetzlichen Krankenversicherungsleistungen möglicherweise sogar in geringerem Ausmaß als in anderen Lebenssituationen stellen; andererseits können die Fehlerleistungen besonders gravierende Wirkungen zeitigen.

Damit aufgeworfen ist die Frage, wer darüber bestimmt, welche Informations- und Kommunikationstechnologie zu welchen Bedingungen eingesetzt wird und ob Patienten die Nutzung vorgeschrieben werden kann und wie Legitimität hergestellt werden kann.

Bedenkt man zudem, dass zunehmend Kontrollmechanismen über Informations- und Kommunikationstechnologie möglich sein werden, muss auch über die Solidarität in der Krankenversicherung neu nachgedacht werden. Damit ist dann auch angesprochen das Verhältnis von Individualität und Standardisierung, von Freiheitlichkeit und Solidarität, von Regel und Ausnahme. Das Verhältnis von Gleichheit und Ungleichheit, Akzeptanz unterschiedlicher Existenzbedingungen und die Anforderungen des Sozialstaatsprinzips verlangen möglicherweise Anpassungen über die neuen Möglichkeiten und Leistungen der Informations- und Kommunikationstechnologie, die herkömmliche Balancen in Frage stellen.

Gleichzeitig verändern sich über die kommunikativen neuen Rahmenbedingungen auch die Interaktionsmuster von Leistungserbringern und Patienten: Führt dies zu veränderten Bedingungen, auf die auch die Krankenversicherungsträger reagieren müssen – und wie? Und wie lässt sich unter diesen Bedingungen sicherstellen, dass Informationen wahrhaftig, authentisch und sicher vorliegen?

## Rolle der Krankenversicherer

Häufig wird der Gesetzgeber berufen sein, die Probleme und Schwierigkeiten des Einsatzes von Informations- und Kommunikationstechnologie zu regeln. Allerdings sind auch und besonders die gesetzlichen Krankenversicherer zentrale Akteure.

Nicht zuletzt sind sie wesentlich daran beteiligt, über Informations- und Kommunikationstechnologie-Leistungen und -Formate zu entscheiden: Abrechnungsmodalitäten und die Aufnahme in Leistungskataloge, die Einführung von Test- und Experimentbereichen sind zentrale Elemente zu einer höheren und zielgerichteten und damit aktiv gestaltenden Integration von Informations- und Kommunikationstechnologie in das deutsche Gesundheitswesen. Schon die eigene Ausgestaltung von elektronischer Kommunikation, die Entwicklung von Standards und die eigene Ausgestaltung des Umgangs mit Daten der Versicherten ist ein ganz wesentlicher Bereich.

Unterschätzt ist bisher immer noch, dass Informations- und Kommunikationstechnologie häufig schon allein dadurch Geltung und Wirkung entfaltet, weil sie die Kommunikation mit den gesetzlichen Krankenversicherern bestimmen kann. Deren Regulierung und Ausgestaltung von Vernetzung der Leistungserbringer mit den Patienten und Krankenversicherten und die Weiterverwendung dort entstehender Daten ist zentral; ihre Vorstellungen zur Weiterverwendung setzen faktisch Maßstäbe; ihre Aufnahme oder Weigerung der Integration von Daten in die Behandlung und Tarifierung von Versicherten leitet gleichzeitig die gesamte Gesundheitsversorgung an. Krankenversicherer und Gesetzgeber können im Sonderbereich Gesundheitsversorgung Maßstäbe setzen für die Entwicklung von Informations- und Kommunikationstechnologie. Diese Rolle sollte nicht unterschätzt, sondern vielmehr aktiv ausgefüllt werden.

## Ausblick

Die in diesem Band vorgelegten Beiträge befassen sich mit einigen Problembereichen und einigen Entwicklungen. Sie skizzieren die Möglichkeiten und Verheißungen von Informations- und Kommunikationstechnologie im Gesundheitswesen, aber sie verschließen sich auch nicht vor den Problembereichen und offenen Fragen. Der Band ist daher ein wichtiger Beitrag zu einer Diskussion, die überhaupt gerade erst beginnt. Die Veranstalterinnen und die Beitragenden wünschen sich, dass diese Diskussion zunehmend an Fahrt aufnimmt und dass gerade die gesetzlichen Krankenversicherungsträger und der Gesetzgeber ihre besonderen Gestaltungsmöglichkeiten erkennen und wahrnehmen. Die gesetzlichen Krankenversicherer sind zentrale Akteure; nicht zuletzt sind sie wesentlich beteiligt an der Entscheidung über die Aufnahme von Informations- und Kommunikationstechnologie-Entwicklungen in Leistungskataloge und den Einsatz in der Abwicklung der komplizierten Verhältnisse aller Beteiligten. Die erlebte Offenheit in diesem Bereich gibt Anlass dazu, dass jedenfalls die Krankenversicherungsträger die Bedeutung erkennen und auf dem Wege zu einem aktiven Umgang mit Informations- und Kommunikationstechnologie sind und dabei nicht nur die Verheißungen, sondern auch die Gefährdungen im Blick haben.

# Autorenverzeichnis

*Dipl. Inform. Thomas Althoff*, Ärztekammer Westfalen-Lippe, Gartenstraße 210-214, D-48147 Münster/Westfalen, Email: althoff@aekwl.de

*PD Dr. Tonio Ball,* BrainLinks-BrainTools, Albert-Ludwigs-Universität Freiburg, Georges-Köhler-Allee 79 (Gebäude 079), 79110 Freiburg im Breisgau, Email: tonio.ball@uniklinik-freiburg.de

*Dr. Joschka Bödecker*, BrainLinks-BrainTools, Albert-Ludwigs-Universität Freiburg, Georges-Köhler-Allee 79 (Gebäude 079), 79110 Freiburg im Breisgau, Email: j.boedeck@informatik.uni-freiburg.de

*Prof. Dr. Wolfram Burgard,* BrainLinks-BrainTools, Albert-Ludwigs-Universität Freiburg, Georges-Köhler-Allee 79 (Gebäude 079), 79110 Freiburg im Breisgau, Email: burgard@informatik.uni-freiburg.de

*Prof. Dr. Michael Decker*, Karlsruher Institut für Technologie (KIT), Leiter des Bereichs Informatik, Wirtschaft und Gesellschaft am KIT und Professor für Technikfolgenabschätzung am Institut für Philosophie des KIT, Kaiserstraße 12, D-76131 Karlsruhe, Email: michael.decker@kit.edu

*Jubin Dejam*, Goethe-Universität Frankfurt am Main, Wissenschaftlicher Mitarbeiter am Institut für Europäische Gesundheitspolitik und Sozialrecht (ineges), Theodor-W.-Adorno-Platz 4 / RuW 05, D-60629 Frankfurt am Main, Email: dejam@jur.uni-frankfurt.de

*Dr. Ilka Diester,* BrainLinks-BrainTools, Albert-Ludwigs-Universität Freiburg, Georges-Köhler-Allee 79 (Gebäude 079), 79110 Freiburg im Breisgau, Email: ilka.diester@biologie.uni-freiburg.de

*Prof. Dr. Carola Haas*, BrainLinks-BrainTools, Albert-Ludwigs-Universität Freiburg, Georges-Köhler-Allee 79 (Gebäude 079), 79110 Freiburg im Breisgau, Email: carola.haas@uniklinik-freiburg.de

*Prof. Dr. Dr. h.c. Jürgen Hennig*, BrainLinks-BrainTools, Albert-Ludwigs-Universität Freiburg, Georges-Köhler-Allee 79 (Gebäude 079), 79110 Freiburg im Breisgau, Email: mr@uniklinik-freiburg.de

*Prof. Dr. Dr. Eric Hilgendorf*, Julius-Maximilians-Universität Würzburg, Ordinarius für Strafrecht, Strafprozessrecht, Rechtstheorie, Informationsrecht und Rechtsinformatik, Alte Universität, Domerschulstraße 16, D-97070 Würzburg, Email: hilgendorf@jura.uni-wuerzburg.de

*Prof. Dr. Gerrit Hornung, LL.M.*, Universität Kassel, Institut für Wirtschaftsrecht, Leiter des Fachgebiets Öffentliches Recht, IT-Recht und Umweltrecht, Kurt-Schumacher-Str. 25, D-34117 Kassel, Email: gerrit.hornung@uni-kassel.de

*Dr. Christoph Kaller*, BrainLinks-BrainTools, Albert-Ludwigs-Universität Freiburg, Georges-Köhler-Allee 79 (Gebäude 079), 79110 Freiburg im Breisgau, Email: christoph.kaller@uniklinik-freiburg.de

*PD Dr. Christoph Maurer*, BrainLinks-BrainTools, Albert-Ludwigs-Universität Freiburg, Georges-Köhler-Allee 79 (Gebäude 079), 79110 Freiburg im Breisgau, Email: christoph.maurer@uniklinik-freiburg.de

*PD Dr. Oliver Müller*, BrainLinks-BrainTools, Albert-Ludwigs-Universität Freiburg, Georges-Köhler-Allee 79 (Gebäude 079), 79110 Freiburg im Breisgau, Email: Oliver.Mueller@BrainLinks-BrainTools.Uni-Freiburg.de

*Prof. Dr. Oliver Paul*, BrainLinks-BrainTools, Albert-Ludwigs-Universität Freiburg, Georges-Köhler-Allee 79 (Gebäude 079), 79110 Freiburg im Breisgau, Email: paul@imtek.de

*Prof. Dr. Alexander Roßnagel*, Universität Kassel, Institut für Wirtschaftsrecht, Leiter des Fachgebiets Öffentliches Recht mit Schwerpunkt Recht der Technik und des Umweltschutzes, Nora-Platiel-Str. 5, D-34127 Kassel, Email: a.rossnagel@uni-kassel.de

*Dr. Patrick Ruther*, BrainLinks-BrainTools, Albert-Ludwigs-Universität Freiburg, Georges-Köhler-Allee 79 (Gebäude 079), 79110 Freiburg im Breisgau, Email: ruther@imtek.de

*Manuela Sixt*, Stipendiatin des DFG-Graduiertenkollegs 1681 „Privatheit“ an der Universität Passau, Gottfried-Schäffer-Str. 20, D-94032 Passau, Email: Manuela. Sixt@uni-passau.de

*Prof. Dr. Indra Spiecker gen. Döhmann, LL.M. (Georgetown Univ.)*, Goethe-Universität Frankfurt am Main, Professorin für Öffentliches Recht, Informationsrecht, Umweltrecht und Verwaltungswissenschaft, Direktorin des Instituts für Europäische Gesundheitspolitik und Sozialrecht (ineges), Theodor-W.-Adorno-Platz 4 / RuW 05, D-60629 Frankfurt am Main, Email: spiecker@jur.uni-frankfurt.de

*Prof. Dr. Ulrike Wallrabe*, BrainLinks-BrainTools, Albert-Ludwigs-Universität Freiburg, Georges-Köhler-Allee 79 (Gebäude 079), 79110 Freiburg im Breisgau, Email: wallrabe@imtek.uni-freiburg.de

*Prof. Dr. Astrid Wallrabenstein*, Goethe-Universität Frankfurt am Main, Professorin für Öffentliches Recht mit Schwerpunkt im Sozialrecht, Direktorin des Instituts für Europäische Gesundheitspolitik und Sozialrecht (ineges), Theodor-W.-Adorno-Platz 4 / RuW 05, D-60629 Frankfurt am Main, Email: professur-wallrabenstein@jura.uni-frankfurt.de

**Frankfurter Schriften zur Gesundheitspolitik und zum Gesundheitsrecht**
Schriftenreihe des Instituts für Europäische Gesundheitspolitik und Sozialrecht an der Johann Wolfgang Goethe-Universität Frankfurt

Herausgegeben von Ingwer Ebsen und Thomas Gerlinger

Band 1 Dominik Roters: Die gebotene Kontrolldichte bei der gerichtlichen Prüfung der Richtlinien des Bundesausschusses der Ärzte und Krankenkassen. 2003.

Band 2 Carsten Wendtland: Die Forschung mit menschlichen embryonalen Stammzellen als Gegenstand der Rechtsetzung. 2005.

Band 3 Johannes Pantel / Gisela Bockenheimer-Lucius / Ingwer Ebsen / Ruth Müller / Peter Hustedt / Alexander Diehm: Psychopharmakaversorgung im Altenpflegeheim. Eine interdisziplinäre Studie unter Berücksichtigung medizinischer, ethischer und juristischer Aspekte. 2006.

Band 4 Christel Köhler-Hohmann: Die Teilnahme der Ärzte- bzw. der Heilkunde-GmbH an der vertragsärztlichen Versorgung. 2007.

Band 5 Laura Sormani-Bastian: Vergaberecht und Sozialrecht. Unter besonderer Berücksichtigung des Leistungserbringungsrechts im SGB V (Gesetzliche Krankenversicherung). 2007.

Band 6 Marcus Assion: Versicherungsrechtliche Fragen der Lebendspende von Organen. 2007.

Band 7 Yasemin Ilgin: Health Care Expenditures, Innovation, and Demographic Change. 2008.

Band 8 Karin Pöppel: Wertwandel beim sozialen Dienstleister Krankenhaus. Eine Analyse zum Patientenbild. 2008.

Band 9 Annett Wunder: Grenzüberschreitende Krankenbehandlung im Spannungsfeld von Grundfreiheiten und vertraglicher Kompetenzverteilung. 2008.

Band 10 Ingwer Ebsen (Hrsg.): Vergaberecht und Vertragswettbewerb in der Gesetzlichen Krankenversicherung. 2009.

Band 11 Thomas Gerlinger / Kai Mosebach / Rolf Schmucker (Hrsg.): Gesundheitsdienstleistungen im europäischen Binnenmarkt. 2010.

Band 12 Susanne Plettner: Vertragswettbewerb in der GKV unter wettbewerbsrechtlichen Gesichtspunkten. 2011.

Band 13 Alexander Diehm: Rechtliche Anforderungen und Strukturen der ambulanten Arzneimittelversorgung in stationären Pflegeeinrichtungen am Beispiel der Psychopharmakatherapie. 2011.

**Schriften zur Gesundheitspolitik und zum Gesundheitsrecht**
Schriftenreihe des Instituts für Europäische Gesundheitspolitik und Sozialrecht an der Johann Wolfgang Goethe-Universität Frankfurt

Herausgegeben von Ingwer Ebsen, Thomas Gerlinger und Astrid Wallrabenstein

Band 14 Vanessa Christin Multmeier: Rechtsschutz in der Krankenhausplanung. Traditionelle und neue Rechtsschutzformen zur Verteidigung von Grundrechten und Grundfreiheiten gegen staatliche Regulierung und selektive Investitionsförderung. 2011.

Band 15 Hans Jakob Stachels: Marktzugangsregeln für pflanzliche Arzneimittel. 2011.

Band 16 Astrid Wallrabenstein (Hrsg.): Braucht das Gesundheitswesen ein eigenes Regulierungsrecht? Beiträge zum Symposium des Instituts für europäische Gesundheitspolitik und Sozialrecht, 12.-13. September 2011, Universität Frankfurt am Main. 2012.

Band 17 Astrid Wallrabenstein / Ingwer Ebsen (Hrsg.): Stand und Perspektiven der Gesundheitsversorgung. Optionen und Probleme rechtlicher Gestaltung. Beiträge zum Symposium des Instituts für europäische Gesundheitspolitik und Sozialrecht am 26. April 2013 an der Goethe-Universität Frankfurt am Main. 2014.

Band 18 Astrid Wallrabenstein (Hrsg.): Psychotherapie in der GKV zwischen alten Kontroversen und gesetzlicher Neuregelung. 2015.

Band 19 Katja Braußе: Die europäische Patientenrichtlinie aus vertragszahnärztlicher Perspektive. 2015.

Band 20 Indra Spiecker genannt Döhmann / Astrid Wallrabenstein (Hrsg.): Rechtswissenschaftliche Fragen an das neue Präventionsgesetz. 2016.

Band 21 Indra Spiecker genannt Döhmann / Astrid Wallrabenstein (Hrsg.): IT-Entwicklungen im Gesundheitswesen: Herausforderungen und Chancen. 2016.

www.peterlang.com

www.ingramcontent.com/pod-product-compliance
Ingram Content Group UK Ltd.
Pitfield, Milton Keynes, MK11 3LW, UK
UKHW021126041026
8980IPUK00026B/826

9 783631 675649